Las penas y las vaquitas

Teresa Raccolin
María Inés Fernández
Horacio Gaggero
Hugo Quinterno

Las penas y las vaquitas

Estancamiento económico y declinación
de la ganadería vacuna en la Argentina (1974-2007)

Colección UAI - Investigación

UAI
Universidad Abierta
Interamericana

teseo

Quinterno, Hugo
Las penas y las vaquitas : estancamiento económico y declinación de la
ganadería vacuna en la Argentina (1974-2007) / Hugo Quinterno ; Teresa
Raccolin ; Horacio Gaggero; María Inés Fernández. - 1a ed. - Buenos Aires :
Teseo, 2012.
376 p. ; 20x13 cm. - (UAI - Investigación)
ISBN 978-987-1867-49-3
1. Economía Argentina. 2. Ganadería. I. Raccolin, Teresa II. Gaggero, Horacio
III. Título
CDD 330.82

Universidad Abierta
Interamericana

© UAI, 2012

© Editorial Teseo, 2012

Teseo - UAI. Colección UAI - Investigación

Buenos Aires, Argentina

ISBN 978-987-1867-49-3

Editorial Teseo

Hecho el depósito que previene la ley 11.723

Para sugerencias o comentarios acerca del contenido de esta obra,
escríbanos a: **info@editorialteseo.com**

www.editorialteseo.com

PRESENTACIÓN

La Universidad Abierta Interamericana ha planteado desde su fundación en el año 1995 una filosofía institucional en la que la enseñanza de nivel superior se encuentra integrada estrechamente con actividades de extensión y compromiso con la comunidad, y con la generación de conocimientos que contribuyan al desarrollo de la sociedad en un marco de apertura y pluralismo de ideas.

En este escenario, la Universidad ha decidido emprender junto a la editorial Teseo una política de publicación de libros con el fin de promover la difusión de los resultados de investigación de los trabajos realizados por sus docentes e investigadores y, a través de ellos, contribuir al debate académico y al tratamiento de problemas relevantes y actuales.

La *colección investigación* TESEO-UAI abarca las distintas áreas del conocimiento, acorde a la diversidad de carreras de grado y posgrado dictadas por la institución académica en sus diferentes sedes territoriales y sus líneas estratégicas de investigación, que se extiende desde las ciencias médicas y de la salud, pasando por la tecnología informática, hasta las ciencias sociales y humanidades.

El modelo o formato de publicación y difusión elegido para esta colección merece ser destacado al posibilitar un acceso universal a sus contenidos: ya sea por la vía tradicional impresa en librerías seleccionadas o por nuevos sistemas globales, como la impresión por demanda en distintos continentes, acceso a *eBooks* por tiendas virtuales, y difusión por Internet de sus contenidos parciales (Google libros, etc.).

Con esta iniciativa, la Universidad Abierta Interamericana ratifica una vez más su compromiso con una educación superior que busca en forma constante mejorar su calidad y contribuir con su trabajo al desarrollo de la comunidad nacional e internacional en la que se encuentra inserta.

Dr. Mario Lattuada
Secretaría de Investigación
Universidad Abierta Interamericana

ÍNDICE

PRÓLOGO

Los mitos forman parte del sistema de creencias de una cultura o de una comunidad, la que los considera en cierto modo como historias verídicas o al menos muy aproximadas a lo real. Entre los mitos más antiguos, se encuentran aquellos que dan cuenta del origen y naturaleza de un pueblo, etnia o nación.

Para los argentinos, la carne y la ganadería –sin adjetivos, pero refiriéndose exclusivamente a la producción bovina– son parte de este distintivo nacional como la bandera, el tango o el fútbol, y constituyen motivo de su orgullo y diferenciación entre las naciones: el país donde se come la mayor cantidad y la mejor calidad de carne en el mundo.

Pero los mitos cumplen otras funciones además de aquellas que permiten diferenciar un *nosotros* de los *otros*. Los mitos también construyen significados y justificaciones sobre la base de ciertas estructuras sociales y de dominación. Estas creencias suelen extenderse por largos períodos de tiempo, mucho más allá de las circunstancias que las originaron y en cierto modo, legitimaron.

La Argentina ganadera, la carne como pilar y sustento de la economía nacional y de las exportaciones argentinas, la persistencia de una oligarquía ganadera en el plano político, o las acciones de un gobierno en particular como exclusivo responsable de la evolución del sector forman parte de esta construcción en el imaginario colectivo, que suele expresarse con mayor fervor en coyunturas críticas o conflictivas como las vividas en 2008.

No obstante, desde que las explicaciones científicas entraron en competencia con las míticas, tenemos la posibilidad de correr el velo de las *creencias* para descubrir los *hechos* y explicarlos en forma fundada y comprobada.

El libro de Teresa Raccolin, María Inés Fernández, Horacio Gaggero y Hugo Quinterno nos brinda un análisis riguroso, profundo y ampliamente documentado de las diversas variables –económicas, tecnológicas, sanitarias, políticas y sociales– que confluyen y se articulan en el estancamiento económico y la declinación de la ganadería vacuna en la Argentina. Un proceso que lejos de ser coyuntural se extiende por casi cuatro décadas, en las cuales se alternaron diversos gobiernos –de facto y democráticos y de diferente signo político–, y en las que la economía y la sociedad argentina atravesaron profundas transformaciones.

Entre 1974 y 2007, la ganadería bovina tuvo un retroceso más intenso y acelerado que la economía, un desplazamiento territorial de la actividad, cambios tecnológicos y productivos, transformaciones en los mercados mundiales y competencias externas e internas que presionaron sobre la actividad. Hoy se produce más carne por hectárea en tierras menos fértiles, pero el *stock* ganadero no llega a los niveles de cuatro décadas atrás, y su principal enemigo continúa siendo una baja tasa de extracción de sus rodeos.

El consumo nacional de carne vacuna bajó el 40%, mientras creció el consumo de carnes sustitutas; el valor de sus exportaciones representan en la actualidad menos del 5% del ingreso obtenido por las exportaciones de soja, y su aporte al PBI se ubica en el reducido 0,5%.

Esta realidad económica se condice con la declinación del efectivo poder político de los representantes de sus intereses, más allá de la retórica en clave política de quienes los identifican como adversarios coyunturales o la vigencia del discurso dirigencial, que abonan la continuidad del mito.

Para aquellos que a quienes les interesa la historia rural de la Argentina y las políticas públicas sectoriales –que por definición incluyen a los actores sociales además del Estado–, la publicación de *"Las penas y las vaquitas"* es un motivo para celebrar, dado que su aporte nos permite cubrir un vacío académico importante con rigurosidad, sólida documentación y reflexión equilibrada, condiciones que no han afectado su exposición en una redacción agradable que atrapa a especialistas y legos.

Mario Lattuada

INTRODUCCIÓN. LA ECONOMÍA Y LA GANADERÍA VACUNA "POR LA MISMA SENDA"

En 1944, luego de regresar de un viaje por el noroeste del país, Héctor Roberto Chavero –más conocido como Atahualpa Yupanqui– creó una de sus tonadas emblemáticas: *El arriero*. Como cualquier persona habrá reconocido rápidamente, uno de los versos de su estribillo da el nombre a este libro.

Aunque la letra de esa popular canción claramente refería en ese momento a otra cuestión, este trabajo estudia la ganadería vacuna argentina en el período comprendido entre 1974 y 2007, un segmento de nuestra historia en que, más allá de la existencia de años de crecimiento, la visión de largo plazo sobre el desempeño de la economía nacional dejó un signo general negativo. El objetivo de esta obra no es discutir acerca de esa declinación, sino inscribir en ella un retroceso del sector bovino que no solo acompañó la mala *performance* de los demás factores productivos, sino que incluso lo hizo a un ritmo más acelerado.

Si tomamos como punto de referencia el año de concepción del tema de Yupanqui, en que la Argentina era el primer exportador mundial de carnes y abastecía el 99% de la demanda del primer comprador (Gran Bretaña), tras perder posiciones, todavía en 1961, nuestro país lideraba los envíos con el 23% del global del rubro. A fines de esa década, la participación ya había caído al 17%, pero a medida que nos adentramos en los últimos veinte años de la centuria pasada esa cuota se redujo aun más. Igualmente significativa fue su baja en la participación del producto bruto interno (PBI).

Unas pocas muestras permiten dimensionar tal declive. En 2010 las exportaciones de soja totalizaron US$27.140 millones, mientras que los despachos totales de carnes bovinas sumaron US$1.187 millones.[1] Para medir mejor el peso relativo de esos guarismos, podemos decir que su monto significó solo el 36% de los recursos transferidos como subsidios al transporte público de pasajeros durante ese mismo ejercicio económico.[2] Incluso en 2011, y a pesar de que el precio internacional de la carne aumentó el 25% respecto del año anterior, se dio por primera vez en la historia el hecho de que las exportaciones de leche superaron a las cárnicas al registrar aquellas US$1.527 millones contra US$1.492 millones de estas.[3]

Ese periplo hacia el segundo plano de la riqueza nacional no puede atribuirse a un solo elemento analítico o a la mala suerte. Se trata sin dudas de una combinación entre factores estructurales, como el corrimiento de la economía agraria hacia las oleaginosas, el desplazamiento de la ganadería a zonas marginales, la influencia de los ciclos en la dinámica de los rodeos, la tendencia mundial a la baja del consumo de carnes rojas por recomendaciones médicas; con variables coyunturales entre las que se cuentan las vicisitudes políticas, la falta o la limitación de iniciativas públicas sectoriales derivadas de esa incertidumbre, los vaivenes de los mercados externos, o las contingencias de la naturaleza.

---

[1]   Para las exportaciones cárnicas, el dato en *Ganados y carnes. Anuario 2010,* Ministerio de Agricultura, Ganadería y Pesca, Buenos Aires, 2011, p. 98. Los datos de envíos de soja al exterior en *Infobae,* 29 de agosto de 2011. Podemos completar el cuadro diciendo que en 2010 las exportaciones de pollo ascendieron a 445 millones de dólares (*Ganados y carnes. Anuario 2010,* p. 182).

[2]   *Diario Perfil,* 7 de enero de 2012.

[3]   *Clarín,* 14 de febrero de 2012.

Sin embargo, hay algunos aspectos en los que el mundo de la ganadería bovina no ha perdido trascendencia. Uno de ellos es el del consumo de carne en la ingesta nacional. A pesar de un sostenido descenso en la cantidad de kilogramos por persona, que llevó de los impresionantes 92 kilos de 1950 a una media de 80 kilos en las década de 1960 y un nivel ya inferior a los 70 kilos por habitante/año para fines del siglo pasado, hasta 2011 –cuando ya se había perforado el piso de los 60 kilos por persona– en ningún lugar se comían tantos cortes vacunos como en la Argentina.

En realidad, lo primero para decir es que en la Argentina "carne" significa "vaca". Esto es tan notorio que la forma de referirse a la carne vacuna es la de llamarla simplemente "carne", mientras que a los cortes de las restantes especies se las denomina habitualmente por el animal del que se extrajeron (pollo, cerdo, cordero, etc.). Solo basta mirar en las góndolas de un supermercado para observar que los cortes bovinos se diferencian apenas por el origen de la res (novillo, ternera) o por la presentación (fresco, en bandeja o al vacío). A diferencia de cualquier otra carne, roja o blanca, esas salvedades son suficientes para el público consumidor. El peso de la tradición es tan fuerte que a lo largo de este trabajo también se usará mayormente la voz "carne" a secas como sinónimo de carne vacuna.

Asimismo, todavía en nuestras mesas es difícil sustituir una idea muy arraigada: "una comida sin carne no es comida", como relevó un sondeo de opiniones efectuado en 2005 por una encuestadora internacional. Aun cuando los precios aumenten en forma intensa y acelerada, como a fines de 2009 y principios de 2010, la tendencia del consumo no muestra una retracción proporcional a tal incremento. Si bien es cierto que la ingesta de pollo ha ganado un lugar sustancial hasta alcanzar casi los 34 kilogramos por persona, los cortes vacunos siguen de manera holgada a la cabeza de las preferencias de los menús argentinos.

También se mantiene en el imaginario –y por diferentes motivos– un grupo de cuestiones poseedoras de un carácter más mítico que real. El primero de ellos es el que señala a la producción de carne vacuna como uno de los puntales de los recursos patrios. Según los datos del Ministerio de Agricultura, Ganadería y Pesca, la participación de la ganadería vacuna en el PBI disminuyó desde 1993 a 2008 del 0,89 al 0,56%, con tendencia decreciente hacia el fin del decenio, guarismos que eximen de mayores comentarios.

El segundo está vinculado con la capacidad de las exportaciones de cortes bovinos para fortalecer el ingreso de divisas. Aunque no puede quitarse importancia absoluta a un sector que aporta entre 1.000 y 1.500 millones de dólares al balance comercial anual, como exhibimos anteriormente, esas cifras empalidecen al mostrarlas junto al papel desempeñado por los envíos externos de las oleaginosas.

Tal vez el último mito sea aún el más arraigado y el que menos puntos de contacto tenga con la realidad: el que habla de una oligarquía ganadera en tiempo presente. Si de acuerdo con la definición usualmente utilizada la oligarquía es una forma de gobierno en la que el poder supremo está en manos de unas pocas personas, el sintagma "oligarquía ganadera" u "oligarquía vacuna" debería dar cuenta de un grupo reducido de sujetos dedicados a esa actividad y que ejercen el control de los resortes políticos de la nación. Una afirmación de este tipo para la Argentina del presente siglo carece de toda credibilidad y consistencia.

Hace décadas que el poder escapó de los terratenientes que formaron el sector dirigente de los períodos conservadores e incluso es probable que la intersección del conjunto entre los terratenientes tradicionales y los nuevos arroje una zona común mínima. La posesión de la tierra en la Argentina no escapó a un proceso de transnacionalización y concentración económica global, y las nuevas formas de capitalismo agrario hacen mayor hincapié en las personas jurídicas que en las físicas y se dedican más al cultivo de la soja mediante *pools* de siembra que a la cría o al engorde de bovinos.

En términos de representación política, las cosas han sido todavía más severas. Ni siquiera la última dictadura militar exhibió entre sus más conspicuos dirigentes a los miembros de la aristocracia ganadera, y mucho menos sus políticas sirvieron de manera especial a sus intereses, aunque a título personal, algún miembro del equipo económico tenía ancestros de tal pertenencia, como el propio Alfredo Martínez de Hoz, y el apoyo brindado por las corporaciones ganaderas más conservadoras al gobierno militar se mantuvo casi hasta la agonía del régimen. Desde hace mucho un socio de la Sociedad Rural no se sienta en el despacho principal del Ministerio de Economía. Con suerte, algunas veces durante los pasados treinta años han logrado una influencia directa en la secretaría específica del área.

No obstante, y a pesar de que las mismas comisiones directivas de entidades como la Sociedad Rural se han renovado de manera significativa, hablar de la "oligarquía ganadera" aún resulta atractivo para identificar un enemigo de clase en el relato político simplista (ya sea de tinte nacionalista, populista o incluso de parcialidades de la izquierda), en especial cuando los sectores del agro aparecen en el primer plano defendiendo sus intereses corporativos o se alzan contra medidas redistributivas o impositivas.

Por otro lado, la vigencia de un discurso sin puntos de contacto con el mundo efectivo también se sostiene porque parte de los dirigentes de las asociaciones no han cambiado del todo la visión histórica que poseen de sí mismos. Esa lectura social atávica que los pone en el centro de una Argentina aristocrática, exportadora y próspera (hoy tan ideal como inexistente), al aflorar en ocasiones con los dejos propios de una inmodestia no exenta de nostalgia, hace poco por reconciliar a las entidades con la ciudadanía de a pie. A pesar del tiempo transcurrido, no se han apagado en la memoria popular los ecos de aquella silbatina que siguió al discurso de un presidente constitucional, ni el recuerdo de la arrogante réplica que el presidente de la Sociedad Rural hizo tras la alocución de Raúl Alfonsín en el invierno de 1988.

Origen y organización de la obra

Este trabajo no fue pensado inicialmente como un libro. Antes de adquirir la forma actual, transitó como investigación bibliográfica sobre la falta de políticas públicas para la ganadería entre 1929 y 2007. En aquella ocasión, la hipótesis principal era que las coyunturas, la lucha contra la inflación, los problemas del mercado externo o las necesidades financieras de los distintos gobiernos habían preferido disponer de medidas puntuales, de paliativos y correctivos antes que trazar cauces de acción capaces de sostenerse en el tiempo. Bastante de esa línea de pesquisa se mantiene en esta oportunidad, aunque el segmento temporal es más limitado y los factores estructurales tienen un peso superior al inicialmente desplegado.

Si los sucesivos avances de investigación se ordenaron por períodos cronológicos, esta obra no está organizada en una secuencia temporal, sino por los temas que discrecionalmente hemos considerado de mayor significación. Cada una de esas secciones atraviesa todo el período de estudio y hasta puede leerse aisladamente de las demás.

Así, el capítulo 1 trata de inscribir el desarrollo de la agricultura y la ganadería en el marco mayor de la economía nacional. Una de las cuestiones observadas en la lectura de los trabajos bibliográficos específicos sobre nuestro tema de análisis fue la poca yuxtaposición entre el desempeño general del derrotero económico y las prestaciones particulares de las cuestiones agroganaderas. Debido a ello, empezamos con una revisión de la gran plataforma político-económica sobre la que transcurren –con su diversidad, desde ya– los vaivenes específicos de nuestra temática.

Las siguientes dos secciones son de carácter más técnico. El capítulo 2 se refiere a las características de la producción bovina, el problema de sus ciclos, la geografía actual de la ganadería, la productividad sectorial, las diferencias entre el rodeo y las técnicas nacionales con algunos de los otros principales países de importancia en el mundo de los ganados. El capítulo 3 trata exclusivamente del problema de la fiebre aftosa, una cuestión secular de nuestra ganadería cuya falta de resolución ha generado un sinfín de contratiempos y dificultades para la participación de las carnes argentinas en el mercado mundial.

El capítulo 4 analiza la problemática de los mercados exterior e interno. En ese segmento se examinan las modificaciones en los intercambios internacionales de carnes vacunas, las profundas transformaciones derivadas de esas modificaciones, las pujas intersectoriales, el retroceso permanente de las exportaciones argentinas dentro del concierto mundial, la cuestión específica de la "Cuota Hilton" y la evolución y caracterización del mercado doméstico.

La sección siguiente revisa la legislación sobre temáticas agrarias para la cronología seleccionada, así como el diagnóstico sectorial hecho por los distintos gobiernos, el papel que se esperaba de la ganadería en cada ocasión, las expectativas con que se encararon las diferentes medidas adoptadas y los resultados obtenidos por esas iniciativas.

Si en ese capítulo bajamos la lente sobre las acciones gubernamentales, en el que continúa se abordan las reacciones de los actores sociales corporativos. Allí se indaga sobre el rol desempeñado por las principales asociaciones representativas del mundo rural en su relación con el Estado y entre ellas mismas. Se estudian los diversos movimientos de apoyo y/o contestación a las medidas tomadas por el poder político, así como los intereses en juego para mover las piezas de determinada forma.

Luego se presenta una recapitulación general bajo la forma de conclusiones. En este tramo, se ha intentado articular el contenido de los demás capítulos de forma tal de ofrecer una explicación más integral de las temáticas exploradas. En esta oportunidad, sí hay una diferenciación cronológica destinada a marcar las rupturas y continuidades en cada una de las etapas segregadas.

El post scríptum da cuenta de cuestiones e interrogantes que excedieron temporalmente al planteo original de la obra y que hubieran sido de difícil articulación con el resto del trabajo, porque son asuntos que mayormente se encontraban en trámite en el momento de escribir estas líneas.

Aclaraciones metodológicas y breve sumario bibliográfico

Con respecto al uso de la *metodología y de las fuentes,* se puede decir que el estudio, aunque no se sitúa únicamente en alguno de los tipos de investigación, participa del exploratorio –porque busca descubrir–, del descriptivo –mide o evalúa aspectos, dimensiones o componentes– y del correlacional, al establecer relaciones entre variables. Estas se ajustan a dos tipos de análisis: uno de índole objetiva y otro subjetivo.

En cuanto a las fuentes y la bibliografía, constituyen como marco teórico una veta digna de explorar con las prevenciones del caso y un análisis crítico previo que en la ocasión puntual de esta investigación comprendió el estudio de las fuentes y los distintos formatos bibliográficos y de los analizadores teóricos disponibles para el estudio en cuestión. Con respecto al estado de la cuestión (o estado del arte), debemos diferenciar una bibliografía de tipo general y otra específica. En una primera instancia, se abordó un análisis crítico de la bibliografía existente teniendo en cuenta que el período que podríamos denominar como "antecedentes" (1930-1970) resulta ser el más trabajado por los historiadores, los historiadores de la economía y los economistas. En un segundo momento y avanzando cronológicamente en la investigación (1970-2007), se recurrió a repositorios y archivos, como así también a material periodístico, que dieron una muestra cabal de nuestra búsqueda para encarar el tema.

En cuanto al primer grupo de autores, hemos relevado los siguientes: Alejandro Bunge, *Una nueva Argentina* (1940); Aldo Ferrer, *La economía argentina*, 1ª edición (1963); José A. Martínez de Hoz, *La agricultura y la ganadería argentina en el período 1930-1960* (1967); Peter Smith, *Carne y política en la Argentina* (1968); Horacio Giberti, *Historia económica de la ganadería argentina* (1970); Guido Di Tella y Manuel Zymelman, *Los ciclos económicos argentinos* (1973); Carlos Escudé, *Gran Bretaña, Estados Unidos y la declinación argentina 1942-1949* (1983); Juan José Llach, *El plan Pinedo de 1940, su significado histórico y los orígenes de la economía política del peronismo* (1984); Roberto Cortés Conde, *Progreso y declinación de la economía argentina* (1998); Mario Rapoport y colaboradores, *Historia económica, política y social de la Argentina 1880-2000* (2000); Osvaldo Barsky y Jorge Gelman, *Historia del agro argentino. Desde la conquista hasta el siglo XX* (2005); Roy Hora, *Los terratenientes de la pampa argentina. Una historia social y política, 1860-1945* (2002); Pablo Gerchunoff y Lucas Llach, *El ciclo de la ilusión al desencanto. Un siglo de políticas económicas argentinas* (2003); y Luis Cuccia,

El ciclo ganadero y la economía argentina (1983). Estas investigaciones nos ayudaron a conformar el marco general del trabajo, con sus antecedentes y sus problemáticas. De todos los textos, los únicos específicos para nuestro tema son los trabajos de Giberti, Smith y Hora, ninguno de los cuales supera el período de la Segunda Guerra Mundial. Las obras de Martínez de Hoz y Cuccia comprenden el segmento completo. El trabajo de Barsky y Gelman incluye el tema de la carne entre los problemas del agro argentino, aunque para la etapa peronista no desarrolla demasiada información. La obra de Eduardo Azcuy Ameghino, *La carne vacuna argentina. Historia, actualidad y problemas de una agroindustria tradicional* (2007), sí se refiere específicamente al tema y también ha sido consultada.

La producción de Escudé plantea los problemas desde la perspectiva de las relaciones internacionales, y el libro de Juan José Llach es específico sobre la política económica durante el período peronista. Los restantes autores incluyen el tema de producción y comercialización de las carnes en el marco del análisis de la política económica.

Al avanzar en nuestro análisis, consultamos a Luis Alberto Romero, quien en *La crisis argentina. Una mirada al siglo XX* (2003) muestra de un pantallazo los síntomas de agotamiento de la economía debido a varias causas internas y externas y la frecuente recurrencia a la recesión como remedio. En la Argentina de la decadencia –y por una serie de factores concurrentes–, el Estado resultó incapaz para financiarse, actuar autónomamente, imponer normas y dirigir. Para este autor, el Estado se ha licuado y aún hoy los mejores gobernantes pueden hacer poco con semejante instrumento.

Miguel Teubal, en *Impacto de las políticas de ajuste* (1990), menciona las consecuencias de la adopción de las decisiones económicas "correctivas" que respondieron, con diferentes variantes, al ideario neoliberal-monetarista. Los años 1980 y 1990 marcaron un proceso de subdesarrollo agudo, donde se destaca el retroceso de la producción de la ganadería vacuna, pese a altos niveles de exportaciones que crecieron gracias a los cereales y las oleaginosas. Argumenta sobre la supuesta falta de voluntad política para impulsar una auténtica liberalización y apertura de la economía al exterior. Los trabajos de Jorge Schvarzer, *La Política Económica de Martínez de Hoz* (1986), *Un modelo sin retorno. Dificultades y perspectivas de la economía argentina* (1990) y *La industria que supimos conseguir: una historia político-social de la industria argentina* (1996), ayudan a comprender no solo el desarrollo histórico argentino, sino también el ocaso de la industria frigorífica tan ligada a la carnes argentinas.

Es importante destacar que a lo largo de la vigésima centuria, el sector agropecuario estuvo estrechamente relacionado con la vida económica y política del país, ya que suministró alimentos y aportó divisas e ingresos para los gobiernos, tal como lo afirman una serie de autores (Ferrer, 1963; Braun y Joy, 1982; Arceo, 2003; Basualdo, 2006; Ferrer, 2004). Sin embargo, su rol en el desarrollo económico varió a lo largo de estos años de acuerdo con los cambios del modelo de acumulación.

Durante las décadas de 1980 y 1990, se discutió sobre el tema de la propiedad de la tierra, referido a su concentración, al papel jugado por el sector agropecuario dentro de la economía y los posibles cambios que generaron en la estructura social. Respecto a los sujetos que llevaron adelante las transformaciones del sector, algunos autores tienden a destacar a los contratistas y a los arrendatarios (Bisang, 2008; Bisang, Anlló y Campi, 2008); mientras otros, sin desconocer el nuevo papel de los anteriores, dan preferencia a los grandes propietarios de tierras (Basualdo y Arceo, 2009). Este planteo lleva a sostener que de acuerdo con los diferentes regímenes de propiedad de la tierra y el papel de los actores correspondientes se determinan diferentes modos de producción para el sector bovino.

Breves artículos ubicados en revistas científicas como *Desarrollo Económico* y *Realidad Económica* nos muestran cómo la ganadería argentina tuvo su momento de auge, y luego su producción decayó y se fue reemplazando por cultivos como la soja, debido a complejas situaciones internas y externas en un mundo globalizado.

Para el tratamiento del capítulo referido a la fiebre aftosa, se consultaron dos autores. En el caso de Alberto Pecker, *La fiebre aftosa. Su paso por la Argentina* (2007) rastrea antecedentes de la epidemia y plantea la necesidad de una decisión política y un plan nacional para poner en marcha la campaña de vacunación. Por otra parte, el planteo que hace Juan Carlos Pizzi en *La fiebre aftosa en Argentina* (1998) trasciende su acuerdo con la vacunación masiva y obligatoria para esbozar fuertes críticas sobre el desempeño de los laboratorios y las fallas de la vacuna.

Para el capítulo referido a las acciones concretas y las medidas políticas implementadas, se ha puesto especial énfasis en relevar la prolífica normativa generada por la administración pública, mediante la lectura y el análisis pormenorizado de los actos gubernamentales, a través de los textos publicados en los *Anales de la Legislación Argentina,* en los volúmenes comprendidos por las coordenadas temporales del trabajo. A pesar de la preocupación por presentar un orden cronológico, la realidad se mostró bastante menos ordenada a la hora de desafiar a las agencias gubernamentales y a las corporaciones sectoriales.

En el caso de la información estadística, se recurrió a gráficos y cuadros citados por Santarcángelo y Fal (2009), Basualdo y Arceo (2006), Rearte (2007), que se analizaron e interpretaron, y se infirieron resultados contrastándolos entre las distintas variables: consumo interno, tipo de consumo, producción, existencias de carne vacuna en regiones seleccionadas, evolución de las existencias vacunas, distribución regional y su *stock*, PBI agropecuario en relación con el PBI total, a lo largo de los diferentes períodos de estudio. Se suma a este análisis la interpretación de gráficos y cuadros emitidos por la entonces Secretaría de Agricultura, Ganadería y Pesca o el actual Ministerio de Agricultura, que relevan los principales indicadores del desarrollo de la producción cárnica en el país. También se han revisado las publicaciones del Instituto para la Promoción de la Carne Vacuna Argentina (IPCVA), que desde su constitución viene editando materiales analíticos y estadísticos de manera sistemática.

De entre ellas, se ha tenido especialmente en cuenta para este trabajo un informe sobre el consumo de la carne vacuna en la Argentina del año 2005, elaborado por TNS Gallup Argentina para el IPCVA. Esta encuesta aporta elementos de juicio para el diseño de nuevas alternativas, actitudes y estrategias destinadas a la promoción del consumo de carne bovina, de las supuestas ventajas de su ingesta; ilustra acerca de la demanda doméstica, permite entrever los mitos que hay alrededor de sus presuntas desventajas y esclarece algunos aspectos relacionados con la oferta y la demanda.

A medida que se fue desarrollando el tema, se tuvieron en cuenta autores que plantean importantes transformaciones en el sector agrícola, problemática de estos últimos años en que la ganadería cedió paso al cultivo de la soja y de otros cereales. Otros que abordan el tema de la política comercial externa (retenciones), la política cambiaria y la política de precios en estos últimos años.

Asimismo, hemos examinado una parte de la frondosa literatura dedicada al análisis puntilloso de determinadas variables, productos o zonas geográficas. Muchos de estos trabajos son pequeñas monografías presentadas en congresos, reuniones académicas o publicadas en revistas especializadas, ya sean de facultades o centros de estudio, y forman un universo de conocimientos que, por su diversidad, exceden el detalle de esta introducción, por lo que se las presenta en la bibliografía. Cada una de ellas hace algún tipo de aporte, alarga la mirada problemática más allá de Buenos Aires y permite entender la singular complejidad del agro argentino en general y de la ganadería vacuna en particular.

En el capítulo referido a las reacciones por parte de los actores sectoriales, las consultas principales fueron los *Anales* de la Sociedad Rural Argentina y las *Memorias y Balances* de la Federación Agraria Argentina, como también gran cantidad de artículos periodísticos extraídos especialmente del diario *La Nación,* el matutino que ofrece mayor información sobre el sector agropecuario. En menor medida, se encontrarán publicaciones de otros diarios, tanto de la ciudad de Buenos Aires como de localidades del interior. En las fuentes seleccionadas, se ha priorizado dar cuenta del mosaico de voces que pugnaban (y aún lo hacen) por hacer prevalecer cada uno sus puntos de vistas e intereses.

Buena parte de la bibliografía revisada para este segmento se debe a Mario Lattuada, ya sea en los libros de su autoría, *Política agraria y partidos políticos, 1946-1983* (1988) y *La política agraria radical en el marco de la transición democrática argentina (1983-1989),* publicado en 2002; de los artículos "Notas sobre las corporaciones agropecuarias y Estado", en *Estudios Sociales,* núm. 2 (1992) y "El sector agropecuario argentino hacia fines del milenio", en *Agroalimentaria,* núm. 4 (1997); como en su carácter de coautor junto con José Nun de *El gobierno de Alfonsín y las corporaciones agrarias* (1991) y con Guillermo Neiman en *El campo argentino. Crecimiento con exclusión* (2005).

Estas obras desgranan el mundo de las corporaciones sectoriales del campo argentino. Sirven para ver sus distintas historias, entramados organizativos, capacidades de representación y trayectorias. También componen un mapa de redes sociales que han ido modificándose con el paso del tiempo y las vicisitudes económicas y políticas del país. Su principal aporte –además de los problemas que se analizan en cada uno de esos textos– es entregar elementos para evitar el reduccionismo en la caracterización de actores que, aun siendo un conjunto, mantienen especificidades, diferencias y tensiones internas.

Además de su contribución bibliográfica, queremos agradecer al Dr. Mario Lattuada por habernos dado el empuje para presentar bajo formato de libro el producto de la investigación desarrollada en su momento bajo el auspicio de la Universidad Abierta Interamericana. Cuando esta tarea parecía concluida con la entrega de los respectivos informes, su intervención y su paciencia de hombre de campo fueron determinantes para cerrar la etapa con el corolario de una publicación.

CAPÍTULO 1. LA SITUACIÓN DE LA GANADERÍA EN EL MARCO DE LAS POLÍTICAS ECONÓMICAS

1. Una mirada introductoria al primer período posperonista (1955-1973)

El estancamiento de la producción del sector agropecuario se constituyó en uno de los principales problemas en los años posteriores al peronismo. La obtención de volúmenes de producción similares año tras año, sumada a la tendencia decreciente de los precios internacionales, puso en la mira de las sucesivas autoridades económicas al sector primario, dada la importancia de este como fuente de divisas para la economía argentina.

Diversas corrientes de pensamiento confrontaron en torno a las soluciones para dinamizar la actividad. Desde el liberalismo tradicional y las fracciones más poderosas de los terratenientes, se insistía en la necesidad de ofrecer un tipo de cambio elevado, capaz de estimular la ampliación de su producción. Paralelamente, se proponía una reducción de impuestos y gravámenes a las exportaciones, como forma de alentar al sector "eficiente" de la economía, a costa de reducir el apoyo público a la industria.

En cambio, los sectores reformistas y de izquierda entendían al estancamiento agrario como resultado de la mala distribución de la tierra en latifundios que por su extensión garantizaban altas ganancias sin obligar a sus dueños a realizar inversiones significativas. También se le imputaba a la gran propiedad la incapacidad para absorber una mayor población dedicada a las tareas agrícolas y su escasa disposición para constituirse en un mercado que estimulara la producción industrial de maquinaria e insumos destinados al sector. Como conclusión, para este razonamiento las grandes propiedades debían fraccionarse mediante una reforma agraria, lo que daría lugar a numerosas unidades productivas más eficaces.

Sin embargo, la situación de la actividad se empezó a dinamizar a partir de medidas originadas en el sector público que no eran las previstas por las corrientes mencionadas. La acumulación de estímulos para la tecnificación, incorporación de maquinarias y tractores, de nuevas semillas y técnicas de laboreo y de productos agroquímicos –fertilizantes e insecticidas– llevó progresivamente a un despegue que se vio con claridad en la segunda mitad de los años 1960. La participación del Instituto Nacional de Tecnología Agropecuaria (INTA) constituyó un aporte significativo al incremento de la producción, al transferir gratuitamente al sector conocimientos y técnicas movilizadores del potencial productivo.

Las primeras medidas económicas tomadas por parte del gobierno de la Revolución Libertadora que sucedió al peronismo en 1955 tuvieron como marco el *Informe Preliminar de la Situación Económica* encargado por el nuevo presidente Eduardo Lonardi al economista Raúl Prebisch. Este académico presentó un panorama desolador (bajo crecimiento económico, caída de la productividad, elevada inflación, déficit fiscal y de la balanza comercial, atraso de las ramas industriales pesadas) que solo podría superarse a través de una política fiscal austera y de una expansión de las exportaciones.

Las medidas iniciales consistieron en la disolución del Instituto Argentino para la Promoción y el Intercambio (IAPI), la devaluación monetaria, la unificación del tipo de cambio en una única cotización oficial de $18 (frente a los $6,25 de promedio antes de la degradación cambiaria) y la recreación de un mercado libre en el que el dólar se negoció a $30. Además, se eliminaron las limitaciones existentes

al ingreso de capitales extranjeros y se introdujeron retenciones para determinadas exportaciones.

El problema de la balanza de pagos siguió siendo una
preocupación central, ya que durante el período 1955-
1958 las importaciones siempre fueron superiores a las
exportaciones y los términos del intercambio resultaron
declinantes; este déficit se financió con la pérdida de reservas y con endeudamiento a corto plazo, lo que llevó a
ingresar al país en el Fondo Monetario Internacional (FMI),
en el Banco Internacional de Reconstrucción y Fomento
(BIRF), y a contratar un crédito con el llamado Club de
París. (Gerchunoff y Llach, 2003).

Durante el período 1956-1958, se verificó un ascenso
de los precios de los productos no agropecuarios cercano
al 80%, cuya consecuencia fue un incremento del 60%
en los salarios, lo que anuló las ventajas relativas de los
precios del sector agropecuario. Para compensar la situación, el gobierno tomó la decisión de aumentar varias
veces los precios mínimos, otorgó subsidios para novillos
y novillitos y permitió la operación libre del Mercado de
Hacienda de Liniers.

Cuando Arturo Frondizi llegó al gobierno, en mayo
de 1958, la impronta industrialista buscada por sus ideas
desarrollistas postergó a las actividades agropecuarias, que
no eran vistas como candidatas para liderar el crecimiento
sostenido previsto para la Argentina. Al contrario, en la raíz
del pensamiento desarrollista existía la creencia de que concentrar fuerzas en la producción primaria había sido –para
América Latina– condenarse al fracaso. No sería el sector
rural el generador del crecimiento, sino la modernización
global del país la que terminaría repercutiendo también
en la producción agropecuaria. Por otra parte, desde un
tiempo atrás, las actividades primarias habían abandonado
la posición privilegiada que les había correspondido como
garantes de la "relación especial" con Gran Bretaña.

En un país que se estaba disponiendo a producir mucho de todo, el campo debía esperar transformarse al compás de la modernización, ni más ni menos que otras actividades. El presidente Frondizi afirmaba que la crisis agraria era solo un capítulo en la crisis del subdesarrollo argentino, y como tal, no se reconocían soluciones sectoriales fuera del marco de la lucha por el desarrollo nacional. La meta económica inicial de la nueva batalla fue la construcción de la industria pesada y la integración de un mercado interno dinámico, con capacidad para abarcar todo el ámbito territorial mediante la fluida intercomunicación de las regiones y la promoción industrial del interior.

Para ello se propuso recurrir al capital extranjero a través de la sanción de una nueva ley de radicación para capitales foráneos, a los que hizo concesiones impositivas y les permitió la remisión de utilidades. Los resultados iniciales de esta política fueron notables: las inversiones externas subieron de US$20 millones en 1957 a 248 en 1959, y aumentaron aun 100 millones más en los dos años siguientes.

Aun así, en 1959 la liberación de la tasa de cambio mejoró la situación de los precios agropecuarios; si se considera en términos absolutos, dejaron ver su efecto las ventajas del librecambio; si se lo considera desde una óptica relativa, la reducción de gravámenes y retenciones favoreció la recuperación de la existencia de carne vacuna. Sin embargo, esta situación no sobrepasó el año 1960, debido al aumento de la inflación.

Las mejores noticias para el agro argentino en tiempos del desarrollismo se relacionaron con la mecanización, el impulso a las actividades del INTA –creado por el gobierno militar de la Revolución Libertadora– y el auge de las inversiones en el sector rural, que crecieron el 37,4% entre 1959 y 1961 con respecto al bienio 1956-1958. Pero la tecnificación quedó demasiado sujeta a las posibilidades de producción local de maquinarias, ya que el acceso a los productos importados estaba limitado por las barreras aduaneras. En este punto, los objetivos de desarrollo industrial y expansión agropecuaria chocaban entre sí. El gobierno optó de acuerdo con sus prioridades: mantuvo altas las tarifas a los bienes de capital para el campo, con el objetivo de fomentar su producción doméstica, lo que obligó a los productores rurales a enfrentar mayores costos.

En este estado de cosas, se escucharon quejas de asociaciones como la Federación Agraria, que denunció la existencia de una gran cantidad de maquinaria agrícola sin vender y por ende el problema que generaba la superproducción. Para esta institución, no faltaba interés en la compra, sino que resultaba imposible su adquisición dado el nivel prohibitivo de sus precios y la falta de capital por parte de los productores.

Del total de la inversión agropecuaria en maquinaria y equipos, en 1959-1961 solo se importó el 5,7%, contra el 52,6% en el período 1950-1952. Cabe preguntarse sobre la efectividad de esta medida para ayudar a ahorrar divisas, ya que puede argumentarse que con una situación de acceso más fácil a la maquinaria agrícola extranjera y una política más abierta a la incorporación de tecnología rural importada, se habrían estimulado mayores exportaciones agropecuarias, algo que –con toda probabilidad– podía contrapesar el costo de las importaciones.

El modesto rango al que quedaba relegado el campo en el esquema de largo plazo del desarrollismo convivía con el interés especial despertado por la coyuntura. El plan del gobierno dependió, en su primera etapa, de la capacidad del sector agropecuario para aumentar sus exportaciones y generar divisas. Eso dio aire para financiar la expansión de las vitales importaciones de equipamiento industrial. El gobierno lo sabía; no por nada Rogelio Frigerio había acuñado la fórmula: "Petróleo + carne = acero + industrias químicas", ecuación que bien podía incluir a todos los productos agrícolas.

En este contexto, las medidas sectoriales estuvieron dominadas por dos instrumentos: el manejo cambiario y las retenciones a las exportaciones. Sin dudas, la conjunción de la devaluación con el aumento de las retenciones implementadas con el plan de estabilización de 1959 favoreció a los productos rurales.

Entre 1958 y 1959, la relación entre los precios del sector rural y el conjunto de los precios mayoristas de la economía se movió el 10% a favor de los primeros, básicamente como resultado de la devaluación. No obstante, no era de esperar que esa recuperación impactara sensiblemente en los volúmenes de carne y cereales. Si la clave para el aumento del producto del agro era la mecanización, con una mejora circunstancial de los precios no podía conseguirse demasiado, porque las decisiones de inversión siempre dependen de la rentabilidad del largo o mediano plazo.

No eran señales ocasionales lo que necesitaba la gente de campo para aumentar la producción, sino una percepción más clara de que algo permanente había cambiado para mejor. Para el productor rural, la devaluación frondizista no se diferenció demasiado de las anteriores, ya que luego de un tiempo se transmitió a los costos y derivó en una mejora apenas marginal de la rentabilidad.

La tendencia ascendente del precio relativo de la producción agropecuaria fue efímera, se quebró ya en 1960. Ese año y el siguiente, los precios se movieron el 6,3% en contra del campo anulando casi todo el beneficio inicial. Los moderados movimientos en el índice de precios rurales en relación con el nivel de precios promedio esconden en realidad variaciones muy distintas respecto de los diferentes productos primarios. La carne aumentó mucho más que los cereales y las forrajeras, al producirse el levantamiento de los controles de precios que pesaban sobre el mercado cárnico. Los resultados fueron los esperables: la producción agrícola aumentó apenas, y la pecuaria disminuyó algo, debido a las particularidades del "ciclo ganadero", variable estructural analizada con detalle en el capítulo 2, que determina un comportamiento anormal de la oferta al alentar la retención del rodeo para engorde.

La incapacidad para aumentar sustancialmente el producto rural impidió el aumento de las ventas externas argentinas, ya que –con algunas excepciones– la industria solo proveía al mercado interno. Las exportaciones siguieron representando una de las mayores incógnitas del futuro económico, estancadas como estaban en alrededor de US$1.000 millones, un valor similar al de 1929.

La sequía de 1962 paralizó cualquier tipo de desarrollo. Ante el riesgo del envío a los mercados de animales sin terminar por efecto de los problemas climáticos, el gobierno de turno propuso una serie de iniciativas que abarcaron desde una revaluación del precio del novillo hasta la eliminación de retenciones y gravámenes, al tiempo que propiciaba facilidades para el otorgamiento de créditos.

En lo referente a la ganadería, a fines de 1963 comenzó la recuperación, no solo debido a las medidas gubernamentales, sino también al incremento de los precios del vacuno, empujados por una fuerte demanda tanto externa como interna, lo que produjo un alza de los precios del 40% en 1964. En esas circunstancias, el gobierno radical encabezado por Arturo Illia (1963-1966) decidió tomar medidas como la fijación de precios máximos y de la veda vacuna, con el fin de evitar el aumento de la carne y neutralizar su fuerte incidencia sobre el costo de vida. Estas iniciativas produjeron una reducción de los beneficios del productor y un mayor margen especulativo a favor de los frigoríficos.

Uno de los problemas a tener en cuenta en estos casos fue la falta de productos cárnicos sustitutos. Esta dificultad ha radicado tradicionalmente en la falta de elasticidad de su oferta y en la incapacidad para responder con rapidez a la demanda, con el resultado de generar aumentos de precios que acompañan a los de la carne de vaca. En 1966 se produjo un nuevo retroceso, ya que bajaron los precios del sector vacuno y se verificó cierta disminución en la demanda mundial.

Con el presidente Illia, la política hacia el agro atenuó un poco el énfasis en los "precios remunerativos", característicos de los gobiernos posperonistas hasta entonces. No se quería reeditar la serie de bruscas devaluaciones experimentadas en las presidencias de Aramburu, Frondizi y Guido, todas ellas seguidas de progresivos aumentos de costos y precios internos que bajaban el beneficio inicial de la depreciación sobre la rentabilidad exportadora. Según afirmaba el secretario de Agricultura de entonces, las políticas de valuaciones erráticas a partir de la Revolución Libertadora habían probado su ineficacia y –según este funcionario– mayores precios no se habían traducido necesariamente en una mayor producción. Con el tiempo, se reconocería que aunque en un plazo corto los incentivos de precios son estériles, en el largo plazo la producción crece en respuesta a precios superiores. En otras palabras, el agricultor o el ganadero reaccionarán a los incentivos de precios si advierten cierta estabilidad en el poder de compra de sus productos.

En el lapso que media entre 1963 y 1973, el tipo de cambio y los impuestos a la exportación –las célebres "retenciones"– se combinaron en general de una forma tal que impidieron oscilaciones bruscas en la rentabilidad de los bienes rurales, sobre todo en la rentabilidad de la agricultura. No es que haya habido una estrategia intencional y continuada de "incentivos estables", pero a la hora de tomar las medidas de corto plazo, las sucesivas administraciones se cuidaron de no castigar al sector agropecuario. La política de devaluaciones moderadas y periódicas en tiempos de

Illia tuvo ese efecto estabilizador sobre la ganadería. Un ejemplo todavía más claro es el de 1967-1970, una época de estabilidad de precios agrícolas (asentada en un tipo de cambio fijo) en la que fueron recortándose las retenciones para compensar a los productores por aumentos de costos. Esto ocurrió luego de que el gobierno balanceara el crecimiento de los precios de exportación –surgido de una devaluación– con un fuerte incremento de las retenciones. A comienzos de los años 1970, cuando empezó a notarse un alza sostenida de los precios mundiales de los alimentos, se introdujeron "derechos especiales móviles" (impuestos) a la exportación, cuyo objetivo era atenuar el incremento de los precios locales de esos bienes. Como se verá, sin embargo, las oscilaciones periódicas del valor de la carne fueron una excepción decisiva al patrón medianamente estable de los precios agropecuarios.

Otro tópico recurrente en el debate sobre las políticas aplicadas al sector rural fue el impuesto a la tierra libre de mejoras. El propósito de la iniciativa era gravar los lotes por su productividad potencial, de manera que los tributos no desalentaran la eficiencia. La idea no era nueva. Medio siglo antes del gobierno de Illia, los socialistas habían presentado una propuesta similar para afrontar el déficit del tesoro provocado por la Gran Guerra. El proyecto de la gestión radical no prosperó y hubo que esperar hasta 1969 para que se estableciera una versión *sui generis* del gravamen.

Por su parte, el gobierno de la "Revolución Argentina" (1966-1973), que derrocó al presidente Illia, mejoró la competitividad externa de los productos nacionales mediante una devaluación, pero al mismo tiempo puso en marcha una política compensatoria de aumento de las retenciones a las exportaciones, que tuvo un efecto favorable en la recaudación fiscal, mejora apoyada por una más ordenada y eficiente administración de la cobranza de impuestos a cargo de la Dirección General Impositiva. Sin embargo, las retenciones fueron negativas para el sector ganadero, que pasaba por un período de bajos precios; ello impulsó una fase de liquidación de las existencias y tuvo un efecto adicional en la baja de los precios de la carne, que compensaron los aumentos en algunos otros rubros y fueron un factor no despreciable en la caída inicial de la inflación durante los años 1967 y 1968. El plan de Adalbert Krieger Vasena –reemplazante de Jorge Salimei en el Ministerio de Economía a principios de 1967– fue más exitoso en este aspecto, ya que logró bajar la inflación al 7,6% anual en 1969, algo no alcanzado hasta entonces.

En términos sectoriales, desde 1966 la ganadería argentina entró en un período de estabilidad. Se produjo un crecimiento levemente mayor de dicho sector, respecto del que presentó el área agrícola; en realidad, los resultados fueron relativos porque estos últimos aumentaron el 34% respecto de 1965, mientras que los primeros lo hicieron en una proporción del 3%. La oferta de ganado joven y de animales aptos para la parición obligó al gobierno a levantar la veda para el consumo interno.

Con la llegada de Aldo Ferrer al Ministerio de Economía, en octubre de 1970, se aplicó un nuevo conjunto de medidas: desgravación del novillo, retención de las hembras y reducción por el término de un año de los derechos de exportación. Además se anuló la prohibición de la faena de novillos de más de 400 kilos y se sancionó una Ley Federal de Carnes.

Hacia 1970, una continuada aunque moderada suba de precios obligó a eliminar gradualmente las retenciones restando una importante fuente de fondos para el fisco. Por otra parte, las empresas habituadas a elevados endeudamientos, mientras tuvieron intereses reales negativos, sufrieron entonces las consecuencias de las tasas reales positivas.

Esta tendencia se revirtió con una suba de los precios internacionales de la carne. La nueva situación y la rigidez de la oferta, tras un período de liquidación, produjeron un alza de precios acentuada por un nuevo ciclo de retención de vientres. Dado los mecanismos de propagación y convalidación existentes, la inflación se generalizó.

Como síntesis estadística de este apartado, se pueden mirar las cifras de la ganadería con el telescopio de los largos plazos. Si se toma como punto de referencia el año 1947, sus números nos indican que en los veinticinco años anteriores las existencias aumentaron el 27,4%, mientras que en el lapso 1952-1977 el crecimiento fue del 43,18%. Podemos atribuir el mayor aumento en esos veinticinco años a los adelantos técnicos aplicados en la industria ganadera. Aun así, el aumento no fue satisfactorio por cuanto corrió ligeramente por detrás del incremento de la población, que creció el 43,3% en el mismo período.

Si lo miramos desde los porcentajes, en 1952 se faenaron 8.785.713 cabezas, cifra cercana al 21% de las existencias; en 1977, en cambio, se sacrificaron 14.748.172 animales, indicando un principio de liquidación de vientres. La misma situación se dio en 1980, con una faena de 14.052.487 cabezas y un índice de extracción del 25,5%. El ganado vacuno destinado a consumo en el período 1952-1977 aumentó el 36,8%, mientras que el destinado a exportación fue del 126,6%. El tonelaje de carne limpia, peso playa, se incrementó el 62,6% en el período 1952-1977.

También podemos observar que los porcentajes de la carne producida según destino en 1952 representaban el 84,5% para el consumo interno y el 15,4% para la exportación. En 1977, dicho consumo bajó al 78,9% y la exportación aumentó al 21%; en tanto que en 1980, el primero trepó al 84,4% mientras la exportación se redujo al 15,6%.

El consumo per cápita de carne vacuna sufrió importantes altibajos en este lapso, habiendo llegado al piso de los 61,9 kilos por habitante en 1972, y 63,8 kilos en 1971, para repuntar nuevamente hasta 88,8 kilos en 1977. En el año 1980, se mantenía en 87,7 kilogramos. Si agregamos las carnes ovina y porcina, se puede hablar de un consumo anual superior a los 100 kilos de carnes rojas promedio por habitante.

Más allá de estas características generales, la interpretación de los guarismos es un problema en sí mismo y ha llevado a que se plantearan cuestiones contradictorias sobre la actividad agropecuaria argentina en los años 1960:

> Analizada en conjunto, la evolución de la producción agropecuaria [...] puede juzgarse como modesta, y muy por debajo de los niveles que pueden alcanzarse dada la calidad de los recursos naturales, las posibilidades tecnológicas y la capacidad empresarial existentes en Argentina.[4]

Pero también se ha escrito:

> Lo más notable [del desempeño económico argentino en los años anteriores a 1973] fue el crecimiento del sector agropecuario pampeano, que revirtiendo el largo estancamiento y retroceso anterior se inició a principios de los años sesenta.[5]

También aquí, incluso, hay discrepancias estadísticas, porque existe más de un índice del producto rural. Además, la volatilidad propia de la producción agropecuaria hace que la tasa de crecimiento dependa mucho de los años tomados como puntos de partida y de llegada. En cualquier caso, la cita pesimista y la optimista pueden conciliarse por otra razón: la primera habla del sector agropecuario argentino y la segunda, de la región rural correspondiente a la pampa húmeda.

---

[4] Banco Ganadero (1974), *Temas de economía argentina. El sector agropecuario, 1964-1973,* Buenos Aires, Banco Ganadero, p. 10.

[5] Romero, Luis Alberto (1994), *Breve historia contemporánea de la Argentina,* Buenos Aires, Fondo de Cultura Económica, p. 262.

Por un lado, debe admitirse el menor dinamismo de las actividades primarias en la Argentina con respecto al de la economía en su conjunto. El aumento de la producción de bienes primarios a lo largo de los diez años anteriores a 1973 fue de entre el 25 y el 30%, es decir, alrededor del 2,4% anual. Comparado con la tasa de crecimiento global de la economía en la misma época (6%), el desempeño del sector rural parece bastante pobre. Pero también resulta cierto que luego de tres décadas de estancamiento las pampas argentinas volvieron a dar fruto abundante, y no es menos real que este renacimiento fue un logro de la agricultura más que de la ganadería.

Entre los quinquenios 1960-1964 y 1970-1974, la producción de los cinco principales cultivos pampeanos (trigo, maíz, soja, sorgo, girasol) pasó de 12.5 a 20.7 millones de toneladas anuales, un aumento nada desdeñable equivalente al 5,1% por año. La clave de la recuperación pampeana fue tecnológica. La "revolución mecánica" en el agro, ese imperativo de todos los gobiernos de los años 1950 y por el que tanto había bregado Arturo Frondizi, por fin se concretó a gran escala. El parque de tractores estuvo cerca de duplicarse en el curso de una década. Además, como la fuerza motriz de las nuevas máquinas superaba largamente a la de las más antiguas, la potencia total creció en mayor proporción que la cantidad de tractores.

Quince años de dificultades serias en la balanza de pagos habían enseñado a los gobiernos a respetar ciertos límites en el trato con el sector rural. Las administraciones de 1963-1973 demostraron haber aprendido esa lección. El campo había encontrado su lugar dentro del esquema global de economía protegida, que esencialmente se mantuvo. No era el sitial de privilegio de las primeras décadas del siglo, pero era el suficiente para seguir siendo el nexo principal –y ahora dinámico– entre la Argentina y los mercados mundiales.

Desde ya, el cierre de un ciclo económico internacional de crecimiento sostenido quedaba relegado a un segundo plano en la Argentina de principios de la década de 1970, en momentos en que las convulsiones políticas nacionales eran el centro de atracción. En 1973, la crisis volvió a presentarse como un fantasma sobre el capitalismo y, en poco tiempo, repercutió sobre el comercio internacional deprimiendo los precios de los alimentos y cerrando mercados.

2. Acercamiento general al período 1973-1976

En 1973, Juan Domingo Perón asumió su tercera presidencia. Vuelto al país después de muchos años de exilio, trató de resolver la profunda crisis política nacional operando en varios frentes al mismo tiempo; sin embargo, su intento fracasó. El agotamiento de la tendencia expansiva de la economía comenzaba a percibirse, acechada tanto por los problemas mundiales como por las dificultades propias del país: inflación, conflictos distributivos, recurrencia a la recesión como remedio, etc. Se pensó que 1973 marcaría el inicio de una nueva crisis cíclica del capitalismo para la que se encontraría una pronta recuperación; sin embargo, la vasta reestructuración del sistema en las décadas posteriores a 1970 marcó un límite al crecimiento basado en la relación del mercado interno y la regulación estatal.

El programa económico implementado en los primeros días del gobierno del presidente Héctor Cámpora se apoyó en el "Acta de Compromiso Nacional" firmada por la Confederación General del Trabajo (CGT), la Confederación General Económica (CGE) y el ministro de Economía José Ber Gelbard.

Para el sector agropecuario, entre las principales disposiciones del programa económico estaba la presentación para su discusión parlamentaria de la «Ley Agraria», que incluía la expropiación de las tierras improductivas. Si bien esta propuesta no logró ser aprobada por el Congreso, sí lo fue, en cambio, el impuesto a la renta potencial de la tierra. Esta norma separó el concepto del impuesto a la producción real y lo vinculó a la producción "normal" estimada, con el fin de incentivar la productividad. Pese a lo afirmado en ese momento, la medida no tenía nada de revolucionaria, ya que tanto el gobierno del moderado Arturo Illia como el del reaccionario Juan Carlos Onganía habían intentado introducirla, pero sin éxito. También se incorporó el factor distribucionista al proponer un aumento de la tasa fiscal cuanto mayor fuera la propiedad rural.

A pesar de los recelos que despertaron estas medidas, el gobierno consiguió el apoyo de tres de las más importantes entidades rurales al lograr que la Federación Agraria Argentina (FAA), el Movimiento Cooperativo representado en Coninagro y la propia Sociedad Rural Argentina (SRA) firmasen en septiembre de 1973 un acuerdo llamado "Acta de Política Concertada con el Agro", que reforzaba la vocación de consenso del gobierno con todos los sectores económicos. La intervención del Estado en las exportaciones del sector se concretó a través de las Juntas Nacionales de Granos y Carnes. Estos dos monopolios públicos reeditaron algunas de las funciones del IAPI durante el primer gobierno peronista, y detentaron los derechos para comprar y vender la totalidad de las exportaciones pecuarias.

La política del sector se completó con la fijación de precios para los productos del campo a través de la implantación del sistema de retenciones (impuestos al valor de las exportaciones) y el control sobre el tipo de cambio de divisas. Mediante ambos instrumentos, el gobierno intentó repetir las transferencias intersectoriales de ingresos, típicas del primer peronismo (Gerchunoff y Llach, 2003; Di Tella, 1986).

Con todo, el grueso del programa gubernamental se orientaba hacia otros horizontes. Las principales expectativas se volcaban hacia el sector industrial, para el que se formuló una estrategia de protección con el propósito de frenar la competencia extranjera. Esta decisión continuaba la idea del "compre argentino" planteada en tiempos de la denominada Revolución Argentina. Se agregó en este caso una atención especial a las exportaciones industriales, lo que supuso un cambio de rumbo respecto del esquema sustitutivo con acento en el mercado interno. Asimismo, la "Ley de Promoción Industrial" retomaba el interés peronista por las industrias de "interés nacional", focalizadas entonces en la instalación de proyectos nuevos fuera de las zonas ya desarrolladas.

Se sancionó la nueva "Ley de Inversiones Extranjeras" destinada a revertir la tendencia a la penetración del capital internacional en la economía. Era la postura más aceptada entre los Estados de la región y explícitamente sostenida en el Acuerdo de Cartagena que firmaron los países del Pacto Andino en 1973. Las inversiones extranjeras efectivamente disminuyeron, pero subsiste el interrogante sobre si se debió a la aplicación de la nueva ley, o fue el resultado de la entrada de divisas a partir de las exportaciones industriales, o derivó de los recelos de los inversores ante el deterioro de la situación económica y política de los años sucesivos.

El gobierno peronista también se decidió a impulsar una apertura comercial con el bloque socialista, con interés especial en la iniciación de estos intercambios como decisión política frente a las presiones norteamericanas y de los sectores nacionalistas locales. Se concretaron operaciones con Cuba, la Unión Soviética y Polonia.

En materia financiera y fiscal, se llevó a cabo un nuevo ordenamiento legal que otorgó mayor poder al Banco Central frente a los demás bancos respecto de la cantidad de dinero disponible; se retomó de esta manera la línea del primer peronismo en cuanto a monopolizar el sistema bancario y tener exclusiva injerencia estatal respecto de la cantidad y selección de las instituciones hacia las que fluía el crédito. La reforma impositiva acrecentó los tipos de ganancias afectadas por impuestos progresivos, como fue el caso de los propietarios de acciones, y se instrumentaron nuevos impuestos regresivos como el IVA.

El "Plan de Estabilización" fue la acción de intervención estatal más conocida y se constituyó en el instrumento más importante del Pacto Social. La política de determinación de los precios fue aplicada con las mayores atribuciones por parte del Estado, con la intención de poner orden frente al poder de los grupos tradicionales. El congelamiento de precios fue acompañado por el de los salarios; a estas medidas se unió la suspensión de las convenciones colectivas de trabajo por dos años para darles un carácter más prolongado.

El efecto del plan de estabilización de precios fue impresionante durante los primeros meses, tanto para el gobierno como para la mayoría de la población. "La inflación se detuvo, la bolsa se reanimó, el dólar paralelo bajó y la recaudación impositiva aumentó".[6] Como en los casos anteriores en los que los gobiernos nacionales eligieron la aplicación de este tipo de políticas, el problema radicaba en que la eficacia del sistema era de corto plazo, para unos pocos productos, y su extensión generaba la aparición de tensiones en los sectores involucrados.

Del programa económico se destacó, junto con el Plan de Estabilización, el Pacto Social. Debido a la importancia que el tratamiento de la inflación tuvo en el corto plazo para la opinión pública, y a la publicidad realizada desde el gobierno (basado en la convicción de que las "políticas concertadas" disminuirían las demandas sectoriales), la

---

[6]   *Clarín,* 12 de agosto de 1973.

política de ingresos explicitada a través del consenso tri-partito y conocida como el Pacto Social suponía un acuerdo sobre la manera de distribuir el ingreso nacional entre los trabajadores –representados por los sindicatos– y los sectores del empresariado. La armonización de intereses quedaba a cargo de la mirada arbitral del Estado.

Las organizaciones empresariales como la Unión Industrial Argentina (UIA), la Cámara Argentina de Comercio (CAC) y la SRA –que habían tenido fluidos contactos con el gobierno militar de la Revolución Argentina– avalaron en un primer momento el Pacto Social, aunque meramente a nivel declamatorio y a los efectos de "ganar tiempo". La UIA se autodisolvió integrándose a la CGE bajo la denominación de Confederación Industrial Argentina (CINA).

La política económica del tercer período peronista podría dividirse en dos etapas. La primera comprendería desde la firma del Pacto Social hasta julio de 1974, cuando falleció Juan Domingo Perón; y la segunda, desde esa fecha hasta el golpe militar de marzo de 1976, que derrocó a Isabel Perón. Si la primera etapa estuvo marcada por la estabilidad de precios, el superávit en el sector externo y el crecimiento económico, la segunda se caracterizó por el colapso de los acuerdos de la etapa previa, se profundizó la inestabilidad y se descontroló la inflación (Rapoport, 2000).

El año 1973 concluyó con datos alentadores para el gobierno. En el sector externo se produjo un aumento del 65% en las exportaciones y un rápido incremento de las reservas incentivadas por el aumento de los precios de la carne y los cereales, acompañados por una cosecha récord de granos y por los beneficios de la apertura comercial con el bloque socialista. El crecimiento del PBI en ese año llegó al 5,4% con un descenso abrupto de la inflación. Para fin de año, la consigna "inflación cero" se mostró como un logro del gobierno justicialista. Esta situación se combinó con el aumento del salario real por efecto de los aumentos de sueldos y asignaciones familiares a partir de la firma del Pacto, que estimularon la demanda efectiva.

La situación favorable en el sector externo tenía su explicación en un factor transitorio: en 1973, los términos del intercambio tocaron su valor máximo desde los años 1950, fue el llamado boom de las materias primas (Gerchunoff y Llach, 2003). Esta situación iba a revertirse drásticamente el año siguiente, cuando los precios de las importaciones comenzaron a aumentar por efecto de la crisis del petróleo, y los empresarios presionaron para lograr una flexibilización respecto del congelamiento de precios. Si bien no se autorizaron los aumentos, la manipulación del tipo de cambio para favorecer las importaciones benefició veladamente a los patrones. Las bases sindicales reclamaron también ante el gobierno, que otorgó un aumento salarial en marzo de 1974. En los meses siguientes, los precios subieron el 10,4%. La "inflación cero" ya era cosa del pasado.

Desde comienzos de 1974 el plan económico sufrió un paulatino deterioro debido a razones externas e internas que se agravaron a partir del mes de marzo. En el orden interno, se dio el crecimiento de la demanda –un factor deseable y positivo– debido a causas como el incremento en la oferta monetaria, el aumento de los salarios reales y la baja del desempleo, pero esto resultó un factor desequilibrante dado el régimen de control de precios y salarios dispuesto por el gobierno.

La situación externa complicó el panorama con la prohibición de importar carne argentina dispuesta por el Mercado Común Europeo en julio de 1974, como consecuencia de la epidemia de aftosa. A ello se sumó el alza de los precios de las importaciones en el 30%, resultado del incremento del costo del petróleo a partir de la crisis. Ante estas circunstancias desfavorables, el gobierno se encontró en dificultades para importar y apeló a la liquidación de divisas. A pesar de lo delicado de la situación, se decidió no tocar el tipo de cambio por temor a sus efectos inflacionarios. La escasez de dólares produjo hacia fines de 1974 el crecimiento del mercado negro y empujó, de todos modos, los precios hacia arriba. Para contener la inflación se hizo necesario salir del congelamiento, "flexibilizar" la economía y terminar con la expansión.

En septiembre de 1974, asumió el nuevo ministro de Economía, Alfredo Gómez Morales, quien reconoció la necesidad de cambios y tomó decisiones importantes que modificaron el plan inicial. Estableció una flexibilización parcial –que desequilibró los precios relativos de los bienes y servicios– y autorizó una devaluación gradual.

La reacción de los sectores afectados no se hizo esperar. Buscaron nuevos ajustes de precios que los beneficiaran; el gobierno autorizó la transferencia de los aumentos salariales a los costos, para mejorar las ganancias empresariales. Sin embargo, la solución no terminó de convencer a los sectores del ala derecha peronista: mientras los sindicatos intentaban renegociar el Pacto Social, el ministro de Acción Social, José López Rega, deseaba contener los salarios a pesar del aumento de los precios.

En estas circunstancias, Gómez Morales renunció. En junio de 1975, asumió en su reemplazo Celestino Rodrigo, quien llevó a cabo una brutal devaluación de la moneda que dejó a la economía en estado de *shock:* este episodio es conocido como el "Rodrigazo". Los precios aumentaron más del 100%, y para reducir el déficit se aumentaron otro tanto las tarifas de los servicios públicos y los combustibles. Los sindicatos lograron obtener aumentos que oscilaron entre el 60 u 80 y el 200%.

El efecto inmediato de las medidas adoptadas por Rodrigo fue paralizar las negociaciones entre los sindicatos y los empresarios, que se habían iniciado en marzo de ese año; se desató una movilización masiva que produjo el desplazamiento de Rodrigo y su mentor López Rega. En el mes de agosto de 1975, Antonio Cafiero –economista cercano a los sindicatos– se hizo cargo de la cartera de Economía y tuvo que enfrentar al mismo tiempo la inflación creciente, la grave recesión con caída de la producción, la escasez de divisas, el desempleo y la inquietud social. El nuevo equipo intentó tomar medidas graduales y evitó políticas de choque. Cuando la situación externa se tornó insostenible, no tuvo más remedio que firmar un acuerdo con el FMI.

Como se analizará con detalle en el capítulo 5, la orientación de la política agropecuaria en la Argentina durante la coyuntura de 1973-1974 apuntó a diversas cuestiones: la suspensión de los juicios de desalojo de tierras; el otorgamiento de créditos para la compra de tierras y herramientas por arrendatarios y aparceros; la intervención estatal en la comercialización de carnes y granos, y el uso y tenencia de la tierra.

3. La etapa del Proceso

Los últimos meses de la administración peronista desembocaron en una enorme aceleración de la inflación, que en marzo de 1975 llegó al 30% mensual, con un déficit fiscal anual que alcanzó el 16,2% del PBI. Todo esto desembocó en el agotamiento casi total de las reservas y en una caótica situación política, agravada por los terrorismos de distintos signos, y por la preanunciada decisión militar de tomar el poder, lo que efectivamente ocurrió el 24 de marzo de 1976.

El nuevo gobierno militar que asumió ese año modificó el modelo de industrialización basado en la sustitución de importaciones que se había desarrollado en la República Argentina, con el fin de instalar un modo de acumulación caracterizado como "aperturista con hegemonía financiera". El equipo económico del ministro Alfredo Martínez de Hoz se proponía implantar un nuevo modelo de acumulación regido por el "mercado", tras la ruptura violenta del "pacto keynesiano" mediado por el Estado.

Según consta en los documentos oficiales del gobierno procesista, las medidas inmediatas a adoptar en el terreno económico se definieron vagamente como aquellas "medidas de control de emergencia necesarias para mejorar la situación existente hasta tanto se pueda instrumentar la reactivación económica en forma coherente" (Scharvzer, 1990). En segundo lugar, se hacía mención a la elaboración de un plan económico que contemplaba los siguientes objetivos: a) estímulo a la productividad; b) reactivación del aparato productivo; c) control y disminución del déficit presupuestario; d) aliento a las inversiones; e) reversión de la política estatizante; f) búsqueda de la eficiencia en los servicios públicos y empresas del Estado; g) implementación de una política agropecuaria realista; h) reactivación de las obras públicas; i) instrumentación de un adecuado régimen de comercialización; j) impulso a las exportaciones tradicionales y no tradicionales; k) desaceleración de la inflación compatible con el mantenimiento de la actividad económica; l) reordenamiento impositivo.

Los principales objetivos del llamado "Programa de Recuperación, Saneamiento y Expansión de la Economía Argentina" fueron:

- lograr el saneamiento monetario y financiero indispensable para la modernización y expansión del aparato productivo, lo que garantizaría un crecimiento no inflacionario de la economía;
- acelerar la tasa de crecimiento económico;
- alcanzar una razonable distribución del ingreso preservando el nivel de los salarios, en la medida adecuada a la productividad de la economía.

Más concretamente, las disposiciones centrales del nuevo plan económico incluían la fijación de un nuevo nivel de equilibrio para los salarios reales inferiores en el 40% al nivel promedio del quinquenio anterior; la eliminación de retenciones a la exportación de productos agropecuarios; la ampliación de un programa de reducción progresiva de los aranceles de importación; la eliminación de subsidios a las exportaciones no tradicionales, de créditos de fomento y de prestaciones sociales deficitarias (en las áreas de salud y vivienda); el incremento de las tarifas de servicios públicos; la liberalización de los mercados cambiario y financiero; el financiamiento del déficit público mediante colocación de títulos en el mercado de capitales; la reducción del gasto, del empleo y del déficit del gobierno; y la privatización de empresas que habían pasado al control estatal.

Como puede observarse, la mayoría de estas medidas no eran novedosas. Muchas se habían implementado bajo administraciones anteriores. Sin embargo, Martínez de Hoz argumentaba que nunca se las había puesto en práctica a conciencia. Esta vez se esperaba hacerlo sin medias tintas, ya que el gobierno poseía la voluntad y el poder para hacer que se cumplieran. Además, se contaba con el apoyo explícito del FMI, con el que a poco de asumir se negociaron varios préstamos bajo la condición de alcanzar ciertas metas económicas.

Como puede colegirse de las medidas enunciadas, los ejes centrales de la política económica del período eran la apertura de la economía, la liberalización del mercado de capitales y la reformulación del papel estatal en la economía. Para ello se redujeron los aranceles de importación a los bienes industriales competitivos con la producción nacional; se relajó el sistema de control de las tasas de interés y las normas cambiarias por parte del Banco Central; se implementó en junio de 1977 la llamada "Reforma Financiera", por la que se liberalizaron las tasas de interés de la banca comercial, se eliminó la mayor parte de los créditos subsidiados y se retiraron los controles el mercado cambiario.

Por otra parte, la retórica oficial indicaba que el rol del Estado en la economía debía ser totalmente redefinido. No obstante, las medidas tomadas en este plano estuvieron lejos de producir ese efecto. El reordenamiento de las cuentas públicas fue uno de los objetivos iniciales, con el fin de reducir el déficit fiscal vía contracción del gasto. Se obtuvieron resultados positivos hasta fines de 1977, pero a partir de entonces, los gastos del Estado tendieron a aumentar, por lo que debió ampliarse la presión tributaria, se colocaron títulos de deuda pública en los mercados privados y se autorizó a las empresas públicas a tomar préstamos en el exterior. Inclusive, la política de privatizaciones anunciada tampoco modificó significativamente el rol predominante del Estado en la economía (Schvarzer, 1986).

Por último, la preocupación dominante durante esos años fue la inflación. Al respecto, el equipo económico aplicó distintas medidas (congelamiento de salarios, ajustes salariales por debajo del incremento de precios, tregua de precios, contracción monetaria y desindexación de la economía, devaluaciones), ninguna de las cuales tuvo un éxito más que temporario. Esta combinación de objetivos implícitos y explícitos marcó el rumbo económico. Por eso se hace necesario analizar el conjunto de medidas adoptadas que estaban interrelacionadas e impactaron sobre las variables coyunturales y estructurales. El ritmo de desarrollo del país se desaceleró mientras el producto per cápita cayó en términos absolutos; los salarios reales descendieron significativamente mientras la inflación no disminuyó a niveles controlables, lo que provocó una distorsión permanente de los precios relativos e hizo imposible una sana asignación de recursos. El creciente endeudamiento externo alcanzó niveles explosivos a mediados de 1980, limitando la capacidad de maniobra del país y acumulando una gravosa carga para el futuro inmediato.

En 1978, la gran liquidez de dólares produjo una acentuada caída de las tasas de interés internacionales y disponibilidad de capitales. Esta coyuntura favoreció la llegada de inversiones extranjeras y dólares a través de préstamos a nuestro país.

La reforma se completó en diciembre de ese año con una devaluación pautada del peso, la llamada "tablita", que consistió en establecer el valor futuro de la moneda nacional respecto del dólar para asegurarles a los agentes económicos las transacciones a término. Este intento de estabilizar la economía no dio resultados, porque la inflación interna no bajó lo suficientemente rápido y poco tiempo después el peso argentino quedó sobrevaluado respecto del dólar.

La sobrevaluación de la moneda argentina perjudicó las exportaciones, porque encareció los productos nacionales en el exterior y contradijo una de las bases de la política económica de Martínez de Hoz, que buscaba hacer más eficiente la industria nacional por medio de la competencia externa. Es así como determinadas ramas de la producción fueron especialmente castigadas por esta nueva situación.

Para modificar el desfasaje cambiario, después de la quiebra del Banco de Intercambio Regional (BIR) en abril de 1980, se devaluó el 30% el peso nacional. Sin embargo, meses más tarde, otros bancos y financieras entraron en convocatoria produciéndose el colapso financiero. Con la aceleración de la inflación y el aumento de la incertidumbre, muchos capitales huyeron al exterior. Se repetía un resultado opuesto al objetivo buscado, al escapar del país los capitales que se esperaban entrasen en él.

Entre diciembre de 1979 y marzo de 1981, no solo había aumentado la deuda externa, sino también sus intereses. Estos, que en 1979 representaban el 10% de las exportaciones, a fines de 1980 superaron el 30%. Ese año las exportaciones en dólares constantes bajaron el 3,9%, mientras que las importaciones crecieron el 43%.

4. El gobierno y el sector agropecuario

La asunción del equipo económico en marzo de 1976 despertó la euforia de los productores agropecuarios de la pampa húmeda. A las promesas de apoyo al agro, se agregó el establecimiento, en los primeros meses del gobierno militar, de un tipo de cambio excepcionalmente favorable que prometió un rendimiento apreciable para la actividad agrícola. Los expertos suponían que el agro pampeano poseía una capacidad productiva latente muy superior a lo que manifestaban las cosechas, y que los resultados de los primeros pasos de la estrategia oficial lo corroboraban al generar una respuesta masiva de los productores.

Los miembros del equipo económico confiaban en que el agro fuese un sector dinamizador para el futuro del país, basado en la renovación de sus ventajas comparativas en el mercado internacional. Era una propuesta de reforma estructural de la economía argentina. Para que el agro se beneficiara de los nuevos y altos precios internacionales, acompañados de un tipo de cambio devaluado (divisa cara), se debían incrementar, en términos relativos, los precios internos de sus productos, modificando un estado de cosas que había favorecido durante décadas a los consumidores urbanos.

En rigor, no había terminado de levantarse la cosecha gruesa de 1976-1977 y ya la situación había cambiado. En los primeros meses de 1977, se notaba lo que un comentarista denominó "síntomas de fatiga en el productor rural"[7] El titular del Palacio de Hacienda insistía en el uso predominante de los mecanismos monetario-financieros para reacomodar la economía argentina, y eso significaba un papel secundario para el agro, que quedaba librado a su suerte, con la consecuente repercusión en el gabinete.

En una primera etapa, comenzó a percibirse que el agro estaba experimentando un nuevo dinamismo de largo plazo. El impulso vino de diversos factores; un aporte se concretó con la incorporación de las semillas híbridas y nuevas técnicas de cultivo que permitieron un rápido incremento de los rendimientos por hectárea. Otro provino de la expansión de los cultivos de soja de la región pampeana, que agregó una apreciable magnitud a los volúmenes cosechados, y cuyo impacto se sintió claramente en la segunda mitad de la década de 1970, luego del proceso inicial que expandió dicha oleaginosa en los años anteriores. La incorporación masiva de maquinaria agrícola es otro de los factores que explican las nuevas posibilidades productivas alcanzadas en ese período, en la medida en que permitió atender a una cosecha creciente y cada vez más sofisticada en variedad y calidad de cultivos, con un número cada vez menor de trabajadores y en menos tiempo. A fines de la década de 1960, la producción creció casi sistemáticamente –con algunas pausas debidas a razones meteorológicas o caídas coyunturales de precios–, hasta llegar a 30 millones de toneladas a fines de los años 1960 y a 40 millones pocos años después.

Uno de los factores más importantes del cambio estructural, que puede seguirse en las estadísticas disponibles, es el referido al equipo mecánico incorporado a la producción. Las técnicas nuevas y el uso de semillas híbridas resultan mucho menos elásticos a los cambios de política económica. La compra de equipo mecánico puede

---

[7]   *La Nación,* 2 de abril de 1977.

utilizarse como un indicador aproximado de lo ocurrido en el agro pampeano. Un comentario de la Secretaría de Agricultura y Ganadería reconoce esta evolución, pero subestima su importancia:

> El parque de tractores observaba una renovación bastante acelerada por causa de créditos subsidiados [...] durante 1980 los precios de la maquinaria agrícola, como consecuencia de las rebajas arancelarias, se han reducido en términos reales, con lo cual posiblemente se revierta la tendencia a la reducción de la venta de tractores. (Secretaría de Agricultura y Ganadería, Memoria, 1981).

El agro redujo su parque de equipos, aunque por un tiempo. Gracias a la acumulación de unidades realizada en los años anteriores y al formidable incremento de la producción que se logró a partir de ella, pudo mantenerse la ficción de que esa descapitalización no tenía importancia.

El valor en dólares de los productos exportables del agro pampeano evolucionó favorablemente en el período; sus niveles reales estaban en 1980 por debajo de los "picos" registrados en 1974, pero muy por encima de los valores de los años posteriores, en los que se registró una caída de precios continuada y profunda.

A comienzos de 1981, la relación dólar/peso era la más baja de la historia de la economía nacional. El equipo económico había prometido eliminar los gravámenes a la exportación de productos agrarios y cumplió su palabra. La estrategia de cambio sobrevaluado, sin retenciones, posibilitó que esa diferencia de ingresos, no percibida por el agro, tampoco fuera a otros sectores nacionales, sino que se esfumara subsidiando la salida masiva de capitales hacia el exterior.

El sector agrario perdió los subsidios implícitos en los créditos operativos y de inversión, que había recibido en los períodos anteriores; perdió en términos de precios para sus productos, pese al cumplimiento formal de la eliminación a las retenciones, y soportó una creciente presión impositiva por el lado de las tasas inmobiliarias. El hecho de que haya podido sobrellevar todo eso se debe, por un lado, a la duración relativamente breve del impacto negativo (la política oficial se modificó por imperio de las circunstancias a partir de 1981), y por otro, al notable aumento de la productividad de la tierra y del capital que, consecuencia del cambio tecnológico, permitió a los sectores más favorecidos obtener ciertos márgenes, aun con precios unitarios decrecientes.

Cuando en marzo de 1981 el general Roberto Marcelo Viola reemplazó al general Jorge Rafael Videla como presidente de la junta gubernamental, se abandonó "la tablita" cambiaria y ello provocó una devaluación aproximada del 400% durante ese año. El propósito de estas medidas era frenar el enorme déficit de la balanza comercial e impulsar las exportaciones. Sin embargo, esta decisión aumentó en porcentaje similar al anterior el endeudamiento del Estado y de muchos empresarios que tenían compromisos tomados en dólares. La inflación continuó subiendo y a fines de 1981 alcanzó el 100% anual. Quebraron muchas empresas, creció el desempleo, y presiones internas dentro del Ejército llevaron al reemplazo de Viola por el general Leopoldo Galtieri en diciembre de 1981. Este nombró en el Ministerio de Economía a Roberto Alemann, quien retomó los lineamientos de la política económica de Martínez de Hoz. Su gestión se propuso privatizar empresas y servicios públicos para disminuir el déficit fiscal e impulsar las inversiones extranjeras.

Se congelaron los salarios de los empleados públicos, se devaluó la moneda el 600%, y durante ese año el PBI disminuyó el 11,4%; la producción industrial cayó el 22,9% y los salarios reales el 19,2%. En el año 1982, como consecuencia de la devaluación, volvió a aumentar el endeudamiento externo tanto del Estado como del capital privado.

Durante este lapso temporal, la ganadería vacuna manifestó una evolución curiosa a medida que los precios percibidos por el productor iban en baja. Esta caída provocó un largo período de liquidación de cabezas impulsado, al mismo tiempo, por las necesidades económico financieras de los productores. La consecuencia fue una faena superior a la reproducción, lo que llevó a la reducción del *stock* de ganado disponible en el país. Las cifras estimadas por la Junta Nacional de Carnes fueron negativas.[8]

El proceso de liquidación de cabezas fue percibido por los funcionarios responsables, pero no se tomaron medidas para impedirlo, puesto que las prioridades asignadas a la política económica eran otras. Un publicista señaló que no había problemas; el país estaba, a su juicio, "en condiciones de liquidar cabezas y *stock* para ajustar el sector a los objetivos deseados por la política económica".[9]

Los hombres de Economía utilizaron el potencial productivo del agro pampeano para cumplir otros objetivos, a los que asignaba implícitamente mayor prioridad. Las estadísticas de producción agraria, así como las de faena de ganado, no muestran más que una parte de la verdad, en la medida en que ninguna de las dos puede considerarse consecuencia positiva de la estrategia económica aplicada. El sector agrario ofreció mayores cosechas por causas germinadas durante un largo período previo, en un proceso continuado que mostró escasa flexibilidad de respuesta a las políticas de coyuntura, incluidos los precios relativos.

Como dijimos, la liquidación de parte del *stock* ganadero fue admitida por la política oficial permitiendo un alivio momentáneo para algunos problemas económicos,

---

[8]   La Junta Nacional de Carnes decía que de 55.3 millones de cabezas de ganado bovino en 1974, se pasó a 61 millones en 1977, y hasta 1981 se registraron caídas hasta los 54.2 millones.

[9]   *La Nación*, 26 de enero de 1978.

en términos de mayores exportaciones y presión a la baja de los precios de la carne en el mercado interno, pero a costa de la descapitalización del sector. La liquidación facilitó la expansión de la agricultura en algunas zonas, un desplazamiento que plantearía a futuro problemas para la reconstitución de un equilibrio estable entre ambas actividades en la zona pampeana.

Si bien no existen datos confiables sobre la producción ganadera, ya que el censo de 1977 ha sido descalificado oficialmente, resultaría evidente que el *stock* bovino se redujo el 10% respecto del de 1975. Esta afirmación se avala además con el retroceso de la superficie sembrada con forrajes, que habría descendido el 25%. Al mismo tiempo, se redujeron las exportaciones de carnes a unas 440.000 toneladas, con la consecuente crisis en la industria frigorífica.

5. La política económica de Alfonsín

Aunque el panorama económico era extremadamente difícil, la contundente victoria electoral del presidente radical Raúl Alfonsín abría un nuevo período constitucional creíble, ya que su triunfo no merecía impugnaciones y era indiscutible. Esa confianza se manifestó en la reducción inicial de la brecha entre el dólar paralelo y el oficial, que bajó del 65 al 53% el primer día de asunción de las nuevas autoridades y al 4% quince días después. Tanto los organismos financieros internacionales como el equipo económico consideraron que la crítica situación económica era coyuntural. El FMI propuso su clásico programa de ajuste, mientras Bernardo Grinspun, primer ministro de Economía del gobierno, intentó mejorar los salarios reales para impulsar el mercado y generar un crecimiento económico. Ante las medidas adoptadas, las entidades empresariales mostraron su desacuerdo con las nuevas políticas consideradas "populistas" y se opusieron a la gestión ministerial.

El optimismo inicial pronto mostró que minimizaba los graves problemas estructurales. Entre ellos, el incremento de la deuda externa, que pasó de US$35.671 millones en 1981 a US$43.634 millones en 1983, tan solo por la acumulación de los intereses impagos, lo que representaba el 60% del PBI. Los servicios de sus intereses durante 1984 resultaron equivalentes al 8% del PBI y casi el 40% de los ingresos fiscales.

Grinspun buscó obtener una prórroga en los pagos y una rebaja en las tasas de interés a través de una negociación directa con los bancos acreedores, pero estos le exigieron un acuerdo previo con el FMI. También acarició la idea de una moratoria unilateral que pronto debió ser archivada como consecuencia de presiones y amenazas externas. En cambio, se vio obligado a realizar un ajuste ortodoxo atendiendo a las indicaciones del organismo internacional. Estas medidas terminaron generando mayor inflación, de modo que los precios al consumidor acumularon un incremento del 700% a lo largo de 1984.

El déficit fiscal se financiaba por los altos encajes bancarios, los depósitos disponibles controlados por el Banco Central y la emisión monetaria, por lo que la variable de ajuste resultó ser la inversión privada. El fracaso en las negociaciones de la deuda externa, el desbande inflacionario y la retracción de la actividad económica anunciaron el colapso de la política oficial y hubo que cambiar de ministro, a poco más de un año de la llegada del gobierno.

Alfonsín nombró entonces a Juan Sourrouille en la cartera económica. Tras unos meses de tanteos, abandonó la política de conciliación anterior y se adoptó desde junio de 1985 una estrategia de *shock*. El llamado "Plan Austral" suponía que la inercia inflacionaria era la principal causa del incremento de los precios. Reemplazó el peso argentino por el austral fijando un tipo de cambio bajo; congeló precios, sueldos y tarifas; planificó una reducción del déficit público al 2,5% del PBI incrementando las retenciones a las exportaciones, los aranceles a las importaciones y estableció nuevos impuestos transitorios. Se impuso un nuevo sistema de desagio a los contratos que habían previsto inflación a futuro; se regularon las tasas de interés y el Banco Central se comprometió a no financiar el déficit fiscal con emisión.

El plan era heterodoxo porque combinaba medidas de ajuste tradicional con políticas de ingreso. El objetivo principal era bajar rápidamente la inflación sin incurrir en altos costos para el empleo y la producción; además, coincidía con algunas de las demandas históricas del sector empresarial: apertura económica, fomento de las exportaciones, reducción del déficit fiscal y control de la emisión monetaria. Privilegió los acuerdos con el sector industrial; mientras que los sectores agrarios se perjudicaron con el incremento de las retenciones y la caída de los precios internacionales de los bienes exportables. La consecuencia fue una disminución del área sembrada, que produjo una baja sustancial del ingreso de divisas al país.

Los logros inmediatos fueron evidentes: los precios registraron solo un incremento del 4% mensual durante 1985, se produjo un crecimiento de la actividad industrial e incluso, un notable incremento de la inversión y de las reservas del Banco Central. Sin embargo, los problemas estructurales continuaron. Por ejemplo, en el plano externo no se consiguió mejorar la situación porque la necesidad de hacer frente a los servicios de la deuda demandaba un elevado superávit que provocó la caída de las importaciones e impidió la reestructuración productiva. Por otro lado, ni las provincias ni las empresas públicas controlaron sus erogaciones, y ni siquiera el Banco Central estuvo exento del otorgamiento de créditos a empresas, sectores o provincias.

Esta incapacidad para controlar no solo las tendencias inflacionarias sino también al propio aparato estatal
evidenció una debilidad en los intentos de establecer un
equilibrio entre el Estado y el mercado, que fue fatal para
el futuro del plan. De manera que a mediados de 1986, al
intentar que los precios, los salarios y las tarifas públicas
se manejaran libremente, reapareció la inflación.

La situación llevó a las autoridades a la convicción
de que la crisis era más seria de lo que indicaba su diagnóstico inicial, pero para esa altura su posición política se
había debilitado frente al conjunto de los restantes actores
sociales y políticos, por lo que sus posibilidades de acción
se habían reducido. El gobierno avanzó sobre la propuesta
de realizar reformas estructurales e intentó una política de
privatizaciones, desregulación del sector de transportes y
comunicaciones, reestructuración de YPF y la banca oficial
y apertura de la economía a las inversiones extranjeras; sin
embargo, para entonces su fuerza política se había diluido
por efecto de la derrota electoral en la renovación de las
gobernaciones y la cámara baja en 1987.

En abril de 1988, frente a la combinación de una cosecha escasa en el marco de bajos precios internacionales,
se decidió suspender el pago de los intereses de la deuda
externa; para ello se realizaron negociaciones reservadas en
las que se supo sacar provecho de las distintas estrategias
del Banco Mundial y el FMI sin sufrir represalias.

El gobierno lanzó el llamado "Plan Primavera", que
consistió en una serie de acuerdos de precios con las principales empresas, el desdoblamiento del mercado cambiario
y salarios no regulados. La falta de control en el marco de
una coyuntura explosiva atrajo capitales, principalmente
especulativos, que huyeron cuando el gobierno se mostró
incapaz de sostener el valor del dólar. La situación de la
economía había retrocedido hasta los niveles en que se

había desplomado el gobierno militar. En el marco de falta de gobernabilidad, se desató la hiperinflación en abril de 1989.

Como el valor de la moneda estaba retrasado, los exportadores se negaron a liquidar sus divisas a la tasa oficial. El Banco Central se retiró del mercado cambiario el 6 de febrero de 1989, cuando se agotaron sus reservas; comenzó entonces un ascenso constante del precio del dólar que reactivó la inflación. Poco después la situación empeoró por una sucesión de hechos encadenados: el gobierno no respondió con firmeza a los provocadores anuncios del candidato presidencial peronista, cayó la recaudación impositiva, se rompió el acuerdo del gobierno con las asociaciones empresarias, aumentaron los precios y el Banco Mundial suspendió los préstamos.

En ese contexto, las elecciones para jefe de Estado de ese año le otorgaron el triunfo al candidato peronista. Carlos Menem rápidamente aprovechó la coyuntura de desprestigio de la gestión anterior para realizar reformas radicales que significaban "más mercado y menos Estado".

Al repasar algunos de los indicadores económicos y sociales, se puede destacar que a lo largo de la década retrocedió la producción, cayó el PBI, tanto el PBI per cápita como el global. Este deterioro de la producción general se debió al retroceso sufrido por la industria manufacturera y el sector de la construcción. En lo que respecta al sector agropecuario, aumentó la producción de cuatro o cinco productos cerealeros y oleaginosos de exportación, determinados productos lácteos y algunos productos de granja como la avicultura, pero se estancó o deterioró la ganadería vacuna y ovina y los tradicionales cultivos industriales del interior, orientados hacia el mercado interno y con gran peso en las economías regionales.

Un contraste formidable es que ese retroceso sufrido por la actividad productiva en nuestro país se produjo pese a los niveles altos alcanzados por las exportaciones y a sustanciales saldos positivos de la balanza comercial, derivados de los cereales y oleaginosas. Sin embargo, dichos saldos positivos en el intercambio no se destinaron a la inversión productiva, que cayó sistemáticamente durante la década a tal punto que en 1989, representó –en términos reales– apenas el 47,4% de los niveles de 1980. Los excedentes de la balanza comercial no fueron utilizados para promover el crecimiento, sino para financiar el pago de los servicios de la deuda externa y la fuga de capitales. Junto con ello, salvo en algunos años, los salarios reales tendieron sistemáticamente a declinar, en particular tras el golpe hiperinflacionario de 1989. En el sector manufacturero, la caída de los salarios reales fue mayor que los aumentos de productividad por hombre ocupado en casi todas las ramas industriales. Los índices de desocupación y subocupación mantuvieron un comportamiento ascendente a lo largo de toda la década.

De acuerdo con la nueva doctrina neoliberal, el mercado debía disciplinar a la sociedad. La solución fue la apertura de la economía y la reducción de la intervención del Estado, cuya capacidad empezó a ser desmantelada. Sin embargo, el camino fue recorrido solo a medias: se constituyeron grandes grupos económicos que crecieron al amparo de los contratos del Estado y se convirtieron en soportes del régimen.

6. La Argentina decadente. El paraíso neoliberal

El gobierno de Carlos Menem impuso desde julio de 1989 un programa de reforma y el ajuste sostenido en la apertura financiera irrestricta y privatización descontrolada de las empresas estatales, o "cirugía mayor, sin anestesia", como gustaba llamarlo el presidente: al igual que el menú de Martínez de Hoz, su éxito inicial se reflejó en un período de gran afluencia de capitales externos y de fácil endeudamiento que le permitió estabilizar la moneda, atada a los dólares que llegaron con fluidez mediante la Ley de Convertibilidad de 1991.

La hiperinflación en 1989 provocó que el último instrumento a disposición del Estado para financiar su déficit –la emisión monetaria– se agotara por la velocidad de la fuga de capitales (Gerchunoff y Llach, 2003). Las primeras medidas tomadas por el gobierno de Menem tras el recambio anticipado del poder llevaron a la sanción de dos leyes: la de "Reforma del Estado" y la de "Emergencia Económica", que concentraron poder en el Ejecutivo. No obstante, durante los dos primeros años de gestión estas políticas carecieron de una orientación clara y siguieron los caminos erráticos de las luchas intestinas de poder, más o menos contradictorias entre los distintos grupos económicos.

El primero de los intentos para controlar la desquiciada economía argentina fue el "Plan BB", llamado así por la empresa transnacional Bunge y Born, que facilitó a la administración las ideas y los hombres. Producto del compromiso gubernamental con ese grupo económico dedicado al comercio internacional, el programa se basaba en un esquema exportador y regresivo que priorizaba bajar la inflación mediante la reducción de los desequilibrios externos y fiscales. Implicó una serie de acuerdos de precios con las principales empresas, logró una abrupta caída inicial de la inflación y de las tasas de interés, remonetizó la economía y se estabilizó el tipo de cambio. Avanzó en la formulación de una legislación de emergencia económica suspendiendo o cancelando subsidios estatales, y dotó al Poder Ejecutivo de los mecanismos para acelerar las privatizaciones y las reformas en el aparato estatal.

Sin embargo, al carecer de medidas para romper la inercia inflacionaria, y debido a disputas entre los distintos agentes económicos, a fines de 1989 se produjo un rebrote hiperinflacionario y una fuerte presión sobre el dólar.

El colapso del "Plan BB" trajo aparejada la pérdida de posibilidades para financiar el gasto público con endeudamiento interno. Ello implicó que el Estado debía mantener un superávit operativo capaz de posibilitarle atender las obligaciones externas. El nuevo ministro de Economía, Antonio Erman González, aplicó una conversión compulsiva de los depósitos bancarios en títulos públicos, conocido como "Plan Bonex", reduciendo la masa monetaria a un tercio, lo que permitió estabilizar muy pronto la situación y regularizar el sistema financiero. Se estableció un régimen cambiario libre, así como la libertad de precios (Girbal Blacha, 2001).

El intento de restablecer el equilibrio fiscal se centró en la reducción de los gastos, para lo cual se estableció un severo control sobre compras y contrataciones del Estado, se redujo el personal a través del congelamiento de vacantes, retiros voluntarios, jubilaciones anticipadas y reducción de secretarías, pero también se incrementó la presión tributaria. El plan apuntaba a favorecer a los acreedores externos y a los exportadores nacionales.

Las privatizaciones programadas en 1989 estuvieron listas a fines de 1990, sin que se estableciera un marco regulatorio adecuado y con grandes concesiones a favor de los nuevos propietarios privados. De esta manera, se enviaban señales fuertes a los círculos del poder internacional sobre el rumbo elegido. La contención del gasto, la ausencia de políticas orientadas a reprimir las prácticas indexatorias, las graves tensiones inflacionarias y un valor del dólar anclado por el enorme superávit comercial resultaron en un fuerte atraso cambiario.

Con el fin de recuperar la deteriorada capacidad re-
caudadora del Estado, se realizó una reforma tributaria
que concentró la estructura impositiva en unos pocos
impuestos al consumo, de fácil recaudación. Se eliminaron
parcial o totalmente las políticas de promoción industrial;
se fortalecieron y centralizaron los entes de recaudación
y se sancionó una Ley Penal Tributaria más severa para
castigar a los infractores. Con ello la recaudación pasó a
representar el 28,9% del PBI cuando dos años antes era
de solo el 18,2%. Pero el grueso del mejoramiento de las
finanzas públicas se produjo como consecuencia de una
fuerte contención del gasto (salarios, inversiones públicas
y atrasos en el pago a proveedores), cuyo resultado fue una
marcada recesión que aumentó las dudas internacionales
ante el derrotero de la economía argentina.

7. El Plan de Convertibilidad

A principios de 1991, estas incertidumbres llevaron
al reemplazo de la conducción en el Palacio de Hacienda.
Mediante un "enroque" de funcionarios, el 31 de enero de
1991 el Ministerio de Economía fue confiado a Domingo
Cavallo, que ya había detentado cargos en el último tramo
del gobierno militar y ejercía como canciller del gobierno menemista. Con el auspicio de la privatización de un
buen número de empresas públicas y la conversión de la
deuda de corto plazo en obligaciones menos apremiantes,
se pudo mejorar el cuadro de situación en un horizonte
de equilibrio fiscal. En este marco, se introdujo el Plan de
Convertibilidad (Gerchunoff y Llach, 2003). El objetivo de
esta iniciativa era frenar la inflación; para ello se apoyó en
dos instrumentos: un tipo de cambio fijado por ley y la renuncia al impuesto inflacionario como medio de financiar
los gastos públicos.

Las prohibiciones de indexar contratos, salarios negociados en función de la productividad y precios en moneda extranjera fijados libremente fueron las herramientas de una política orientada a quebrar la inercia inflacionaria. Una reforma arancelaria que redujo notablemente la protección de la producción interna y un tipo de cambio inicialmente bajo crearon las condiciones de la apertura del mercado a los intercambios externos. En concurrencia con esto, se reformó la carta orgánica del Banco Central dotándolo de autonomía respecto de las autoridades políticas, para transformarlo en sostén del valor de la moneda.

El sector agropecuario pampeano, a pesar de un dólar bajo que lo perjudicaba, manifestó una expansión importante basada en los altos precios internacionales, la eliminación de los impuestos a la exportación (retenciones) y la amplia utilización de insumos importados, cuyos aranceles se liberaron.

El plan produjo un crecimiento del PBI del 37,5% entre 1991 y 1994, mientras que la demanda interna lo hizo el 51,4% (Kosakoff y Ramos, 2001). La apreciación del tipo de cambio tuvo lugar desde 1994 debido a la apertura comercial. En ese contexto, se incrementó el déficit comercial. Las excepcionales condiciones financieras mundiales, con abundantes capitales que se dirigían a los llamados "países emergentes" como la Argentina, financiaron los déficits e incrementaron las reservas en el Banco Central.

La reforma tributaria y el eficaz combate a la evasión, tanto como el dinero obtenido por las privatizaciones, mejoraron el desempeño del sector público y sirvieron para llegar a un acuerdo con los acreedores en el marco del Plan Brady, que retroalimentó el ingreso de capitales al país. Este mejoramiento del sector público tuvo consecuencias en dos sentidos: primero, consolidó perspectivas optimistas sobre el desempeño de la economía argentina; segundo, permitió expandir el gasto público sobre bases genuinas.

Pero en 1994 comenzaron a manifestarse los efectos de los menores ingresos externos de capital, el inicio de una fase declinante en la demanda interna y una caída de la producción. Además, la reforma del sistema previsional con la introducción de las Administradoras de Fondos de Jubilación y Pensión (AFJP) desvió una importante masa de recursos hacia las gerenciadoras privadas de fondos de inversión. El proceso de incremento de la tasa de interés internacional afectó la economía argentina. Durante ese año se redujo sensiblemente el incremento de reservas del Banco Central. A ello se agregó la corrida bancaria mexicana que sometió a la Argentina a un ataque especulativo; en poco tiempo se cancelaron depósitos por altísimos valores, el Banco Central perdió un cuarto de sus reservas y el riesgo país pasó del 5 al 55%.

La conjunción de estos factores contrajo la demanda interna y redujo el nivel de actividad. La crisis afectó sobre todo el sistema bancario. El Banco Central actuó rápidamente reduciendo los encajes y relajando las normas de control, y los organismos internacionales acudieron en ayuda del gobierno. El impacto fue también severo sobre el nivel de actividad: el consumo se retrajo el 6,1%; la inversión cayó el 16,3% y el desempleo se elevó al 18,6%. El comportamiento de la economía durante 1995 puso en evidencia la elevada sensibilidad de la demanda interna frente a las consecuencias negativas del impacto de la crisis externa.

Tras un año de dificultades, las instituciones creadas por la convertibilidad fueron capaces de sortear la crisis. La economía logró acomodarse dolorosamente a las nuevas condiciones financieras. El nivel de actividad y el empleo cayeron, y el ajuste de la balanza comercial se debió más al aumento de las exportaciones que a una reducción de las importaciones.

A partir de 1996, asociada con un nuevo flujo de capitales externos y la recuperación de los depósitos y los créditos, se inició una nueva fase expansiva que duró hasta fines de 1998. En esta oportunidad, la evolución de las cuentas fiscales fue adversa, tanto por el lado de los recursos como por el de los gastos, y la salida de la crisis económica no fue relevante respecto de la creación de puestos de trabajo. El equilibro fiscal empezó a peligrar y las autoridades recurrieron a una serie de recortes de sueldos, gastos operativos e inversiones públicas. A pesar de ello, el déficit público continuó en ascenso debido a tres factores.

El primero de ellos se derivaba del surgimiento del sistema de jubilaciones privadas, que empezó a desfinanciar la seguridad social al transferir una parte importante de los ingresos hacia las AFJP, mientras debían seguir pagándose las jubilaciones ya acordadas. El segundo factor era de origen político: la mala asignación de recursos con la generalización de los gastos reservados del Poder Ejecutivo y partidas que premiaban a los funcionarios, gobernadores y otros hombres del poder político, que alimentaron la fantasía de una nueva reelección. Finalmente, el tercero se debía a que la única forma posible de cubrir el déficit público y atender el pago de los intereses de la deuda externa era contraer nuevas deudas y, por lo tanto, incrementar el pago de intereses, cuya carga creció el 130% entre 1993 y 1998 (Rapoport, 2006).

Otro aspecto importante del déficit lo constituyeron los desequilibrios provinciales, ya que el fuerte ajuste de los gastos nacionales no fue acompañado por las provincias, favorecidas por el incremento del monto de los impuestos coparticipados. La mayoría no realizó recortes significativos y empeoró su situación fiscal, porque parte del gasto en personal e infraestructura recortado por el Estado nacional fue absorbido por las provincias y municipalidades, al transferírseles hospitales, escuelas secundarias e institutos terciarios no universitarios, y parte de la red caminera y ferroviaria de transporte interurbano de pasajeros.

Cuando se recuperó el ritmo de crecimiento, algunos de los rasgos más problemáticos de la convertibilidad parecían encaminados a encontrar soluciones: la apreciación cambiaría se detuvo y lentamente comenzó a revertir, ya que los pecios internos argentinos crecían menos que los norteamericanos; el desempleo se redujo porque el crecimiento económico resultaba ahora más prolífico en la creación de puestos de trabajo; el aumento del producto ya no dependía tanto del consumo como de la inversión y las exportaciones, y la balanza comercial moderaba su déficit a medida que las inversiones para exportar rendían sus frutos.

Satisfechas por la evolución económica, las autoridades solo se preocuparon por la flexibilización laboral y se limitaron a realizar una administración razonable de la política fiscal, de manera tal que no se produjera un endeudamiento explosivo. También se preocuparon por solidificar el sistema bancario, afectado por la crisis de 1995.

Sin embargo, las cosas se complicaron a partir de mediados de 1998, cuando de nuevo las circunstancias internacionales agravaron los problemas de la economía nacional. Rusia entró en cesación de pagos al no poder cumplir con sus obligaciones externas; a ello se sumó la crisis de las economías del sudeste asiático, y para la Argentina se agregó la caída de los precios de los productos exportables. A partir de ese momento, se produjo un pesimismo generalizado por la situación de los llamados "mercados emergentes", que comenzaron a aparecer como plazas inseguras para las inversiones; esto desató la huida de grandes sumas de capital internacional de dichos mercados provocando una crisis económica que solo culminó en 2002.

En esos cuatro años, las dificultades internas y externas se multiplicaron: la devaluación de la moneda brasileña a principios de 1999 y la revaluación del dólar afectaron la economía nacional; bajaron las exportaciones; la fuga de capitales debilitó al sistema bancario y reprodujo las condiciones de la deflación de 1995 con altas tasas de interés y caída de la actividad, a niveles solo comparables con los de la crisis de 1929. Como en aquella oportunidad, las autoridades dieron señales de profundizar las reformas y consolidar la convertibilidad, al plantear la idea de la "dolarización" de la economía argentina.

¿Qué produjo la crisis? ¿Cuáles fueron los mecanismos de propagación? Las respuestas a la primera pregunta son dos. Una apunta a la situación cambiaria, puesto que la sobrevaluación del peso hizo perder competitividad a la producción nacional. La perspectiva era una devaluación que alentaba la fuga de capitales; la otra causa de la crisis estuvo vinculada con la situación fiscal, ya que la debilidad de las cuentas públicas impactaba aumentando la tasa de interés bancario. Una tercera alternativa combinaría ambas explicaciones. Esto es, la sobrevaluación del peso y la situación fiscal habrían desencadenado desconfianza internacional en las posibilidades de la economía argentina (Gerchunoff y Llach, 2003).

La segunda pregunta se explica por la inversión del círculo virtuoso inicial: la tasa de interés aumentó a medida que se producía la recesión debido a la desconfianza de los acreedores externos; el gasto público se transformó en procíclico, ya que la crisis fiscal obligaba a reducir gastos, aumentar el endeudamiento del Estado e incrementar los impuestos. La recesión colaboró al mismo tiempo para que se acentuara la caída de los precios, porque redujo los ingresos públicos, encareció las deudas, y como los salarios no bajaron al mismo ritmo que los precios, los costos laborales crecieron. Esto alentó la expulsión de trabajadores del aparato productivo. Por último, actuó la incertidumbre cambiaria.

En el sector agrario se produjeron una serie de cambios que modificaron su dinámica debido a la explosión de la soja, favorecida por inversiones realizadas en las etapas de elaboración de aceites destinados a la exportación; la paulatina adopción de nuevas técnicas como la siembra directa; la utilización de fertilizantes y biocidas, semillas híbridas y transgénicas. Además, la liberación de los precios, la eliminación de las retenciones y la desaparición de mecanismos regulatorios, como el precio sostén, expusieron a la producción local a los cambios de los precios internacionales.

Esto provocó cambios importantes en el uso de la tierra, orientada entonces hacia una agricultura de mayor intensidad. Algunos cultivos tradicionalmente radicados en la región pampeana se desplazaron hacia áreas hasta el momento consideradas marginales, posibilitados por la utilización de las nuevas tecnologías de producción. Estos cambios impulsaron un proceso de tercerización, con la aparición de empresas dedicadas a la siembra (*pools* de siembra), que comparten los riesgos con el propietario, como una forma de acceder a nuevas formas de siembra y centros de servicios, en los que el usuario dispone del paquete completo de los insumos que necesita.

En contraposición con la agricultura, la ganadería siguió perdiendo importancia con una disminución del número de cabezas de sus principales especies, ya que el consumo interno de carne se redujo y la exportación no llegó a compensar esa caída. Las transformaciones tecnológicas fueron menos importantes, aunque hubo un mejoramiento en las razas y en la alimentación de los rodeos, sobre todo entre los productores de lácteos, como consecuencia de la difusión de la terminación de los novillos en corrales. Otro aspecto favorable fue la eliminación de la fiebre aftosa, problema estructural de nuestra ganadería vacuna que se aborda con profundidad en el capítulo 3.

En cuanto al tamaño de las explotaciones, se produjo una disminución de las medianas y pequeñas y una extensión de las grandes (lo que aumentó el proceso de concentración), que adquirieron una organización empresarial y accedieron a recursos financieros, a través de los cuales contrataron mano de obra y diversificaron sus actividades. Se produjo además el ingreso al sector de inversores extranjeros y capital urbano.

En el año 1999, las nuevas elecciones presidenciales dieron la victoria a la Alianza, una coalición electoral entre el radicalismo, sectores disidentes del justicialismo, el socialismo y otros grupos menores de centro-izquierda, que asumió el poder con la promesa de evitar e investigar la corrupción generalizada en la que terminó el gobierno menemista, restablecer el tejido social golpeado en esa década y generar empleo genuino, dadas las altas tasas de desempleo.

Si bien el año 1999 fue un año recesivo, con una caída en el PBI cercana al 3%, en el último trimestre se estaba produciendo una recuperación en la producción. De acuerdo con las mediciones, el Estimador Mensual Industrial fue positivo en noviembre y diciembre en la medición interanual, producto de un aumento en la actividad industrial del 14,5% en el semestre julio/diciembre de ese año. Estos guarismos llevaron al entonces ministro de Economía de la administración aliancista, José Luis Machinea, a proclamar que la recesión había sido superada.

El gobierno presidido por Fernando de la Rúa consideraba que la superación de la incertidumbre política, junto con un rápido saneamiento de las cuentas públicas, dinamizaría la economía restableciendo un círculo virtuoso de mayor actividad, equilibrio fiscal y mejoramiento en las condiciones de vida, todo aquello favorecido por un combate a la corrupción, que incentivaría la entrada de capitales productivos al país con un consiguiente efecto reactivador en el corto plazo.

Aparecían como datos preocupantes el fuerte incremento de la deuda externa, con importantes vencimientos a partir del año 1999, y una complicada situación fiscal. Estos desequilibrios podían convertirse en un riesgo importante en caso de que la economía perdiera dinamismo o los capitales externos dejaran de fluir hacia el país, ya fuera que los tentaran el alza de las tasas de interés en los países desarrollados, o bien el cambio en la percepción sobre las posibilidades de la Argentina para hacer frente a los compromisos con el extranjero.

De acuerdo con este diagnóstico –que hacía hincapié en las supuestas tareas incumplidas para culminar exitosamente las reformas emprendidas diez año atrás–, el ministro Machinea decidió buscar el equilibrio de las cuentas públicas a partir de un aumento de los ingresos, antes de efectuar un ajuste en el gasto público. Con ese objetivo, presentó una reforma tributaria con un incremento y ampliación del impuesto a las ganancias, el aumento de la cuota de bienes personales, la suspensión de la baja de aportes patronales y el acrecentamiento de la base sobre la que se aplicaban las tasas, de modo que pudiera garantizar la sustentabilidad fiscal.

Se consideraba que la rápida recuperación del equilibrio fiscal despejaría las dudas sobre la economía nacional reforzando el sistema de convertibilidad y abriendo cauces para la entrada de capitales que dinamizaran el proceso productivo y permitieran una rápida recuperación de los niveles de consumo e inversión, deteriorados tras la devaluación de la moneda brasileña.

No obstante, el resultado fue un freno en el proceso de recuperación de la economía. En primer término, por la incertidumbre que producía este paquete impositivo, y en segundo lugar, por el riesgo que implicaba para algunos sectores afectados, al amenazar la continuidad de las inversiones en muchos de ellos. Además, la transferencia hacia las arcas fiscales de recursos que podían ser volcados al consumo profundizó la desaceleración de la demanda.

Pasada la mitad del año 2000, con una economía que no terminaba de recuperarse y ante las presiones existentes en relación con la capacidad financiera del país para hacer frente a los pagos externos, se gestó una operación denominada "Blindaje", que constituyó un aporte de recursos de los principales organismos internacionales para tranquilizar el mercado. Se logró una ayuda de US$30.000 millones, buena parte de los cuales serían otorgados por el FMI, el Banco Mundial, el Banco Interamericano de Desarrollo (BID) y el gobierno español. Ese dinero se utilizaría para renovar parte de la deuda y financiar el déficit fiscal, que persistía por la desaceleración de la actividad económica, fuertemente afectada por acontecimientos del plano político, como las denuncias de coimas para sancionar leyes y la posterior renuncia del vicepresidente de nación, al no sancionarse a los involucrados.

Confiado en que el "Blindaje" traería un cambio en las expectativas, a principios de 2001 Machinea permitió una expansión considerable del déficit fiscal en un intento por estimular la economía estableciendo además un Plan de Infraestructura. La respuesta fue un incremento de la desconfianza hacia el país, que se vio reflejado en el crecimiento del indicador de riesgo país y forzó la renuncia del jefe del Palacio de Hacienda a fines de febrero de ese año, reemplazado por el entonces ministro de Defensa, Ricardo López Murphy.

El ministro entrante consideraba que la continuidad del régimen de convertibilidad de la moneda requería de una readecuación del gasto público para volver al país menos dependiente del flujo de capitales extranjeros, a los efectos de financiar las erogaciones del Estado. Su gestión al frente del ministerio fue muy corta, ya que duró poco más de dos semanas; en ese lapso, lanzó un programa que marcó con claridad los límites de la administración aliancista para ajustar las cuentas públicas.

El presidente De la Rúa dejó de lado el programa, forzó la renuncia de López Murphy y propició el retorno a la función pública de Domingo Cavallo, con buena imagen en la opinión pública por ser considerado un importante protagonista de la recuperación de la economía argentina en los años 1990, y además con una alta ponderación en los mercados financieros internacionales.

Consciente de la imposibilidad de disminuir el gasto público, desde los inicios de su nueva gestión Cavallo intentó incrementar rápidamente el nivel de ingresos y favorecer el proceso de recuperación de algunos sectores de la economía enfrentados a la competencia del mercado externo. Para ello, planteó un impuesto a las transacciones financieras –que en el primer año aportó al fisco cerca de US$3.000 millones– y postuló la introducción de programas de competitividad que implicaban apoyo impositivo a ciertos sectores de la economía.

También modificó los acuerdos arancelarios en el interior del Mercosur, con la meta de proteger algunas ramas de la producción incapaces de sostener la competencia con Brasil. Esta medida no solo provocó roces con el país vecino, sino que además los poderes especiales reclamados al Congreso para modificar los impuestos y la tarifas según su parecer volvieron a generar conflictos hacia el interior de la Alianza; ciertos grupos de la coalición gubernamental temieron la concentración de poder que estaba adquiriendo el ministro de Economía, lo que generaba una lógica preocupación por la reiteración de prácticas en la toma de decisiones que habían sido frecuentes durante el gobierno menemista.

Por otra parte, ante los reclamos de algunos sectores que plantearon el agotamiento del sistema de convertibilidad de la moneda, se decidió la modificación de la Ley con la incorporación del euro como moneda de paridad en el momento en que alcanzara al dólar en los mercados internacionales. Con esta medida, se procuraba compensar la rigidez que implicaba el fortalecimiento del dólar a nivel mundial frente a las economías europeas.

En este contexto, se inició un proceso de fuga de capitales que derivó en una creciente pérdida de reservas, acompañada por la utilización de esas reservas para el pago de obligaciones internacionales y corrientes, al tiempo que se obligó a las AFJP a comprar bonos estatales con los aportes de los futuros jubilados. El agravamiento de la crisis llevó a Cavallo a encarar sus últimos intentos por encontrar soluciones estructurales para la complicada situación económica. Por un lado, lanzó la "Ley de Déficit Cero", que estipulaba el ajuste automático de los sueldos estatales y las jubilaciones si no se contaba con los recursos suficientes, salvo para los ingresos más bajos. A pesar de esto, no se introdujeron reformas más profundas en el sector público que favorecieran una efectiva reestructuración del gasto en cuestiones de fondo (Cavallo, 2008).

Al mismo tiempo, se inició un proceso conocido como "Megacanje", que implicaba un cambio parcialmente voluntario de deuda, en busca de extender los plazos de cancelación reduciendo las necesidades financieras de corto plazo, pero incrementando los costos a futuro. No se podía incluir la deuda pública provincial porque ya estaba garantizada por los impuestos de la coparticipación federal, y no existían otras garantías que pudieran sostener el valor de los bonos por emitir, situación que llevaba a ofrecer tasas de mercado demasiado elevadas para el país.

En definitiva, muchas de las medidas planteadas resultaron tardías, mientras se aceleraba el retiro de fondos de los bancos por parte de la población y aumentaba el riesgo país ante la falta de apoyo de los organismos internacionales, producto de un cambio de postura del gobierno de los Estados Unidos que, en esos momentos, rechazaba la aplicación de "salvatajes" a los países que actuasen irresponsablemente en su política de endeudamiento.

Los bancos, poseedores de alrededor del 40% de sus activos en títulos públicos, se vieron desbordados ante el anuncio del gobierno sobre la reducción de los retornos que devengarían los bonos respecto de lo estipulado inicialmente, o bien, que se alargarían fuertemente los plazos para su cancelación. Quienes tenían inversiones temieron por sus depósitos en entidades a las que estaban a punto de reducirles el valor de una parte importante de sus activos, por lo que retiraron rápidamente el dinero depositado provocando una corrida masiva sobre el sector financiero.

El agravamiento de la situación llevó a que a principios de diciembre el ministro Cavallo decidiera introducir una medida denominada popularmente "corralito", por la que se limitaba la cantidad de dinero en efectivo a extraer de las cuentas bancarias, con el objetivo de evitar una corrida sobre los depósitos que provocaría la consiguiente caída de numerosas entidades bancarias. Si bien se paró la "corrida", la contrapartida fue la escasez de efectivo en la economía y las dificultades para su funcionamiento, en especial en aquellos sectores que se manejaban en la informalidad (pagos no bancarizados) profundizando de ese modo el proceso recesivo en el que se vivía.

Los efectos de retracción en el consumo como consecuencia de la carencia de efectivo contribuyeron a incrementar la situación de descontento existente en el país entre los sectores marginados de la economía formal, imposibilitada de continuar funcionando en condiciones de alta bancarización de las transacciones.

Una combinación de movilizaciones urbanas espontáneas y "piquetes" organizados en las grandes ciudades produjo un verdadero estallido popular que derivó en la renuncia de Cavallo el 19 de diciembre de 2001, seguida por la dimisión presidencial al día siguiente. A partir de la caída de Fernando de la Rúa, se produjo una intrincada sucesión presidencial que en quince días conoció dos presidentes interinos y otros dos presidentes provisionales. El 23 de diciembre de 2001, Alberto Rodríguez Saá anunció la cesación de pagos de la deuda argentina –*default*–, incluso sobre títulos que por muchos años no implicaban erogaciones para el país. Esta decisión tuvo un impacto importante, especialmente porque buena parte de los bonos que quedarían impagos estaba en manos de argentinos, y muchos de ellos eran propiedad de los futuros jubilados que habían efectuado sus aportes previsionales a las AFJP, posteriormente invertidos en títulos públicos.

Con el inicio de 2002 y tras la renuncia de Rodríguez Saá, asumió como jefe de Estado el senador bonaerense Eduardo Duhalde, con el objetivo de completar el período presidencial de Fernando de la Rúa, cuyo término era el 10 de diciembre de 2003. El nuevo mandatario, preocupado por la competitividad de la producción nacional, decidió proponer la derogación de la Ley de Convertibilidad, vigente desde 1991. A partir de esta decisión, el nuevo ministro de Economía, Jorge Remes Lenicov, determinó que el tipo de cambio se conformaría de ahí en adelante por una combinación entre las cotizaciones del dólar, el euro y el real, en relación con la composición del comercio exterior de nuestro país. Esta decisión duró poco tiempo ante la creciente brecha existente entre la cotización del dólar oficial y la establecida en el mercado "paralelo", lo que provocó una pérdida de reservas en el Banco Central.

Ante los peligros que planteaba la devaluación de la moneda, decidió también la pesificación del sistema financiero. Se argumentó que frente a la magnitud del proceso devaluatorio, los créditos se habían hecho impagables y por eso había que mantenerlos en pesos. Lo mismo ocurrió con los depósitos. Sin embargo, se planteó un gran inconveniente, porque la pesificación se produjo a tipos de cambio diferentes para los depósitos y los préstamos, lo que implicó una descapitalización de los bancos que sería compensada por el gobierno a través de distintos mecanismos.

De este modo, la pesificación asimétrica servía para proteger a los bancos de la devaluación, en el corto plazo, ante el riesgo de que estos no pudieran recuperar los créditos en un volumen suficiente para honrar los depósitos; aunque en un plazo más largo se dañaba claramente la credibilidad del sector financiero. Como consecuencia de lo anteriormente dicho, la medida transfería recursos de los que tenían depósitos en dólares a los que tenían deudas en esa moneda.

El impacto de estas medidas para el sistema económico fue muy fuerte, produciéndose una caída del PBI de casi el 11% en 2002 y un salto espectacular en los índices de desocupación y pobreza, acompañados de una distribución crecientemente desigual del ingreso, acentuada por el retorno de la inflación, que afectó de manera más violenta a los sectores postergados, en virtud de que los grupos más pobres tenían menos recursos para protegerse ante el aumento de precios, ya que el incremento de la canasta básica de productos de primera necesidad golpeaba enormemente en sus ingresos.[10] Asimismo, el encarecimiento de los insumos importados frenó el proceso de modernización de ciertos sectores productivos, al tiempo que reactivó otros que hasta entonces se habían encontrado imposibilitados de competir con los productos foráneos en términos de calidad.

---

[10]   El hecho de que Argentina fuera exportadora de alimentos llevó a que tras la devaluación estos aumentaran fuertemente en el mercado interno buscando equipararse con los precios existentes en el mercado mundial. La imposición de retenciones a las exportaciones morigeró en parte este efecto, aunque no logró evitarlo.

Sin embargo, es importante aclarar que desde el punto de vista económico, la administración Duhalde no fue homogénea. Tras la llegada al Ministerio de Economía de Roberto Lavagna, se adoptó una política monetaria y fiscal mucho más prudente, al tiempo que se buscó establecer algo muy similar a una convertibilidad disimulada con el dólar, a partir de una creciente intervención del Banco Central y otros bancos oficiales en el mercado cambiario y en relación con la fijación de los niveles de las tasas de interés.

Con la devaluación de la moneda y la fuerte caída del consumo interno disminuyeron los volúmenes de importaciones permitiendo una paulatina mejora de los sectores industriales no competitivos con los bienes extranjeros. De ello resultó un abaratamiento de la mano de obra en términos internacionales, lo que dotó transitoriamente al sector exportador de una fuente de competitividad.

También se produjo un incremento importante en el precio internacional de los productos de exportación argentinos, particularmente las oleaginosas. Esa situación no solo permitió dinamizar la economía y obtener un abultado saldo positivo de la balanza comercial, sino que además generó las condiciones para el establecimiento de impuestos a la exportación (retenciones), destinados a financiar programas contra la pobreza extrema y el mejoramiento de la relación con los gobernadores adeptos.

Por otra parte, se decidió implementar algunas medidas destinadas a compensar los costos de la salida de la Convertibilidad, en especial, los sociales. Ante el desequilibrio de las variables macroeconómicas y su consecuente deterioro en las condiciones de vida de una parte importante de la población,[11] el gobierno de Duhalde decidió poner

---

[11]   El índice de pobreza llegó al 57% de la población en la medición de octubre de 2002, con un importante aumento también del nivel de indigencia.

en práctica un conjunto de políticas capaces de moderar los perjuicios que la devaluación y la profundización de la recesión habían provocado en los sectores más pobres.

En tal sentido, se instrumentó el "Plan Jefes y Jefas de Hogar", que planteaba el pago de $150 (aunque inicialmente recibían dentro de ese monto bonos nacionales denominados Lecops) a aquellos jefes de familia desempleados que no tuvieran otro ingreso en el hogar, a cambio de establecer el compromiso de asegurar la concurrencia a la escuela y la atención médica de los menores a su cargo.

Más allá de los logros conseguidos para estabilizar la situación económica, los problemas sociales generados por la traumática situación de 2001 volvieron a hacerse sentir, lo que llevó a Eduardo Duhalde a resignar su plan original de continuar hasta la terminación del período presidencial iniciado en 1999.

Tras una serie de manifestaciones que dejaron un saldo luctuoso, se convocó a elecciones presidenciales, las que dieron como resultado la llegada a la presidencia de la Nación de Néstor Kirchner, a la sazón gobernador de la provincia de Santa Cruz. El bajo apoyo obtenido en las elecciones pareció signar la aparición de un gobierno débil, por lo cual el nuevo presidente debió construir un poder que se le había retaceado en la votación presidencial.[12]

Si bien, como parte de su estrategia, el presidente Kirchner fustigaba en el discurso al FMI, al Banco Mundial y a los acreedores externos, en los hechos uno de sus logros

---

[12]   Vale recordar que la primera vuelta de la elección presidencial fue ganada por Carlos Menem, quien obtuvo el 24% de los sufragios válidos, mientras Néstor Kirchner, segundo candidato más votado, alcanzó el 22% y el derecho a participar del balotaje. El índice de rechazo hacia la figura de Menem en las encuestas era tan alto que el ex presidente desistió de presentarse a la segunda vuelta a fin de evitar una derrota aplastante, lo que consagró a su rival sin necesidad de efectuar los comicios.

centrales fue la negociación con esos mismos grupos. Así, tras firmar un acuerdo en septiembre de 2003, en diciembre de 2005 canceló la deuda con el FMI.

La gestión de Roberto Lavagna al frente del Ministerio de Economía consiguió aumentar significativamente las reservas del Banco Central y reestructuró con éxito la deuda externa, mediante la imposición de una quita del 75% a sus tenedores. La economía nacional ingresó en meses de crecimiento continuo y se reactivó el consumo del mercado interno. Sin embargo, a pesar de la mejora de los indicadores, la inversión fue escasa y pronto la recuperación dio paso a los indicios de una incipiente inflación que para 2006 se convirtió en un auténtico problema. Finalmente, a principios de 2006, el Presidente se enfrentó con Lavagna, forzó su renuncia y lo reemplazó por Felisa Miceli.

Al cabo de su turno presidencial, Néstor Kirchner podía destacar como sus logros la superación de los problemas más negativos heredados de la crisis. Con el aumento del nivel de actividad económica; la reducción del desempleo abierto y niveles de pobreza e indigencia; la recuperación del salario; una mejora en la distribución del ingreso; un superávit fiscal elevado; un balance comercial favorable empujado por muy buenos precios internacionales de los exportables; el aumento de las reservas del Banco Central y el acuerdo con gran parte de los acreedores de la deuda externa, pudo pasar el mando presidencial a su esposa y obtener para ambos un triunfo contundente en la primavera de 2007.

CAPÍTULO 2. CUESTIONES ESTRUCTURALES DE LA GANADERÍA VACUNA: CICLOS, PRODUCTIVIDAD Y PARTICIPACIÓN EN LA RIQUEZA NACIONAL

1. Los ciclos ganaderos

La temática de los ciclos ganaderos se diferencia del resto de los tópicos abordados en este trabajo por su carácter estructural. Cuccia lo ha definido como un fenómeno que se manifiesta en las fluctuaciones de determinados factores ligados a la actividad ganadera, como el nivel de existencias, la faena, los precios, el consumo y la exportación, tomando el primero de ellos como el más característico. Al partir de esta definición, se puede afirmar que la ganadería vacuna se ve afectada periódicamente por oscilaciones derivadas de problemas biológicos, económicos y tecnológicos, cuyo comportamiento puede variar de acuerdo con los factores que convergen en cada uno de los ciclos. Tanto la evolución de los rodeos como el movimiento del sacrificio de animales resultan datos fundamentales que deben tenerse en cuenta para poder ponderar el rendimiento de la industria procesadora, que se ve condicionada y determinada por estos.

Los ciclos ganaderos se convirtieron en una característica distintiva de la producción bovina en la República Argentina. En la década de 1950, este proceso mostró una notable intensidad que provocó fluctuaciones en la faena, en las existencias de ganado y en los precios, lo que a su vez impactó sobre las actividades complementarias de la cría de ganado, sobre todo en la industria frigorífica.

El año 1969 representó un punto crítico, porque en esa fecha culminó un proceso de liquidación de existencias mucho más importante que el de los ciclos anteriores. En

1965 se había iniciado un ciclo ascendente, acompañado por precios descendentes para la hacienda. Al año siguiente, un descenso del envío de animales al matadero con retención de animales produjo en simultáneo un aumento de las cotizaciones de la hacienda.

Uno de los datos más llamativos es la regularidad temporal que presentan las fluctuaciones: cada ciclo se verifica en un lapso aproximado de cinco años. Si bien se manifestaron en toda la historia de la ganadería argentina, fue recién a partir de 1952 cuando comenzaron a hacerse más claros y mostraron mayor regularidad, notables oposiciones y una profunda amplitud en las oscilaciones, que a pesar de la duración, generaron en el corto plazo serias dificultades con repercusiones sobre la totalidad de la economía.

Ciertos autores sostienen que a partir de la última dictadura militar (1976-1983), hubo una profunda transformación del ciclo ganadero, ya que debido al plan económico aplicado las dos variables que jugaban habitualmente como determinantes en épocas anteriores –precios ganaderos / precios agrícolas– incorporaron una tercera de gran importancia: el rendimiento financiero. Las ventajas de este último sobre el resto marcó la nueva tendencia de subutilizar el suelo, con la consecuente desviación de los recursos destinados al sector agropecuario hacia el sector financiero para obtener mayores beneficios, especialmente en la pampa húmeda (Basualdo y Arceo, 2006). Según esta interpretación, entre los años 1976 y 1994, tanto el *stock* ganadero como las áreas de siembra disminuyeron sus rindes si se los compara con los períodos anteriores a la aplicación de la Reforma Financiera de 1977.

2. Comportamiento de las variables

Los problemas se presentan en los puntos críticos del ciclo, en el momento en que el aumento de la faena produce un desplome de los precios.

2.1. Descenso de las exportaciones

Mientras el ciclo atraviesa su punto crítico, se produce un rápido descenso de las exportaciones como resultado de la mengua de los envíos de ganado a los mataderos, agravado por la rigidez de la demanda interna en el corto plazo. Resulta superfluo insistir en el peso desempeñado en el pasado por la carne vacuna en el conjunto de las exportaciones argentinas. Por ejemplo, las disminuciones producidas en 1960 y 1965 repercutieron en la totalidad de la estructura económica debido a la disminución de la entrada de divisas, que estranguló la balanza de pagos y quitó recursos al financiamiento del desarrollo.

Estas oscilaciones provocaron el retiro argentino en el abastecimiento de carnes vacunas en sus mercados más importantes, lo que expuso al país a correr el riesgo de perder sus tradicionales compradores y dejó las puertas abiertas para la competencia. Otros países aprovecharon la falta de regularidad de nuestros mercados para colocar sus carnes sin ninguna dificultad. De todos modos, el problema de la disminución de las exportaciones reconoce además la participación de otras variables. Estas afirmaciones se corroboran en el lapso comprendido entre 1977 y 1994, cuando el porcentaje de las exportaciones bajó del 21,4% a un promedio general del 13,8% (Basualdo y Arceo, 2006).

2.2. Aceleración del proceso inflacionario

Como resultado de la baja oferta de animales y la persistente presión de la demanda interna, los precios de la hacienda sufren rápidos ascensos en lapsos relativamente cortos. Ello influye de manera directa en el aumento del precio minorista de la carne, que es uno de los principales indicadores de la evolución inflacionaria. Es importante remarcar la persistencia de la demanda interna, más allá de las fuertes subas verificadas, lo que demuestra su falta de elasticidad respecto de los precios en períodos cortos.

Uno de los problemas recurrentes para pensar en la toma de medidas más ajustadas a la realidad es la falta de datos precisos en tiempos breves, porque las fluctuaciones distorsionan los resultados del promedio general del año y las medidas raramente consiguen los efectos buscados. Por consiguiente, resulta imposible conocer con aproximación el comportamiento de los precios en el mercado interno durante plazos breves, pero sí resulta claro que no se produce un descenso inmediato del consumo provocando un retardo de la respuesta del mercado interior. El fracaso de medidas coyunturales como la veda, que perseguían reducir de manera rápida la ingesta per cápita para aumentar las exportaciones y al mismo tiempo frenar un aumento mayor de los precios mediante la prohibición de la faena es un claro ejemplo en tal sentido.

2.3. Distorsión en la estructura y composición de la dieta nacional

La carne vacuna está indisolublemente ligada a la dieta argentina y eso también explica el fallo de iniciativas como la veda, con su consecuencia de generar distorsiones en los hábitos alimenticios. En estas circunstancias, la demanda de productos alternativos se realizó de manera abrupta, lo que no permitió un relativo reacomodamiento tanto en la calidad como en la cantidad de los alimentos sustitutivos, y dio lugar a maniobras especulativas cuyo resultado fue el aumento de los precios de los bienes alternativos a la carne vacuna. Recién en los últimos años la oferta de carne aviar puede considerarse como un sustituto que responde a la demanda.

Las carnes ovina y porcina no han logrado la preferencia del mercado argentino; en cuanto al pescado, se presentan problemas con la cantidad de piezas, el rendimiento del producto, sus precios y la cadena de frío, razones por la cual no ofrece la fluidez necesaria para el abastecimiento de los grandes centros urbanos –sobre todo, los mediterráneos– en los momentos en los que hay dificultades con la provisión o el mercado de la carne vacuna.

En suma, se puede concluir que la oferta de las carnes sustitutas no responde eficientemente a las necesidades de la demanda y provoca aumentos de precios comparables con el de la cadena cárnica de bovinos.

Estos elementos analizados han conspirado desde siempre contra una posible programación de políticas coherentes a largo plazo, en las cuales debe verificarse una simultaneidad entre la estabilidad de precios y el crecimiento de la exportaciones, con el objetivo de evitar las políticas de emergencia que por ser cortoplacistas imposibilitan modificar las fluctuaciones intensas de la ganadería bovina.

2.4. Descripción e interpretación de los ciclos

Como se mencionó, los ciclos ganaderos comenzaron a mostrar su regularidad a partir de 1952 fijando su duración en un lapso cercano a los cinco años. En los años anteriores, el sector agropecuario se había estancado debido a las políticas aplicadas por el gobierno peronista; pero esta política fue modificada de manera drástica por el mismo gobierno entre 1950 y 1952, en respuesta a las grandes sequías que asolaron ese bienio. En aquel momento, se alcanzaron descensos nunca vistos en la producción que obligaron al gobierno a tomar medidas que afectaron el comportamiento de los sectores ganaderos. Para el sector cárnico se liberó el control de precios y se introdujo un régimen de libre comercialización cuya continuidad se mantuvo hasta los primeros años 1970. Dado que el período careció de una política agropecuaria coherente y de una intervención estatal en dicho proceso, el resultado fue una marcada inestabilidad de precios y producción.

Si bien es cierto que las variaciones del mercado externo y la incidencia de los factores climáticos tuvieron cierta influencia en dicha inestabilidad, las características cíclicas de las fluctuaciones solo pueden explicarse por la propia importancia del ciclo ganadero y sus relaciones competitivas con la agricultura.

Si se utiliza el factor tierra como factor fijo, se puede ver con claridad la sustitución de la actividad ganadera por la agrícola. Al tomar como ejemplo las regiones pampeana y céntrica, se puede observar que cuando los precios relativos son bajos, el envío de animales al matadero es alto y viceversa; en cuanto a la relación entre faena y área sembrada, en general si aumenta la primera, lo hace también el área sembrada. Sin embargo, hay factores que determinan distintos comportamientos. Cuando se toma como ejemplo lo ocurrido en 1963, se verifica que habiendo un máximo de animales sacrificados, se cuenta con un mínimo de área sembrada. Esto se debe a que la sequía de ese año provocó un fuerte descenso de la siembra, acompañada con un amplio envío de ganado al matadero debido a las escasas pasturas para alimentarlo.

Como corolario, se puede afirmar que en el momento en que los precios relativos favorecen la actividad ganadera, hay una reasignación de recursos hacia dicha actividad; cuando aumenta la carga de animales en los campos, disminuye el área sembrada con productos sustitutivos de la actividad ganadera.

En la pampa húmeda, el problema de la ganadería no debe tratarse aislado del resto de las actividades regionales. Antes de la irrupción de la soja, dicha actividad era una de las tantas que incluían la producción de trigo, maíz y otros cereales, cuya sustitución se producía de acuerdo con el comportamiento de los precios relativos y de los factores climáticos.

En un intento sencillo de esquematizar las interpretaciones del mecanismo por el cual se producen las modificaciones en las curvas de animales sacrificados y precios y en función de los tiempos, se puede señalar:

a) *Interpretación tecnológica:* los establecimientos de la pampa húmeda dedicados a la cría de ganado han enfrentado restricciones tecnológicas. En los casos donde la faena era mínima y los precios resultaban muy altos, se producía una sobrecarga animal, debido a la densidad de existencias ganaderas por hectárea. Esta sobrecarga muestra la relación con el tipo de tecnología de explotación que se utiliza.

Dado que la actividad ganadera en la pampa húmeda es extensiva en el uso de las tierras, en ciertas oportunidades la cantidad de animales se vuelve excesiva en relación con las capacidades del rendimiento de los pastos. En estos casos, algunos ganaderos envían animales a los mercados de concentración provocando un pequeño descenso de los precios. Si los precios del mercado de Liniers comienzan a descender, los productores –conscientes de la gran cantidad de ganado existente– asumen que los precios descenderán cada vez con mayor velocidad. Ante esta situación, para aprovechar el nivel de los precios de ese momento, aumentan los envíos de animales a los mercados en tiempos cortos. Como la demanda en lapsos cortos no sufre alteraciones, el precio de la hacienda tiende a deprimirse. De este modo, el proceso se profundiza

y genera una fase descendente para el ciclo de los
precios y una fase ascendente en el ciclo de la faena.

b) *Interpretación sobre los precios relativos:* la actividad
ganadera forma parte de un conjunto de actividades;
si combinamos esta afirmación con lo explicado anteriormente, se observará que los productores aceleran
la venta de hacienda con el objetivo de dejar las tierras de sus establecimientos libres para reacomodar
las actividades (pasare a la agricultura), de manera
que estas rindan mayores dividendos. Ello se puede
verificar si se compara el precio de la hectárea de
tierra en las zonas de cría con su precio más alto en
las regiones dedicadas a la agricultura. Esta etapa
abarca tres o cuatro años, segmento en el que vuelve
a producirse un nuevo pico crítico, en el que la venta
de hacienda y la faena llegan a sus niveles máximos. El
proceso descrito puede verificarse en varios casos desde el ciclo correspondiente al período 1960-1963; los
cambios se producen al ingresar variables diferentes.
Según Basualdo y Arceo, estos cambios se verificaron
a partir de 1976-1977, al presentarse como elemento
novedoso la alta rentabilidad financiera impulsada
por la dictadura militar.

c) *Combinación de ambas interpretaciones:* una nueva
inflexión de la curva se produce en los años en los
que los sacrificios llegan a su pico máximo, por causa
de la sequía que acelera el proceso (año 1963). Este
tipo de situaciones tiene lugar cuando se presentan
causas excepcionales como sequías o inundaciones,
es decir, factores extrasectoriales. En estos casos, los
productores toman conciencia de que no pueden seguir liquidando sus planteles, especialmente vacas y
vaquillonas por ser animales destinados a la parición.
Es allí donde se llega al tope tecnológico, porque los
ganaderos corren el riego de descapitalizarse. Dicho

punto crítico obliga a retener animales provocando un descenso de los envíos al matadero bastante abrupto, pero como la demanda no se modifica, sigue presionando en el mercado a través del consumo interno. En estos casos, los productores retienen vientres –vacas y vaquillonas– aunque pueden seguir enviando novillos y novillitos iniciando de este modo la curva ascendente de los precios. Cuando se reduce el envío de animales, sin modificaciones en la demanda, los precios suben con demasiada rapidez. Al enviarse cada vez menos animales a los mercados acopiadores, los precios suben, porque se sabe que hay pocos animales en los establecimientos ganaderos. De este modo vuelve a generarse la fase descendente en el ciclo de faena y la ascendente en el ciclo de los precios.

2.4.1. El comportamiento de la demanda: modificación del techo del ciclo

Las causas de los ciclos estudiados provienen de la naturaleza misma de la actividad ganadera y sus relaciones competitivas con la agricultura, sin embargo, a ellos hay que agregarles el problema de la demanda.

La demanda total está compuesta por la demanda del mercado interior y del mercado exterior; lo que corresponde saber es si alguna de las dos variables afecta al análisis anterior. Si se considera que la fase descendente de precios se corresponde con el aumento de los animales sacrificados, las demandas externa e interna no son competitivas; lo que demuestra que con un envío normal de animales a los mercados se puede hacer una selección de lo que se exporta, mientras el resto es consumido por el mercado interior. De esta manera se anula la competencia; por el contrario, no habrá ningún tipo de presión de la demanda para modificar la tendencia a la baja de precios, dado que en esta situación se favorecen tanto los exportadores como los mayoristas y minoristas, porque incrementan los márgenes de utilidades.

Se podría pensar que un alza de valores en el área internacional podría modificar la curva de precios, sin embargo, esta situación no se da porque la capacidad de presión no es fuerte; por otra parte, desde la década de 1950 los porcentajes absorbidos por los mercados de exportación son menores que los consumidos por el mercado interior. Además, los precios del mercado internacional nunca crecen tanto como para afectar los del consumo interno.

Si por el contrario, se toma el ciclo de los precios en alza con disminución de la oferta de ganado, los mercados exterior e interior se vuelven competitivos, aunque sus comportamientos sean desiguales en su capacidad de compra. El mercado externo se verá afectado por los costos operativos, por los precios internacionales y por la tasa efectiva de cambio, una vez abonados los impuestos a la exportación. La demanda interna estará limitada por los costos operativos y por los ingresos del consumidor.

Aunque faltan datos más precisos, se podría afirmar que la relación entre los precios y el mercado internacional es sumamente elástica, mientras la de la demanda interior es inelástica respecto de las variaciones de precios e ingresos. No faltaron las oportunidades en que se buscó aplicar una política encaminada a subir los precios para reducir el consumo interno y aumentar los saldos exportables sin resultados concretos. Una política de precios altos para la carne vacuna no resultaría recomendable, porque disminuiría la ganancia de los frigoríficos exportadores que comenzarían a trabajar a pérdida, excepto que ellos también, con mayor flexibilidad, pudieran compensar dichas pérdidas trabajando con un nuevo esquema de carnes sustitutas. Para ello, las autoridades deberían preocuparse por crear condiciones de estabilidad con el objetivo de aumentar la oferta de carnes sustitutas a mejores precios que los de la carne vacuna e incentivar cambios en la demanda del mercado interno.

Para el exportador de carne vacuna hay un límite imposible de juzgar a priori, ya que son numerosas las variables que intervienen: la tendencia a la baja de los precios internacionales, la modificación de los tipos de cambio, los problemas con los transportes, el cierre temporal de los mercados extranjeros.

2.5. Baja productividad de la ganadería

El relativo atraso tecnológico de la ganadería argentina en las décadas de 1970 y 1980 estuvo vinculado con la menor inversión de capital, que por la aplicación de políticas restrictivas, fue destinada a actividades con mayor capacidad de rotación y mejor rentabilidad (agricultura y renta financiera). A diferencia de las actividades agrícolas mucho más competitivas, la ganadería no mostró altos índices de incorporación tecnológica avanzada, solo aplicada en muy pocos casos. El desplazamiento de la ganadería hacia tierras de menor calidad en zonas periféricas también contribuyó a mantener bajos los índices de productividad. Alrededor de los años 1976 y 1977 comenzó la expansión de la frontera ganadera hacia regiones donde la fertilidad de la tierra no es apta para la agricultura. Hubo una relocalización de la ganadería, aunque aún en la actualidad la mayor producción sigue desarrollándose en la pampa húmeda y especialmente en la provincia de Buenos Aires.

2.6. Disminución de la demanda de carne vacuna y avance de la sustitución

Durante las últimas décadas, la mayor oferta de ganado para faenar tuvo como destino el mercado interno (alrededor del 88% en el período 1984-1993), y en relación con el lento dinamismo de las exportaciones, la demanda de carne vacuna quedó condicionada por el comportamiento del mercado interior.

La política económica aplicada durante la década de 1980 no modificó la participación relativa del campo en relación con el Producto Bruto Interno (PBI). Este se mantuvo relativamente constante, con un promedio aproximado del 5,5% para todo el período analizado partiendo desde el 4,8% para 1980 (Santarcángelo y Fal, 2009).

Aquí reside uno de los problemas clave para entender la variabilidad de la relación entre los sectores agrícolas y los ganaderos, con inclusión de los cambios producidos dentro de los establecimientos que tradicionalmente se han dedicado a ambas actividades en forma paralela. A ello se deben agregar las mejoras que significó para la agricultura la introducción de los fertilizantes, los plaguicidas y las nuevas metodologías en el uso de los suelos.

La declinación del sector ganadero –que en 1977 exhibía 61 millones de cabezas– registró en los años siguientes una pérdida cercana al 15%, mostrando en la década de 1990 una reducción mayor que en los años 1980. Un tema para tener en cuenta es que no siempre los precios del ganado han guardado una relación directa con las existencias, excepto ante ciertas modificaciones de los precios internacionales.

El cierre de los mercados exteriores golpeó duramente la producción y la exportación, como consecuencia del proteccionismo aplicado por la Comunidad Económica Europea (CEE) y por la negligencia argentina, que tardíamente enfrentó el problema de la fiebre aftosa. También se redujeron las exportaciones de ganado en pie a los países vecinos entre los años 1980-1986. En este período, el porcentaje de la carne exportada osciló entre el 14 y el 16%. Desde la década de 1950, la Argentina había mostrado una notable dependencia del mercado interno, y esta tendencia siguió aumentando tanto por la aplicación de políticas proteccionistas como por la reducción del nivel de exportaciones hacia sus mercados tradicionales.

A ello hay que sumar la disminución de las explotaciones ganaderas que produjo una mayor concentración en la cría de vacunos y que golpeó a los rodeos de menor tamaño. Como conclusión, se puede plantear que los cambios operados en estos años tendieron a concentrar la actividad en grandes establecimientos capaces de sostener los costos, en detrimento de los más pequeños, imposibilitados para seguir siendo rentables con las nuevas reglas de juego que fueron apareciendo. El proceso favoreció tanto la concentración de tierras como el aumento del número de cabezas de ganado en sus rodeos. Este fenómeno fue fundamental para liberar vastas regiones con el objetivo de destinarlas a la expansión agrícola.

Presionada por estas nuevas tendencias, la ganadería comenzó a transformar el modelo productivo a través de los cambios en la alimentación a los efectos de mantener los niveles de ganado para la faena, mientras se habilitaban miles de hectáreas de tierra fértil para la agricultura desarrollando al mismo tiempo ambas actividades. La mayor modificación –que ha crecido con el correr de los años– fue el engorde a corral (*feedlot*). Este se basa en la producción de ganado vacuno en áreas de pequeño tamaño (los corrales) donde los productores proveen la cantidad de grano necesario para el engorde de los animales. Estos cambios modificaron de manera profunda la tradicional forma de alimentación extensiva y el pastoreo del ganado bovino en la Argentina; los dos factores permanentemente resaltados para señalar la calidad óptima de nuestras carnes durante casi cien años.

La inseminación artificial, el destete precoz, la optimización de los recursos veterinarios y la incorporación tecnológica contribuyeron a mejorar los rindes ganaderos revirtiendo el descenso de los rodeos mostrado en las décadas anteriores; la discusión abierta desde entonces es aquella que se interroga comparativamente sobre la calidad de la carne de ambos sistemas.

Hoy en día esta discusión sigue sin solución. Algunos autores sostienen que la carne de los animales engordados a corral es de gran calidad, mientras otros encuentran diferencias importantes. Tal vez ayude a zanjar el tema el hecho de que la "Cuota Hilton" exige que los cortes exportables sigan siendo alimentados en las pasturas y en forma extensiva, pero antes de abordar las cuestiones relacionadas con los mercados interno y externo, es oportuno y necesario revisar el problema de la productividad de la actividad ganadera en nuestro país.

3. La productividad de la ganadería vacuna

Para medir la productividad física de la ganadería, se toma la producción de carne por unidad de superficie en un determinado período de tiempo. La productividad resulta de la relación que vincula la cantidad de carne producida con la del trabajo realizado para obtenerla. Estas mediciones solo pueden realizarse a nivel de las unidades productivas con registros sistemáticos de datos. Al no contar con la información necesaria para medir la productividad del conjunto de las explotaciones ganaderas del país, se debe recurrir a otros indicadores para conocer la tendencia decreciente de la productividad bovina desde 1980.

a) La parición neta del rodeo de vacas: a comienzos de los 1980, correspondía al 64 ó 65% del total, y la tendencia era decreciente. En número de cabezas, se calcula el pasaje de una producción que varía entre los 13 y 13.8 millones de terneros a otra fluctuante entre los 12.6 y los 12 millones de terneros destetados. La situación producida por este resultado involucraría la reducción de la existencia de vacas; la disminución de las vacas preñadas conlleva una reducción de nacimientos y la menor cantidad de destetes, tanto por la reducción del número de terneros nacidos como por una mayor mortalidad.

b) La productividad neta del rodeo: como consecuencia de lo mencionado en el párrafo anterior, el rodeo habría sufrido una baja que se calcula entre el 25 y el 22% en el primer quinquenio de los años 1990. Hay que aclarar que la disminución de la parición no explica por sí sola la caída del índice, ya que es necesario contabilizar el movimiento de las demás categorías vacunas del *stock*.

c) La tasa de extracción: este indicador había disminuido del 24,3 al 22,9% hacia fines de los años 1980. La tasa disminuye en períodos de recomposición de las existencias, lo que determina que la interpretación deba realizarse según la fase cíclica que se atraviesa. A comienzos de la década de 1980, se advertía la etapa final de una fase de liquidación y el inicio de una etapa de recomposición de las existencias. A fines de ese decenio, se asistió a una etapa de mayor estabilidad de las existencias, pero con las fases invertidas: se había iniciado la parte final del período de retención y la inicial de una etapa de liquidación, con la consecuente reducción de las existencias.

d) La producción de carne por animal en *stock*: este es otro indicador relativo de productividad. El descenso de alrededor del 6% a lo largo de la década de 1980 sería compatible con el desplazamiento de la ganadería vacuna desde tierras más fértiles hacia zonas periféricas de menor potencial productivo. Aunque algunos establecimientos ya habían iniciado el uso de técnicas más intensivas en la rotación de las pasturas, la utilización de forrajeras, un mayor control sanitario o la producción en *feedlot*; los índices globales de la ganadería no daban cuenta todavía de los cambios, porque la mayoría de las explotaciones ganaderas mantenía los métodos tradicionales o extensivos y la inversión en el sector era insuficiente.

Si se compara la producción de ganado vacuno en la Argentina con otros países del mercado internacional, se deben tener en cuenta las diferencias de los sistemas productivos. La ganadería vacuna argentina se basa en el sistema de pastoreo (alimentación directa del ganado en pasturas), tanto para la producción de carne como para la de leche. Una proporción menor de aquellas (solo en las grandes explotaciones) son pasturas cultivadas, con una productividad mayor que los pastizales naturales.

El uso de reservas forrajeras es bastante conocido, pero es limitado y no se emplea de manera sistemática como forma de alimentación, aunque hay una tendencia al incremento. El pastoreo rotativo –una práctica que requiere inversiones y exige mayor cantidad y calidad de mano de obra– no se ha extendido de acuerdo con las posibilidades naturales y estructurales de muchas explotaciones ganaderas, y la alimentación a corral o el uso masivo de granos o alimentos balanceados sigue siendo baja.

Esta forma de producción no puede compararse con la empleada por la CEE, que además, a partir de la Política Agrícola Común (PAC) generó un sistema de subsidios que produjo un crecimiento excesivo de la producción vacuna. En Estados Unidos y Canadá, el uso de *feedlots*, pastoreo mecánico y otros recursos aumentó notablemente la productividad, aunque el sistema productivo mantiene sus rasgos originales, parecidos a los de la Argentina. En Australia y Nueva Zelanda, también se emplea el sistema de pastoreo, pero combinado con las técnicas intensivas que el sistema admite sin cambiar completamente la calidad de sus productos cárnicos.

Cuadro 2.1. Existencias y producción de carne vacuna en regiones seleccionadas

Región	Existencias (miles cabezas)		Producción de carne (miles de tn)		Producción por cabeza en existencia (Kg)	
	1980/82	1988/90	1980/82	1988/90	1980/82	1988/90
América del Norte	182.667	161.050	12.498	14.154	68,4	87,9
Oceanía	33.985	30.862	2.052	2.133	60,4	69,1
América del Sur	246.119	290.990	6.867	7.501	27,9	25,8

Fuente: Secretaría de Agricultura, Ganadería y Pesca (1994).

Los datos muestran que mientras la producción de carne por animal, en los períodos comprendidos entre 1980-1882 y 1988-1990, aumentó el 28,5% en los países de América del Norte y el 14,4% en Australia y Nueva Zelanda, en América del Sur se produjo una caída del 7% correspondiendo a la Argentina una disminución del 1%.

En el lapso 1988-1990, la ganadería vacuna argentina producía el 42,3% menos de carne que América del Norte y el 26,6% menos que Oceanía. La comparación con estos últimos casos resulta interesante para extraer conclusiones, al tratarse de sistemas productivos parecidos. La tasa de extracción australiana oscila entre el 33 y el 35%, y la de Nueva Zelanda entre el 29 y el 32%.

3.1. La complejidad del proceso de cría e invernada

La ganadería vacuna es el sector cárnico que presenta una estructura biológica más rígida: preñez, reproducción y parición requieren tiempos inmodificables. Se trata de un ciclo largo (en comparación con otro tipo de ganado que hace uso de la tierra) que exige mucho más tiempo para recuperar la inversión inicial y una desventaja si se lo compara con la cría del ganado ovino o con los rindes de la agricultura. Su producción se asienta sobre un factor clave como es la tierra, pasible de aplicarse a otras actividades que producen mayores ganancias en tiempos más cortos y, por lo tanto, capaces de generar actividades especulativas.

Es la tierra –como medio básico de producción– lo que hace que el sector ganadero bovino tenga marcadas diferencias con otros tipos de explotación. Mientras en otras actividades los precios se determinan por costos y ganancias, en la producción agropecuaria hay que considerar además la renta del suelo. Las características de la tierra son únicas, y esto determina diferentes estructuras de costos y ganancias.

Estas últimas dependen muchas veces de la excelente calidad del suelo de ciertas regiones, más que de una mayor inversión o de capacidades técnicas. Es por eso que incluso dentro de las zonas ganaderas, las diferencias pueden ser muy grandes (Santarcángelo y Fal, 2009).

El proceso de explotación de vacunos requiere dos etapas que los animales deben atravesar hasta su faena: la cría y la invernada; ya sea que los productores se dediquen a una u otra actividad, se produce una estructura de costos y rentabilidad diferentes.

3.1.1. La etapa de cría

Se considera desde la reproducción hasta que el animal tiene entre 6 y 9 meses. En el caso de la reproducción, hay que tener en cuenta el tiempo que transcurre hasta que la vaca queda preñada (se toman 3 meses de servicio), los 9 meses de gestación y los costos de alimentación para un período que va desde los 6 a los 9 meses. El destete se produce a los 4 meses, generalmente en otoño, y a partir de entonces el productor debe alimentar a los terneros. Los animales son alimentados de manera extensiva en los pastizales naturales que constituyen el principal elemento de su dieta. Solo los grandes productores cultivan pasturas. Su fertilización y la del pastizal natural no resultan una práctica generalizada entre todos los productores; su uso depende de la relación de precios entre carne y fertilizante. Este proceso de alimentación favorece también a las hembras, algo elemental en los primeros meses de cría. Por otra parte, los vientres mal alimentados tienen menos defensas, y en consecuencia, mayores posibilidades de contraer enfermedades venéreas y/o reproductivas (brucelosis, trichomoniasis y campylobacteriosis), que producen caídas importantes en los niveles de preñez y problemas durante la gestación, con la consiguiente disminución del número de terneros disponibles. Para evitar este tipo de dificultades, es común que los productores concentren las pariciones en la primavera –la época del año con pasturas de mejor calidad–, lo que les permite recuperar el peso perdido durante el invierno. Las pasturas son sometidas a uso continuo y solo los productores más desarrollados practican el pastoreo rotativo. La producción y calidad del forraje es alta en primavera, pero decrece en verano debido a la maduración y floración de las gramíneas.

El porcentaje de preñez varía entre el 70 y 90%, según la disponibilidad de forraje y el manejo nutricional y sanitario de los rodeos. Mientras el porcentaje de destete (número de terneros en relación con número de vacas en servicio) varía entre 50 y 80%, según las condiciones antes mencionadas. Sin embargo, la introducción del "ternero bolita"[13] derivó en el destete precoz a los 4 meses de vida, práctica que se ha incrementado en los últimos años. Desde hace dos décadas, la producción tendió a criar ganado de tipo liviano para abastecer un mercado interior que acapara casi el 90% de las existencias.

---

[13] El denominado "ternero bolita" es una especialidad argentina y consiste en una animal que es destetado precozmente (antes de los cuatro meses), para ser destinado al corral de engorde.

En las categorías de mayor peso, los animales provenientes de la raza Holando y los surgidos de cruzas índicas han ido desplazando al clásico novillo de origen inglés de 460 a 500 kilos y 3 años. El "ternero bolita", proveniente del engorde a corral, fue la novedad de un nuevo esquema donde también se requieren las vaquillonas y los novillitos. En la actualidad, se prefiere la producción de un novillo liviano por la relación entre costo y precio.

La alimentación del período de cría genera aproximadamente el 27% de los costos totales y constituye el más importante del proceso. Otras erogaciones corresponden a los gastos en veterinaria y a la compra de animales reproductores, lo que representa entre el 13 y el 11% de los costos totales, respectivamente.

La productividad de la cría en la región pampeana promedia los 70-80 kilos por hectárea y por año, sin embargo, los productores más eficientes llegan a una relación de 150-200 kg/ha/año, merced a un mejor manejo sanitario y nutricional. En estos casos, la alimentación del rodeo se basa en un porcentaje variable de pasturas cultivadas cuyo rinde supera en 3 ó 4 veces al pastizal natural. Cuando la producción de pasto no cubre los requerimientos nutricionales de los animales, la alimentación se suplementa con forrajes conservados como heno o por el método de ensilaje,[14] o bien pasturas diferidas en pie. Un estricto programa sanitario incluye el control de enfermedades venéreas en los toros y la vacunación sistemática contra la enfermedades que afectan al ganado (aftosa, brucelosis, gangrena, carbunclo). Asimismo, de manera periódica se controlan los parásitos intestinales en los terneros.

---

[14]   El *ensilaje* es una técnica de preservación de forraje que se logra por medio de una fermentación láctica espontánea bajo condiciones anaeróbicas.

Solo el 30% de ellos son recriados y terminados en la misma zona donde nacen. El resto es enviado a otra región de mejores suelos y clima donde la producción y calidad de las pasturas es superior y los animales pueden ser engordados eficientemente.

3.1.2. La etapa de invernada

Una vez finalizado el período de cría, comienza el de invernada, que comprende el engorde de los animales y se extiende desde los 6/9 meses hasta los 18/24 meses de vida del animal. Los terneros ingresan al sistema de invernada con 120/200 kilos de peso vivo y permanecen en el campo durante 12/15 meses hasta alcanzar entre 380/450 kilos, peso considerado óptimo para enviar los animales a faena. Los sistemas pastoriles han sido intensificados en la última década aumentando la producción forrajera y la carga animal a través de la fertilización nitrogenada y el suplemento estratégico con silos de maíz y/o concentrado, pero manteniendo el forraje proveniente del pastoreo como principal componente de la dieta.

Además de los novillos, las vacas y toros de refugo, las vaquillonas que exceden los requerimientos para reposición son también engordadas y expedidas para el matadero cuando alcanzan una deposición de grasa dorsal que satisfaga los requerimientos del mercado. Los animales provenientes de cruzas con razas continentales son sacrificados con un peso mayor, que varía entre 450 y 620 kilos a los 24-30 meses de edad.

El sistema practicado es el rotativo de alta carga con 10 a 20 novillos por hectárea, según la disponibilidad de forraje; cuando la producción de pastura disminuye –como ocurre en invierno–, las ganancias de peso son prácticamente nulas, por lo cual los animales son suplementados con heno o concentrados. Los costos de invernada se componen de alrededor del 70% de erogaciones aplicadas a la

compra de terneros y cerca del 20% a gastos en alimentación; el porcentaje restante lo constituyen los gastos extra
como vacunas o servicios veterinarios. Ello demuestra
una estructura fuertemente concentrada. Igual que en el
proceso de cría, los resultados de la producción dependen
de la atención alimenticia y sanitaria durante el período
de engorde, variando la productividad promedio entre
200/280 kilos y 450/600 kilos.

En general, la Argentina mantuvo una marcada defi-
ciencia de producción en comparación con otros países,
ya que su tasa de extracción se ha estabilizado en torno
al 23 ó 24% Pero en la pampa húmeda hay niveles muy
superiores a los del resto del país, debido no solo a sus
ventajas ecológicas, sino también al hecho de que en ella
se producen actividades de recría y engorde de ganado
nacido en regiones extrapampeanas, especialmente en el
el noroeste argentino (NOA), lo que aumenta de manera
importante la cantidad de las existencias. De todos modos,
a fines del siglo pasado tal situación se estaba revirtiendo,
porque muchos invernadores comenzaron a rechazar ganado cruzado con la raza cebú, para evitar la tendencia a
la baja de los precios de la faena. Además, en las últimas
dos décadas, la producción tendió a criar ganado de tipo
liviano para abastecer el mercado interior.

3.1.3. El papel de los feedlots y la aparición del "ternero bolita"

El nuevo tipo de novillo llamado "ternero bolita" permite la utilización de las invernadas cortas en las cuales
el animal no pasa más de una temporada en un campo
de engorde. El acortamiento de estos tiempos favorece
las relaciones entre los costos y los precios. Su producción está relacionada con la existencia de los *feedlots*, que
permiten obtener "terneros bolita" con una producción

de 3 a 4 ciclos anuales, lo que proporciona una excelente rentabilidad ganadera.

La tendencia actual de los consumidores relaciona la terneza de la carne con la edad y prefiere comprar carnes provenientes de animales más pequeños. Por otra parte, los supermercados absorben mayores porcentajes de carne que las carnicerías tradicionales y necesitan captar hacienda de menor edad. Según información de principios de esta centuria, en la Capital Federal alrededor del 30% de la comercialización ya se realizaba a través de los supermercados, y sus existencias están compuestas sobre todo por vaquillonas, novillos o terneros.

Los cambios que se vienen produciendo en los últimos años provocan una disminución de la producción general de carnes debido a la magnitud de la faena de animales demasiado jóvenes; además, se resiente el proceso de mejoramiento del ganado por cruzas o elección de mejores vientres. La recurrencia al engorde a corral produce carne con mayor rapidez, pero los volúmenes absolutos no varían. Así, para el período 1995-1996 los animales se faenaban –entre el peso promedio de los destinados al consumo o exportación– en 215 kilos aproximadamente; entre los años 1996 y 1997 se redujo a 210 kilos/promedio, mientras para los años 1997 y 1998, a cerca de 200 kilos, con tendencia a la baja.

Dicha tendencia solo puede revertirse produciendo animales con carne tierna y mayor peso, pero los consumidores piensan que los animales de mayor tamaño poseen carnes más duras. Por el contrario, más allá de que el tiempo de engorde sea un poco mayor, los animales bien alimentados desde pequeños producen carnes tiernas. La falta de cadenas de frío que permitan su maduración en los grandes centros de comercialización acostumbró a los consumidores a comer carne demasiado fresca, con una carencia de asentamiento que no es recomendable.

Los ganaderos que toman la decisión de realizar engorde a corral no consideran el punto de vista técnico, sino el
económico, y ello aumenta cuando la relación de precios
entre grano y carne resulta favorable. Se considera que la
instalación de los *feedlots* seguirá la misma tendencia. La
diferencia entre el engorde a corral y el que se desarrolla
en los *feedlots* muestra que en el primer caso se realiza un
engorde temprano a campo y luego se pasa al corral con
el fin de terminar el animal para la comercialización; en
el segundo, se adelanta el destete y se confina al animal
tempranamente.

A fines de los años 1990, las mencionadas relaciones
precio entre grano y carne facilitaron el engorde a corral
con buena rentabilidad. Como esta ecuación siempre es
inestable y demanda fuertes inversiones o políticas públicas
de largo plazo, en general se hace un aprovechamiento
de los momentos coyunturales mediante la utilización
del engorde a corral con inversiones pequeñas que no
signifiquen pérdidas posteriores en caso de regresar al
engorde extensivo.

Este tipo de alternativa, por ejemplo, ha sido utilizada
en muchos tambos para aprovechar el doble comportamiento de los animales. Una alternativa intermedia para
iniciar un proceso de intensificación productiva en los casos
de medianos y/o pequeños hacendados es orientarse al engorde en corrales chicos utilizando granos como alimento.

Los primeros grandes *feedlots* instalados en la Argentina
obtuvieron beneficios reducidos por el tipo de engorde. A
partir de entonces, se dedicaron a trabajar con el "ternero
bolita", animal con buena terminación pero bajo peso;
también agregaron vaquillonas, por exigir menos alimento
para producir un kilo de carne. Resultó un tipo de engorde
que se consolidó con el tiempo, ya que tanto a los frigoríficos como a las grandes cadenas de supermercados les
interesa mantener una permanente regularidad en las

entregas y sostener un tipo de producto homogéneo para el procesamiento y/o la venta.

Antes de continuar, corresponde detenernos un poco para hablar del *feedlot*. El *feedlot* es definido como un corral o superficie limitada con comederos y aguadas donde los vacunos son alimentados manual o mecánicamente con fines productivos. Para sus defensores, es una herramienta muy dúctil, porque permite hacer cambios de categorías de hacienda, que no serían posibles de otra forma. El rol del *feedlot* es dar uniformidad a la res; homogeneizar el producto obteniendo rindes y calidad superiores. Lo que se hace es engordar a los animales mediante una mezcla óptima de forraje en un lapso que media entre 70 y 100 días. Este sistema posibilita la obtención de reses con mejor rendimiento en el gancho, porque se trata de animales más jóvenes, sin gran proporción de hueso y con grasa mejor repartida en el músculo, lo que deriva en un menor desperdicio.

En el *feedlot* no todos los animales dan lugar al mismo desempeño. Los jóvenes de muy buena genética y bien alimentados antes de ser encerrados producen mucho mejor resultado que los que se encuentran en la situación contraria. La calidad de la hacienda es entonces determinante en la conversión y en los resultados económicos de este nuevo tipo de engorde.

Otro factor es la raza de los animales o el tipo de cruza, ya que tienen características y rendimientos propios. Se trabaja con amplia diversidad, dado que no solo se encierran razas británicas tradicionales con cruzamientos de razas índicas, sino también –y a un ritmo creciente– se encierran en zonas lecheras terneros overos negros provenientes de tambos, con buenos resultados. El motivo principal para su implementación ha sido la necesidad de intensificar la producción, entregar al mercado un producto homogéneo, conseguir una terminación estratégica, regularizar los despachos y aumentar el giro del capital.

Comparativamente, existen muchas diferencias entre los *feedlots* argentinos y los norteamericanos. En nuestro país, los animales se terminan con 250 kilos, que resulta el peso mínimo con el que ingresan al *feedlot* en Estados Unidos. Como resultado de esta diversidad, ese país cuenta con 100 millones de cabezas y produce entre 11.5 y 12 millones de toneladas de carne por año. En la Argentina, con alrededor de 50 millones de bovinos, se producen 2.4 millones de toneladas de carne por temporada.

Vale decir que el país del norte tiene el doble de cabezas, pero faena 5 veces más. Si tenemos en cuenta la tasa de extracción (relación entre existencias y producción), en EE.UU. ese valor ronda el 43% (con una existencia de 100 kilos, se venden anualmente 43 kilos), en tanto en la Argentina, la tasa de extracción es del 23%, también inferior a la de Australia (el 32%) y Nueva Zelanda (el 26%).

En buena medida, las distintas tasas de extracción se explican porque en los distintos países varían los pesos ideales de faena; por ejemplo, en Estados Unidos el peso ideal ronda los 550 kilos. Cualquier animal, novillo o vaquillona, con menos de 440 kilos en el momento del sacrificio, sufre fuertes descuentos, en virtud de que los frigoríficos no diluyen los costos fijos por cabeza faenada. La gordura predominante del ganado sacrificado es aquella que presenta 15 milímetros de grasa subcutánea. En nuestro país, los pesos son muy variables, pero el novillo pesado con más de 480 kilos ha perdido participación. La mayoría de los animales faenados para consumo interno son terneros con menos de 260-270 kilos. Además, no existen muchos animales con grasa subcutánea superior a los 12 milímetros y grasa intramuscular de más del 3%.

Otra marcada diferencia está dada por la especialización: mientras Estados Unidos muestra una importante especialización del productor en alguna etapa del proceso (cría, recría o *feedlot*), en nuestro país la mayoría de los productores no están dedicados en forma tan marcada a un único eslabón de la cadena productiva.

En Estados Unidos, los costos referentes a la comercialización no superan el 2% del valor del animal que se envía al matadero; mientras en nuestro país, los gastos, aun siendo variables, superan con creces esos valores al computar las erogaciones de los fletes, comisiones, emisión de guías y otras. El cálculo realizado en EE.UU. incluye el pago de un dólar por animal que cambia de dueño, monto que se destina al programa de promoción del consumo de carne. En la Argentina, solo a partir de 2001 se puso en marcha un programa oficial con este objetivo, al crearse el Instituto de Promoción de la Carne Vacuna.

Por el lado de los fletes, en EE.UU. los gastos de transporte rondan US$1.25 por kilómetro. Cada camión transporta entre 40 y 45 novillos gordos, que a su vez valen el doble que en nuestro país. En la Argentina la incidencia del costo del flete es 4 ó 5 veces mayor. La participación del productor norteamericano en el precio final que se paga en góndola es entre el 80 y el 100% mayor que la nuestra, dado que el kilo vivo vale bastante más y la carne al público en Estados Unidos apenas supera el precio argentino.

No todos los *feedlots* desarrollan las mismas estrategias. Algunos compran ganado a productores, se encargan del engorde y luego proceden a su venta. Otros van más allá del engorde y se encargan de las etapas de cría, engorde, faena y comercialización. Este tipo de producción corresponde a supermercados y frigoríficos. Otra opción consiste en ofrecer un servicio de hotelería por el cual el productor paga al *feedlot* por día en concepto de alimentación y hospedaje de sus animales.

Más allá de todas estas supuestas ventajas y de la aún no resuelta puja acerca del sabor y calidad nutricional de las carnes de animales engordados solo en los *feedlots*, desde el punto de vista del comercio internacional resulta importante que el animal engorde a corral solo para su terminación. Ello se debe a la imagen que el comprador extranjero –especialmente el europeo– se ha formado de la carne argentina. En este sentido, pueden aceptar la terminación del novillo, pero no un largo período de encerramiento, y solo se admite un lapso de alimentación a corral de tres meses.

4. Geografía de la producción y relocalización del ganado vacuno

A pesar de que entre 1994 y 2007 la superficie ganadera se redujo en unas 11 millones de hectáreas, el *stock* ganadero no se contrajo durante ese período; entre 2003 y 2007 mostró un leve incremento de 2 millones de cabezas, aunque dicha tendencia cambió de curso a fines de 2006, cuando desde noviembre empezó a observarse una mayor faena de hembras (Rearte, 2007c).

Cuadro 2.2. Evolución de las existencias vacunas por categorías (2003-2007)

Año	2003	2004	2005	2006	2007
Total de cabezas	52.960.512	54.164.896	54.349.907	55.545.943	55.889.964
Total de vacas	21.156.744	21.464.490	21.830.584	22.477.116	22.640.391
Total de terneros	13.604.221	12.533.867	13.487.500	14.200.992	14.325.531
Total de novillos	9.699.818	13.334.699	10.470.881	10.174.872	10.059.149
% de destete	64,3	63,1	61,8	63,2	63,3

Fuente: Rearte (2007c).

A lo largo del segmento, se verificó un incremento en la producción de terneros de casi un millón de unidades, producto del crecimiento del número de cabezas más que de una mejora en la eficiencia productiva.

Aunque el ganado vacuno se encuentra distribuido en todo el país, existen zonas agro-ecológicas claramente diferenciadas que permiten dividirlo en cinco grandes regiones ganaderas. Las distintas especificidades regionales diferencian tanto la densidad del ganado como las características que adquiere la producción relocalizada. Hacia fines de los años 1990 ya se podían diferenciar estas áreas: 1) la región pampeana; 2) la región del noreste (NEA); 3) la región del noroeste (NOA); 4) la región semiárida central; y 5) la región patagónica.

4.1. La región pampeana

Incluye la provincia de Buenos Aires, sur de Córdoba, sur de Santa Fe, sur de Entre Ríos y este de La Pampa. Esta zona es el área ganadera por excelencia, con más del 55% de la población vacuna nacional y una producción cercana al 80% de la carne producida en el país. El reordenamiento territorial de la ganadería y los avances de la agricultura determinaron un claro crecimiento de las regiones extrapampeanas, acompañado por la inicial disminución de las existencias de la pampa húmeda que luego se estabilizaron. Así, y pese al desplazamiento, sigue siendo la principal contenedora de hacienda. Mientras que en 1994, previo al auge de la plantación de soja, la región contenía el 62,4% del *stock*, en 2007 se estimaba que aportaba el 55,7% del total nacional.

La producción de carne en esta región incluye dos actividades localizadas en distintas zonas según la fertilidad de los suelos y la calidad de los pastos. En suelos más pobres no cultivables, con limitaciones de drenaje (la cuenca del Salado, por ejemplo), el sistema de cría para la producción de terneros es la actividad predominante; mientras en las zonas de mejores suelos y con mayor potencial de producción de forraje de calidad, la recría y el engorde de los animales representan la principal actividad ganadera. La aptitud agrícola de esta región ha llevado a la ganadería a compartir el suelo con la agricultura, en rotaciones que les aseguran sustentabilidad a los sistemas productivos. Las principales razas que se crían son las británicas y sus cruzas, con una predominancia de Aberdeen Angus, seguida por Hereford, y en menor escala, por Shorthorn. Existe cierta proporción de razas continentales como Limusin, Fleckvieh y Charolais, pero no superan el 5% del *stock* nacional. Asimismo, en los últimos lustros se han producido innovaciones por parte de ganaderos argentinos, como la creación de la raza Limangus.[15]

Mientras la actividad de cría está en crecimiento, ocurre lo contrario con la de invernada, que fue más afectada por el avance agrícola. Si se analiza el lapso 2003-2007, se aprecia que el número de vacas aumentó el 3,4%, pero la cantidad de novillos disminuyó el 7%. Esta aparente contradicción está relacionada con las modificaciones producidas al trasladar el ganado desde las zonas de cría periféricas del norte, para su recría y engorde en la pampa húmeda.

Al mismo tiempo, algunos novillos salen de la región para ser recriados y engordados en *feedlots* de la zona oeste, como se nota en el sur de la provincia de Córdoba, donde más ha descendido el número de cabezas de los rodeos. También es importante la disminución de *stock* en el noreste

---

[15]   El ganado Limangus es una raza creada en los últimos años por ganaderos argentinos, en la que se combinaron los caracteres de la raza Angus con los de la Limousin; la capacidad de ambas tiende a producir novillos magros, precoces y de alto rendimiento. Se caracteriza por su pelo negro o colorado, generalmente sin cuernos, con gran adaptación a las condiciones de las pasturas pampeanas. Dado que el origen y el rendimiento se basaron exclusivamente en el régimen alimenticio de pastoreo, resulta una opción interesante para abastecer el mercado de consumo interno.

de La Pampa, al trasladarse parte de su ganadería hacia el
oeste de la provincia, que por su déficit hídrico tiene menor
potencial agrícola.

4.2. La región del NEA

Incluye a Corrientes, Misiones, norte de Santa Fe y
Entre Ríos, este del Chaco y Formosa. El NEA fue el principal
beneficiario de la reasignación territorial, al consolidarse
como segunda región ganadera; pasó del 21,5 al 25,2%
de la suma nacional entre 1994 y 2007, lo que en valores
absolutos significó un crecimiento cercano a los 2 millones
de vacunos.

La actividad predominante es la cría o la cría-recría;
no obstante desde inicios de los años 1990 aumentó el
número de productores que engordan novillos y disminuyó
la cantidad de terneros llevados a la región pampeana para
su terminación. De esta forma, va dejando de ser una zona
típica de cría para pasar a ser una región de ciclo completo.
En las provincias de Corrientes y Entre Ríos es común la
cría mixta de vacunos y ovinos.

Al considerar la situación por provincias, se ve que
Corrientes, el centro-este de Chaco y el norte santafesino
son las zonas donde se produce el mayor crecimiento del
stock. Mientras que en la última, se trata principalmente de
vacas y cuenta con una sobrecarga de pastizales naturales,
en Corrientes es mayor el número de novillos; se trata de
la provincia donde es más pronunciado el ciclo completo
como alternativa a la cría pura.

Como aspecto negativo debe señalarse que la región
continúa siendo la de menor tasa de destete, estancada en
el 50 ó 52%. Es una zona que podría mejorar su receptividad ganadera al mejorar su producción de forrajes, pero
es de esperar que el ascenso de la producción provenga

de la eficiencia reproductiva de sus rodeos, más que de un aumento de las existencias.

En esta zona, domina el ganado representado por razas índicas como la Bradford,[16] la Brangus, y en menor escala, la Santa Gertrudis. Desde las últimas décadas, se introdujeron híbridos como el Bonsmara.[17] En el sur de Corrientes predomina el Hereford adaptado al subtrópico y en el norte del país ha comenzado a difundirse en los últimos años el búfalo de agua.

4.3. La región del NOA

Incluye a Jujuy, Salta, Tucumán, Catamarca, La Rioja, Santiago del Estero, norte de Córdoba, oeste de Chaco y Formosa. El NOA es la región que mostró el mayor crecimiento entre 1994 y 2007, producto de la incorporación de sistemas silvo-pastoriles y pasturas megatérmicas de gran rendimiento forrajero. Las existencias pasaron del 7,3 al 8,3% del *stock* nacional, con un aumento de más de medio millón de cabezas, lo que la convirtió en la zona de mayor potencial de crecimiento.

---

[16]   El Bradford es una cruza de ganado Cebú con Hereford, adaptada a los climas subtropicales de las zonas marginales de la Argentina; el primero aporta resistencia, mientras el segundo agrega calidad a la carne y permite el fácil engorde a pasto. Se cría tanto en las laderas de la cordillera como en las zonas de esteros correntinos y en el monte del Chaco. Su fuerte es la notable resistencia al ataque de la garrapata y al alto nivel de humedad. También se la cría en ciertas zonas de la pampa húmeda.

[17]   La raza Bonsmara es de origen Cebú y se desarrolló en Sudáfrica. Su introducción en el país es bastante reciente, con el objeto de criarse en las zonas subtropicales del norte. Se trata de un híbrido, cruza de Hereford y Shorthorn con la raza Cebú Africander, proveniente Transvaal. Su pelaje corto es rojizo oscuro; sus cuernos, pronunciados; y su giba, escasa o nula. Se adapta a climas tropicales y húmedos, porque resiste naturalmente, por su origen, los parásitos externos e insectos comunes en esas regiones. Se coloca en excelentes condiciones para competir en igualdad de condiciones con las razas de origen Cebú del norte del país.

Las características climáticas y forrajeras determinan que la cría sea la actividad ganadera predominante. La actividad de invernada se limita a las zonas con mayores precipitaciones o con posibilidades de riego. Predominan las razas compuestas Brangus, Bradford, criollos, las cruzas del ganado nativo con razas británicas y se pueden detectar novedades como la raza Tuli.[18]

Santiago del Estero es la provincia con mayor desarrollo de la ganadería de la región noroeste argentina, ya que cuenta con el 50% de las existencias regionales. El desarrollo de esta explotación determina que sea la región con las mejores posibilidades pecuarias, luego de la región pampeana. En 2002 el rodeo bovino provincial superaba el millón de cabezas, lo que representaba el 1,4% del total nacional (Moscuzza et ál., 2004).

De todos modos, debe advertirse que la expansión de la frontera agrícola desplazó la actividad ganadera hacia tierras marginales con menor aptitud productiva y aumentó la carga animal en zonas con menor oferta forrajera en cantidad y calidad. Esto influye en forma negativa sobre los recursos naturales del monte nativo, al habilitarse nuevas tierras para ganadería a través del desmonte o directamente mediante el ingreso de los animales al monte para

---

[18]   La raza Tuli proviene de la selección hecha en Sudáfrica del ganado autóctono perteneciente al género Bos Taurus. Resulta una muy buena opción, porque se adapta a las regiones tropicales con una notable resistencia a la parasitosis, con buena carne y rápida madurez sexual, lo que genera posibilidades reproductivas superiores a otras razas. Es un animal de tamaño mediano, con un pelaje que va desde el color rojizo al bayo o al blanco. Presenta mayor calidad en sus carnes que cualquiera de las razas cruzadas con el Cebú. Por su afinidad con los tipos europeos, resulta muy buena para mejorar la calidad de la carne, en los cruzamientos de los rodeos de razas cebuinas, en las zonas marginales subtropicales de las regiones NEA y NOA. Inicialmente, su introducción en el país fue restringida por razones sanitarias, resueltas con el advenimiento de las transferencias de embriones.

alimentarse. El pastoreo mal manejado contribuye a la pérdida de la cobertura vegetal de los suelos y promueve la invasión de plantas tóxicas para el ganado.

4.4. La región central

Incluye a San Juan, Mendoza, San Luis y oeste de La Pampa. Es una región semiárida (La Pampa y San Luis) que también verificó un crecimiento de hacienda proveniente de la región pampeana entre 1994 y 2007 y avanzó desde el 6,6 al 8,1% del total, lo que equivale aproximadamente a 820.000 cabezas. Las razas predominantes son las británicas, especialmente Aberdeen Angus y sus cruzas con ganado criollo. La actividad central en la región es la cría; sin embargo, en este espacio se localizaron los dos emprendimientos de engorde a corral más importantes del país.

4.5. La zona patagónica

Abarca desde Neuquén a Tierra del Fuego. La zona también mostró un crecimiento importante. Por otra parte, es reconocida por la Organización Internacional de Epizootias como área libre de aftosa sin vacunación, por lo tanto, solo se permite el ingreso de carne sin hueso desde otras partes del país. Esto hace que la actividad ganadera adquiera importancia económica en la región, al impulsar en buena medida el autoabastecimiento. Ello hace que los precios de la carne recibidos por el productor superen el logrado por sus pares del resto del país.

La cría es la actividad predominante en el valle del Río Negro, mientras que en la zona precordillerana se practica el ciclo completo incluso con terminación a corral, sobre la base de granos traídos de la región pampeana. La hacienda es de alta calidad, con predominio de las razas británicas, Aberdeen Angus en la zona de cría del valle inferior del río Negro y Hereford en la precordillera.

**Cuadro 2.3. Distribución regional del *stock*
vacuno, en miles de cabezas (1994-2007)**

Región	1994	2003	2004	2005	2006	2007
Pampeana	34.200	30.953	31.674	31.237	31.482	31.152
NEA	12.500	12.354	12.884	13.139	13.781	14.096
NOA	4.090	3.898	4.205	4.284	4.351	4.651
Semiárida	3.600	4.418	4.026	4.232	4.434	4.539
Patagonia	1.255	1.338	1.376	1.458	1.487	1.452

Fuente: Rearte (2007c).

La mayor concentración de las existencias se observaba en la región pampeana y del NEA, con poco más de 45 millones de cabezas sobre un total apenas superior a los 55 millones. Si se tienen en cuenta los animales sacrificados, las diferencias se mantienen regionalmente, pero aumentan con notoriedad en la primera con 13.4 millones de cabezas; seguida por la región NEA con casi 1.2 millones; el NOA, con cerca de 630.000; la región central, con 700.000; y por último la región patagónica, con una faena de alrededor de 190.000 cabezas, de acuerdo con los datos correspondientes al trienio 1997-1999.

5. La ganadería vacuna: la confirmación del segundo plano

En contraposición con la agricultura, la ganadería sufrió un importante retroceso, con una disminución del número de cabezas de las principales especies. La pérdida de los mercados de exportación no pudo ser compensada por el consumo interno de carne, ya que este tendió a reducirse. Las transformaciones tecnológicas no resultaron tan importantes, aunque se mejoraron las razas y la alimentación de los rodeos, especialmente entre los productores lecheros; la lechería recibió importantes inversiones que produjeron un mejoramiento de la calidad de los productos y un crecimiento de la producción. Un aspecto favorable para la ganadería fue la eliminación de la fiebre aftosa a partir de la campaña de 1997.

Paulatinamente, la ganadería vacuna redujo su número de cabezas pasando de 53 millones de animales en 1990 a 48 millones en 1998, y la producción de carne osciló entre los dos millones y medio y los tres millones, con una tendencia decreciente debido a la contracción del consumo interno, la recesión y la baja en los mercados mundiales a partir de 1996, por efecto de la encefalopatía bovina espongiforme (BSE), enfermedad de los bovinos resultante de su alimentación con productos balanceados preparados con carne animal. La epidemia fue popularizada con el nombre de enfermedad de la "vaca loca" y se expandió velozmente por Europa. Junto con ello, las dificultades producidas desde 2000 en el país, como consecuencia de la reaparición temporal de la fiebre aftosa, fueron un obstáculo agregado para expandir las exportaciones, al menos hasta 2003.

No obstante, en los últimos años se introdujeron cambios importantes en la ganadería, como la confirmación del sistema de engorde a corral (*feedlot*) que, como se dijo, al consistir en una alimentación con balanceados sobre la base de granos, puede ser impulsado, en ciertos períodos, por la baja del precio internacional de los cereales. De todos modos, estos sistemas reflejan procesos de inversión de capital y estuvieron asociados a sensibles mejoras en la base de la alimentación aprovechando los cambios tecnológicos introducidos en la agricultura, pero incorporando también nueva maquinaria vinculada con sistemas de ensilaje de pastos más avanzados.

En la producción láctea, se realizaron inversiones en innovaciones tecnológicas permitiendo un aumento de la producción, que pasó de 6 millones de litros de leche en 1989-1990, a más de 10 millones en 1999, con una mejora en la calidad. Un factor decisivo en este proceso fueron los cambios introducidos en la alimentación de los ganados. La suplementación del pastoreo, por ejemplo, permitió una estabilización a lo largo del año, y para ello se avanzó significativamente en la conservación del forraje, silos de pastura y maíz, concentrados y otros mecanismos.

La manipulación de la leche a través del enfriado y el ordeñe mecánico y las mejoras generales en las instalaciones de los tambos respondieron en estas décadas a las exigencias tecnológicas de las agroindustrias lecheras. Implicaron un uso intensivo de capitales creando un nuevo perfil de productores; este fenómeno dio como resultado que muchos tambos de menor tamaño no pudieron acompañar el proceso. La producción lechera entró en crisis en 1999, debido a la menor demanda interna ocasionada por la recesión y la disminución de ventas a los países del Mercosur; a todo ello hay que agregar la caída de los precios internacionales y el creciente aporte de los países productores de Oceanía.

En resumen, el sector ganadero mejoró los sistemas extensivos y se difundieron los sistemas intensivos con bovinos. En los extensivos, se amplió la superficie cultivada con forrajeras y se efectuó un mejor aprovechamiento de las pasturas, gracias a la subdivisión de potreros con alambrado eléctrico. Ello se completó con un control sanitario más ajustado.

En línea con el comportamiento observado desde la década de 1970, el sector de la carne vacuna en la Argentina siguió cediendo terreno. Este proceso se observa con nitidez en el gráfico siguiente:

Gráfico 2.1. PBI agropecuario en relación con el PBI total, a precios de 1993 (1980-2002)

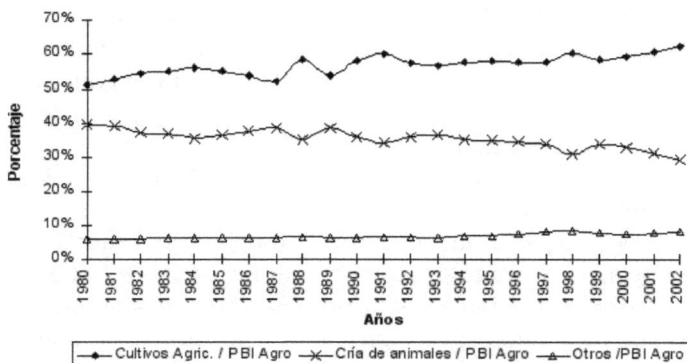

Fuente: Santarcángelo y Fal (2009), sobre datos del INDEC.

En cuanto a la ganadería vacuna propiamente dicha, su participación en el PBI se ilustra en la siguiente grilla:

Cuadro 2.4. Participación de la ganadería vacuna en el PBI total, a precios de 1993 (1993-2008)

Año	%	Año	%	Año	%	Año	%
1993	0,89	1997	0,65	2001	0,63	2005	0,73
1994	0,88	1998	0,61	2002	0,79	2006	0,71
1995	0,87	1999	0,77	2003	0,77	2007	0,65
1996	0,77	2000	0,72	2004	0,79	2008	0,56

Fuente: Elaboración propia sobre datos proporcionados por SAGYP.

La interacción de la producción agrícola-ganadera en los últimos veinte años bajó la capacidad productiva de la ganadería. En esto influyó el ya señalado auge de las oleaginosas y el esquema de dependencia mutua entre las actividades, que resta elasticidad a cualquiera de ellas, pero sobre todo a la ganadería vacuna, ya que, como señalamos, se asienta sobre un bien que puede ser utilizado con fines diversos, incluidos los especulativos. Esta característica la diferencia de otras explotaciones, ya que descansa en tres variables: costo, beneficio y renta del suelo.

Tal especificidad no permite establecer relaciones directas entre precios del ganado y existencias; así, entre 1980 y 2002 estas variables mostraron comportamientos dispares, excepto entre los años 1989 y 1995, cuando hubo cierta paridad entre existencias y precios internacionales. A su vez, en períodos de descontrol inflacionario, como en 1989-1990, la retención de ganado fue una decisión lógica ante la posibilidad de tener siempre a mano una fuente segura de liquidez. El cierre o contracción de los mercados internacionales y la caída del consumo interno también juegan un papel que agrega complejidad al cuadro general y explican una parte de los ciclos ganaderos.

Como se indicó, el proceso de estancamiento de la producción vacuna fue acompañado por la relocalización regional y por una mayor concentración de las existencias. La actividad fue paulatinamente trasladada a zonas periféricas con el objetivo de liberar tierras fértiles para el cultivo agrícola. Mientras Buenos Aires y Córdoba resignaron su participación relativa, crecieron las regiones cuyana, noreste y patagónica. Por otra parte, el número de explotaciones de tamaño pequeño disminuyó marcadamente, en especial los establecimientos con menos de 200 cabezas e incluso los de hasta mil. En el extremo opuesto, los poseedores de rodeos de entre 1.000 y 4.000 animales aumentaron tanto en número de establecimientos como en cantidad de vacunos. Si en 1988 los rodeos de más de 2.000 cabezas representaban el 25,1% del total de las existencias, en 2002 ya concentraban el 37,1% del ganado vacuno.

**Cuadro 2.5. Distribución del ganado vacuno total
por región, en porcentajes (1974-2002)**

Provincia / región	En porcentajes		Variación del Stock de ganado vacuno en % (1974-2002)
	1974	2002	
Región Pampeana	**80,2**	**76,5**	**-16,2**
- Buenos Aires	38,9	36,8	-16,8
- Córdoba	15,1	12,6	-26,8
- Entre Ríos	8	7,8	-13,8
- La Pampa	5,4	6,5	3,0
- Santa Fe	12,8	12,8	-12,0
Región noroeste	**3,6**	**3,6**	**-12,9**
Región cuyana	**2,5**	**3,0**	**8,0**
Región Patagónica	**1,5**	**1,9**	**11,5**
Región noreste	**12,2**	**15,0**	**8,2**

Fuente: Basualdo y Arceo (2006).

**Cuadro 2.6. Distribución del ganado vacuno total
por tamaño del rodeo (1988 y 2002)**

Distribución de Ganado por tamaño de reodeo, 1988-2002						
Escala de tamaño del rodeo Cabezas	Censo 1988		Censo 2002		EAPs	Cabezas
	EAPs Cantidad	Cabezas Cantidad	EAPs Cantidad	Cabezas Cantidad	Var % 02-08	Var % 02-08
Hasta 200	171.933	9.376.624	119.899	7.000.335	-30,3	-25,34
201-500	30.651	9.666.709	28.271	9.055.079	-7,8	-6,33
501-1000	11.721	8.147.315	8.521	5.960.642	-27,3	-26,84
1001-2000	5.307	7.305.083	6.125	8.409.901	15,4	15,12
2001-4000	2.182	5.963.028	2.668	8.594.062	22,3	44,12
Más de 4000	847	5.645.257	827	5.513.246	-2,4	-2,34
Total	222.641	46.104.016	166.311	44.533.265	-25,3	-3,41

Fuente: Santarcángelo y Fal (2009).

La industria de la carne se caracteriza por un bajo nivel de inversión (c. 14%), por la ocupación de mano de obra intensiva y porque produce con poco valor agregado. El mercado de las carnes es el elemento clave que determina el proceso de industrialización. En estas condiciones, la oferta de ganado bovino adquiere importancia, debido a que resulta un producto con poca capacidad de proporcionar reservas que actúen como estabilizadoras, por tratarse de una actividad que presenta un comportamiento cíclico.

Dicho comportamiento aumentó sus fluctuaciones con el paso del tiempo; el lapso de liquidación ha resultado más corto que el de retención, con las consecuencias que ello implica, ya que la recuperación de vientres y la restructuración del rodeo necesitan de dos a dos años y medio. Por otra parte, la oferta de ganado responde a un ciclo estacional, aunque desde las últimas dos décadas los problemas generados en el ciclo se compensaron parcialmente con la adopción del engorde a corral.

CAPÍTULO 3. LA FIEBRE AFTOSA: UN PROBLEMA SECULAR. ¿CUESTIÓN ESTRUCTURAL DE LA GANADERÍA VACUNA?

1. A manera de introducción: el problema en perspectiva histórica

La fiebre aftosa ha sido un condicionante importante en el desarrollo de la ganadería bovina en la República Argentina, porque más allá de la epidemia en sí, generó problemas a nivel económico, comercial y político durante casi cien años. Los primeros contratiempos se verificaron durante la década de 1920. Esta larga convivencia de la enfermedad con la producción vacuna argentina contribuyó al retroceso y decadencia de la capacidad exportadora de carnes, que pasó de abastecer el 62% del comercio mundial en 1924-1928 al 5% a fines de los años 1990.

Los antecedentes más antiguos de la fiebre aftosa se remontan al año 1870, cuando el entonces presidente de la Sociedad Rural Argentina, Enrique Olivera, denunció los primeros casos en Lomas de Zamora y Flores (Pecker, 2007); José Hernández aludió en 1882 a la presencia de diversos focos en la campaña bonaerense. En 1900 –al producirse la primera gran epidemia–, se sancionó la Ley n.º 3959 de Policía Sanitaria de los Animales, que advirtió sobre la aftosa e indicó medidas contra la enfermedad, reconocida por el gobierno en 1910, cuando se desató el segundo gran brote epidémico.

En ese momento, el decreto del 31 de mayo declaró infectada la zona del Litoral. Las medidas propuestas fueron: 1) el aislamiento de la región (incluyendo la Mesopotamia, norte de Santa Fe, Chaco y Formosa); 2) la aplicación de cuarentena para la salida de animales, personas y vehículos que no se hubiesen desinfectado; 3) el establecimiento del control de la comercialización de la leche; y 4) el dictado de medidas específicas para los establecimientos que tuviesen los rodeos infectados. El foco se había iniciado unos meses antes en el todavía territorio nacional del Chaco Boreal (actual provincia de Formosa) a través de la llegada de animales enfermos desde el Paraguay, infectados a su vez por ganado brasileño, lo que demostró por primera vez la potencialidad del contagio por fronteras permeables.

El reconocimiento por parte de las autoridades oficiales llevó a la aplicación de las primeras medidas de lucha contra la enfermedad; y más allá de ser elementales, se logró reducir la expansión de la epidemia sin poder evitar que ella atacara rodeos bonaerenses afectando el comercio ganadero y la producción de leche. Por primera vez, la prensa se hizo eco de los daños causados. La epidemia se repitió durante los años 1912, 1913 y 1914 con focos distribuidos en gran parte del país, pero causando cuantiosas pérdidas en la mayor provincia ganadera: Buenos Aires. Ya por esos años se pudo comprobar la reinfección de los animales y quedó demostrada la variedad de virus que atacaba el ganado. La situación se profundizó en los años siguientes, lo que obligó a suspender la Exposición Rural de Palermo en 1918 y presentó problemas en la del año siguiente.

Desde los comienzos, la enfermedad mostró un comportamiento epidemiológico característico: 1) diferencias regionales; 2) marcada estacionalidad; 3) evolución que acompañaba el movimiento de los animales (Pizzi, 1998). Asimismo, la reiteración de los brotes demostró que la Argentina presentaba un campo excepcional para la aparición de la fiebre aftosa, ya que por la enorme cantidad de animales, criados de acuerdo con el sistema extensivo y con un permanente traslado de los rodeos, contribuía a la cronicidad de la enfermedad.

En los comienzos, como la aftosa no mataba a los animales y después de varios meses se curaba sola, nadie reparó en las grandes pérdidas económicas producidas por el retraso de casi dos meses en el crecimiento de los animales, las pérdidas en el peso y su repercusión en la actividad lechera. En este tipo de producción fue donde se produjo la primera y mayor toma de conciencia.

En 1920 se organizó en Buenos Aires un Congreso Internacional sobre la Fiebre Aftosa, a partir de las iniciativas de la Asociación Nacional de Lechería, en el que participaron doce países, tanto americanos como europeos, que llegaron a conclusiones de distinto tipo. Además de los controles de políticas propuestos, se instó al país anfitrión a crear un Instituto Internacional de la Fiebre Aftosa, que se financiaría con aportes de los países participantes y en el que se incluiría una Oficina Sanitaria Internacional, encargada de realizar investigaciones para combatir la aftosa. Lamentablemente, como muchas otras iniciativas, esta quedó en la nada. De tal forma, el desinterés argentino soslayó el problema y con ello, la posibilidad de disponer de una posición más ventajosa a la hora de influir en las decisiones relacionadas con los mercados internacionales.

Durante la década de 1920, la enfermedad se presentó con regularidad, año tras año; el cuadro era el mismo: mostraba un pico estacional entre el fin del invierno y el comienzo de la primavera y atacaba con mayor intensidad en aquellas regiones donde la densidad del ganado era más alta.

Los inconvenientes se trasladaron al Reino Unido al dificultar la producción de los propios *farmers* británicos, debido a la importación de carnes aftósicas provenientes de la Argentina. Ello obligó a la Cámara de los Comunes a debatir el tema y le dio al gobierno inglés la chance de obtener notables ventajas de la situación, ya que la carne proveniente de países con aftosa tenía menor precio en el mercado internacional, y las restricciones a su recepción por terceros mercados le permitía, además, estar siempre bien abastecida.

De todos modos, con el objetivo de tranquilizar su frente interno, representantes de los gobiernos británico y argentino llevaron a cabo una serie de "acuerdos silenciosos", cuyo fin no fue arreglar el problema, sino influir en la opinión pública británica. Esa fue la razón por la cual el tema se discutió en los Comunes, que publicitó una serie de medidas a imponerse al gobierno argentino, únicamente para contentar a sus granjeros (Pizzi, 1998).

La Casa Rosada dio garantías a las peticiones inglesas asegurando que las carnes de exportación no provendrían de los rodeos infectados. De acuerdo con una resolución del 27 de abril de 1927, el Ministerio de Agricultura dispuso la observancia de 30 días de cuarentena en los establecimientos infectados, y por un nuevo decreto de octubre de ese año, se obligó a los establecimientos agropecuarios que enviaban carnes a los frigoríficos exportadores a presentar un certificado sanitario. Además de asegurar otras medidas, se formularon compromisos para mantener la higiene de los transportes y la revisión sanitaria del ganado para exportación. En esas condiciones, el gobierno inglés redobló sus requerimientos y la Argentina aceptó. Para darle mayor peso a los "acuerdos", Gran Bretaña decidió el envío de una misión político-técnica, encabezada por un miembro de los Comunes, el secretario parlamentario Charles Bathurst, primer barón de Bledisloe, quien arribó al país al iniciar 1928.

Después de analizar la realidad argentina y establecer las diferencias con su país en cuanto a la forma de producción, ambos gobiernos firmaron lo que se conoce como el *Acuerdo Bledisloe*, que incorporaba una serie de normas sanitarias para las carnes de exportación a los mercados británicos. En realidad, se trató de un "compromiso de honor" más que de un verdadero plan que diera resultados para la disminución de la aftosa. Al respecto, Juan Carlos Pizzi sostiene que "el Acuerdo servía muy bien a intereses políticos del gobierno inglés para acallar a los *farmers* británicos en su campaña contra las importaciones de carne argentina" (Pizzi, 1998: 170).

2. Los primeros intentos de lucha contra la aftosa en la República Argentina

Durante las décadas de 1940 y 1950, los gobiernos argentinos tomaron una serie de medidas para combatir el virus. En 1942, un brote aftósico que atravesó varios estados sudamericanos obligó a las autoridades sanitarias nacionales a modificar los servicios para combatir la enfermedad; a través de la promulgación del Decreto n.º 5153, se planteó la ineludible necesidad de contar con la colaboración de los ganaderos para que actuaran de común acuerdo con las autoridades sanitarias.

Se les solicitó que no trasladaran animales enfermos, para evitar el contagio de otros rodeos; propuso, además, la necesidad de coordinar y unificar los distintos decretos dictados hasta la fecha, sobre la base de la Ley n.º 3959. Estableció la denuncia obligatoria e inmediata sobre "la aparición, existencia o sospecha" de aftosa en los establecimientos ganaderos, lugares de exposición, venta o tránsito de ganado. Fue obligatoria la intervención de los veterinarios oficiales regionales para certificar sin excepciones la sanidad de los animales, tanto en las explotaciones como en los que se enviaban a los frigoríficos (Pecker, 2007).

Uno de los problemas planteados fue el referido a la imposibilidad de realizar la certificación in situ; por lo tanto, se reemplazaría por una declaración jurada. Dicha certificación cumplió todas las reglas para las carnes destinadas al mercado inglés, pero dio pobres resultados en cuanto a los animales restantes.

La dimensión del problema condujo a varios laboratorios productores de vacunas antiaftósicas a instalarse en el país a comienzos de la década de 1940 y a difundir mediante campañas publicitarias la entrada de sus productos en el mercado argentino.

El presidente Perón invitó en 1948 al Dr. Otto Waldmann, conocido como "el padre de la vacuna antiaftósica". Su instalación en el país pareció abrir posibilidades más serias para afrontar la lucha contra la enfermedad. Desde el comienzo, su visita generó roces con los laboratorios e incluso puso de manifiesto una serie de errores y carencias de las políticas oficiales. La situación se tensó en 1950 al hacer el huésped una crítica profunda a los planes implementados hasta entonces, que habían finalizado con un rotundo fracaso. Le dio poca importancia al tema del aislamiento e hizo hincapié en el tema de la vacunación.

En opinión de Waldmann, la falta de vacunas y la incapacidad para producirlas harían fracasar cualquier proyecto. Sin embargo, era posible realizar vacunaciones obligatorias en las zonas de mayor densidad. Propuso la vacunación en anillo en torno de ciertos rodeos.[19] Analizó con su equipo los distintos tipos de virus que habían ido apareciendo a través de los años, de los que se habían aislado tres tipos debido a su capacidad de mutación. El especialista también exigió resolver el faltante de estadísticas y datos precisos, y en cuanto a la vacuna, su opinión resultó tajante: su producción y control debía quedar bajo la responsabilidad estatal y la administración debía hacerse cargo de la lucha contra la aftosa.

---

[19]   Vacunación en anillo: es aquella que se practica en una zona determinada, alrededor de un foco de animales infectados o bien de manera prevenida.

Las respuestas que obtuvo fueron totalmente negativas; hubo críticas al control oficial, a la vacunación en anillo y solo se aceptó la vacunación de los animales en tránsito. Como consecuencia de los permanentes desacuerdos, Waldmann y su comitiva regresaron a Europa (Pizzi, 1998). Sin embargo, no todas las partes interesadas en la lucha contra la epizootia hicieron oídos sordos: algunos funcionarios, con el apoyo de grupos de ganaderos, comenzaron a realizar pequeños planes piloto. Los primeros se llevaron a cabo entre 1953 y 1957 en distintas zonas del país con el objetivo de crear conciencia sanitaria sobre las ventajas de la vacunación.

Estos planes comenzaron en Entre Ríos en 1953 con una vacunación controlada y aplicada en tres etapas: marzo, julio y diciembre. Se eligió esa provincia al encontrarse afectada por un extenso brote. La vacuna se demostró eficaz cuando reunía la potencia necesaria y se aplicaba con seguridad en los períodos prescriptos. Entre 1954 y 1955, otro plan piloto se inició en la zona de Rafaela, provincia de Santa Fe, ya que además de ser un ámbito ganadero por excelencia, era un núcleo concentrado de producción lechera. Los resultados fueron buenos, ya que el ganado se inmunizó.

En el bienio siguiente, la experiencia se repitió en una región de producción completa: cría, invernada y tambo. Se eligieron las zonas cordobesas de Santa Rosa de Calamuchita y Río Cuarto. La vacunación la llevó a cabo personal técnico del Ministerio de Agricultura y Ganadería y los resultados no fueron malos, pero se observaron diferencias con las vacunas de tipo comercial utilizadas por los ganaderos. De todos modos, no quedaron dudas de la efectividad de la vacunación, que debía aplicarse masivamente y de manera cuatrimestral. Además, si bien cerca de 20 plantas de producción proveían alrededor de 40 millones de dosis anuales, esta cantidad no respondía

a las necesidades de los rodeos nacionales y menos aun
en etapas críticas. "Sólo restaba una decisión política y
un plan nacional para poner en marcha la campaña de
vacunación" (Pecker, 2007).

Entre las medidas tomadas en esa década, pueden
mencionarse: a) la consideración de que los laboratorios
privados eran capaces de pasar de la producción de 20
millones de dosis a 50 ó 60 millones, cifra considerada
necesaria para un proyecto general e intensivo ; b) la obli-
gación desde 1950 de vacunar todo ganado que ingresara
en la Patagonia; c) la ordenanza para que todos los rodeos
con aftosa se faenaran solo en el Frigorífico Nacional o en
mataderos que contaran con inspección sanitaria oficial
y se destinaran al consumo interno (1953); d) la creación
de la Comisión Asesora Permanente para la Erradicación
de la Fiebre Aftosa, en 1957. Aun así, la idea fundamental
se basaba en la vacunación masiva y obligatoria, a pesar
de las críticas sobre las fallas de la vacuna (Pizzi, 1998).

3. Las campañas de las décadas de 1960 y 1970

El Decreto n.º 8595 del 29 de julio de 1960 creó una
Comisión Asesora Nacional para la Erradicación de la Fiebre
Aftosa (CANEFA), presidida por el Secretario de Estado de
Agricultura y Ganadería de la Nación (SAyG) y compuesta
por un miembro honorario de los organismos que se detallan
a continuación: la Dirección General de Sanidad Animal;
la Junta Nacional de Carnes; las Facultades de Agronomía
y Veterinaria de la Universidad de Buenos Aires y de la
Facultad de Ciencias Veterinarias de la Universidad Nacional
de La Plata; la Comisión Nacional de Administración del
Fondo de Apoyo al Desarrollo Económico (CAFADE); la
Comisión Coordinadora de Entidades Agropecuarias;
Confederaciones Rurales Argentinas (CRA); la Sociedad

Rural Argentina (SRA); la Confederación Intercooperativa-
Agropecuaria; la Junta Intercooperativa de Productores de
Leche; la Secretaría de Medicina Veterinaria y la Cámara
de Fabricantes de Productos Veterinarios.

CANEFA tenía como objetivo organizar el plan de lucha
contra la aftosa; debía solicitar colaboración a organismos
nacionales e internacionales, y establecer la obligatoriedad
de la vacunación masiva del ganado bovino en el país. A
través de un Coordinador, se convertiría en el laboratorio
nacional de referencia y control, con la asunción de la
responsabilidad de tipificar y diagnosticar los distintos
focos que aparecían, así como hacerse cargo del control
de calidad de las vacunas.

Para llevar adelante el programa, el país fue dividido en
diez regiones y se designó a un director y diez inspectores
zonales, en correspondencia con la división mencionada.
El primer plan en el que se utilizó la vacuna antiaftósica
comenzó el 1º de enero de 1961; todos los productores
debían asumir la responsabilidad de vacunar y registrar
la vacunación. El límite sur de las regiones a vacunar lo
marcaban los ríos Colorado y Barrancas. En cada partido, se
constituyó una comisión local integrada por un veterinario
oficial y los representantes de las entidades ruralistas existentes en el lugar. Una vez por mes deberían reunirse para
evaluar la situación sanitaria y proponer, de ser necesario,
el monto de las multas a aplicarse ante el incumplimiento de las normas aprobadas. Se debía llevar un registro
completo de los ganaderos a quienes se les entregaba una
libreta sanitaria en la que se haría constar el número de
animales, los registros de vacunación, los movimientos de
hacienda y actividades conexas.

El tema de las vacunas quedó en manos privadas; la
relación se establecía entre los laboratorios y los productores, que debían acreditar la compra de la vacuna para
poder mover la hacienda. En cuanto al financiamiento, el

mayor aporte recaería en los ganaderos, quienes tendrían a cargo los costos de la vacuna y del proceso de vacunación. Mediante el Decreto n.º 9481/1960 se obligaba a vacunar al norte de los ríos Limay y Neuquén, mientras el Decreto n.º 10569/1960 declaraba la región ubicada al sur del río Colorado como zona libre de aftosa sin vacunación; todo animal que ingresara en la zona debía hacerlo acompañado por el respectivo certificado de aplicación de la vacuna.

El proceso se inició con mucho entusiasmo por parte de los productores y del Estado, pero como se necesitaba la aprobación de la SAyG para la vacuna, y su laboratorio de control se inauguró recién en junio de 1961, los primeros resultados no fueron los que se esperaban: cerca del 17% de los animales vacunados se enfermaron. El problema central era la pérdida de inmunidad que se producía alrededor de los 90 días posvacunación, de manera tal que los cuatro meses calculados en un principio no se cumplieron, ya que la vacuna no garantizaba dicho lapso inmunitario (Pecker, 2007).

Todo ello hace pensar que el principal problema residía en la calidad de la vacuna, ya que a estas alturas se producía en 50 millones de dosis. En junio de 1961 se inauguró el Laboratorio de Referencia y Control, lo que a pesar del fracaso era un avance notable. Otro problema acuciante era la falta de datos fidedignos, que no presentaba ninguna información certera sobre el número de cabezas vacunadas, incluso sobre el número real de cabezas existentes.

En estas circunstancias, los enfrentamientos entre los ganaderos y los representantes del Estado fueron cada vez más duros. La situación se mantuvo estable con cerca de 5.000 focos de infección; si bien los números habían bajado, la enfermedad y el contagio permanecían latentes. La CANEFA fue diluyendo su actividad y su importancia. Por otra parte, los productores se enfrentaron en torno de la importancia de la vacuna como medio para inmunizar el ganado y erradicar la aftosa. Aun entre los ganaderos que habían apoyado el proyecto, se suscitaron profundas discusiones sobre la capacidad de la vacuna para inmunizar a los animales.

Un nuevo decreto, el n.º 6134, promulgado el 21 de julio de 1963, planteó la necesidad de centralizar y coordinar en la Dirección General de Sanidad Animal (DGSA) –con la cooperación de las entidades que agrupaban a los ganaderos– la organización y puesta en marcha de los futuros planes antiaftósicos, dada la necesidad de contar con un organismo concentrador de la información y las técnicas de diagnóstico. En su primer artículo, el decreto dispuso la creación del Servicio de Luchas Sanitarias bajo la órbita de la DGSA, que a su vez dependía de la Secretaría de Agricultura y Ganadería. El nuevo organismo se encargaría de proyectar y aplicar las tareas de prevención contra las enfermedades que atacaran el ganado, además de controlar la calidad de los productos veterinarios.

La estructura del organismo quedó conformada de la siguiente manera: 1) un Consejo Consultivo Nacional; 2) una Comisión de Administración de Programas Sanitarios; 3) un cuerpo técnico de aplicación; y 4) comisiones locales de lucha. A partir de entonces, se disolvieron la CANEFA y varios organismos de control sanitario. Este planteo centralizador tendió a evitar la superposición de funciones en la batalla contra las enfermedades, especialmente contra la aftosa, que costaba al país y a los ganaderos enormes pérdidas materiales y conspiraba contra la estabilidad de los mercados.

La tendencia centralizadora se completó con la incorporación de un cuerpo profesional con dedicación exclusiva, elegido por concurso, cuyo objetivo era asegurar la total dedicación, la idoneidad y la completa responsabilidad de quienes encararían una tarea considerada prioritaria para la economía nacional. El Servicio de Luchas Sanitarias (SELSA), aun ocupándose de otras epidemias, se dedicó principalmente a la lucha contra la aftosa, por la importancia socioeconómica y política que esta epizootia iba adquiriendo.

La nueva agencia pública profundizó los planteos de la CANEFA, al obtener mayor presupuesto, y dio prioridad a otras áreas y a nuevos recursos técnicos. En el año de su creación, se ampliaron las zonas de vacunación obligatoria, que cubrieron alrededor del 90% del territorio nacional. Dos años después, el Decreto n.º 735 obligó a vacunar todo el ganado bovino al norte de los ríos Colorado y Barrancas.

Si bien las cifras del SELSA mostraron una vacunación de más del 80% del ganado para octubre de 1965, la cantidad de focos protocolizados no mostraron un descenso importante de la enfermedad, ya que la relación entre la tasa de vacunación y cantidad de focos aftósicos no se correspondía con el aumento de la vacunación; y la mayoría de los focos se mantenía casi sin variantes en gran parte de las provincias de mayor producción ganadera: Buenos Aires (con mucho, la situación más conflictiva), Santa Fe, Córdoba y La Pampa. La nueva campaña de vacunación no dio los resultados esperados e incluso se incrementaron los focos en 1967, cuando llegaron a un total de casi 6.400.

A ello se agregó un inesperado problema al conocerse "una mortandad de vacunos que en pocos días había ocasionado la pérdida de aproximadamente 300 animales en una estancia próxima a Tierra del Fuego". Entonces se llegó a la conclusión de que el brote estaba localizado solo en la especie bovina y en un solo establecimiento, por lo que se pensó en un fenómeno único y localizado vinculado con los aparecidos en Uruguay (Pizzi, 1998).

En esa oportunidad, las autoridades actuaron con rapidez, sacrificaron los animales con el rifle sanitario y los enterraron en fosas para evitar la expansión del contagio. A diferencia de ocasiones anteriores, se dio amplia difusión al caso, pero afectó el accionar de la Comisión

Argentino-Norteamericana que estaba trabajando sobre el tema sanitario, al demostrar la labilidad de nuestras fronteras frente al avance de la enfermedad.

Muchos productores, especialmente los invernadores y los que además manejaban tambos, hicieron sentir sus quejas, porque la obligatoriedad de la vacunación no solo no les resolvía problema alguno, sino que incluso les generaba enormes pérdidas. La vacuna de aplicación cuatrimestral que se utilizaba no garantizaba la inmunidad para el período fijado. La pérdida de los productores ya no solo estaba determinada por el retraso en la adquisición del peso del ganado, sino también por la erogación hecha para adquirir vacunas cuyo resultado era pobre o nulo. Ello derivó en enfrentamientos cada vez más duros entre los productores y Servicio Nacional.

Con el fin de colaborar con la campaña se creó la Fundación Argentina de Erradicación de la Fiebre Aftosa, organización que desde el ámbito privado prestaría ayuda contra la epidemia virósica más importante sufrida por la ganadería argentina, en especial por la presión sentida en los mercados exteriores, donde avanzaban las ventas de los países pertenecientes al circuito no aftósico.

En 1970, el Ministerio de Economía dictó la Resolución n.º 1374 que creó la Comisión Mixta de Lucha contra la Aftosa, con el fin de trabajar de manera conjunta e intensiva todos los aspectos involucrados con la enfermedad, en un área restringida en la que se pondría en marcha un plan de vacunación para medir y analizar los resultados. Pecker (2007) opina que "los cambios políticos de 1973 permitieron poner en evidencia los verdaderos problemas de las campañas de vacunación en la Argentina. La realidad quedó al desnudo cuando se dispuso el reemplazo de las autoridades del SELAB (Servicio de Laboratorio)".

En 1972, a los 30 días de la vacunación del mes de junio, aumentó el número de focos con la participación de los

144 LAS PENAS Y LAS VAQUITAS

tres virus conocidos hasta ese momento. Las dificultades residían en que el nivel de los anticuerpos no sobrepasaba los 80 ó 90 días de inmunidad. A partir de ese momento, el ganado quedaba expuesto a contraer la enfermedad. La Resolución n.º 46 del SENASA modificó los controles de las vacunas y recomendó el aumento de la carga viral, tal como se practicaba en Europa

Para profundizar la medida, el Decreto-Ley n.º 19750/73 dispuso los fondos y la contratación de expertos. La nueva Comisión se integró de la siguiente manera: el Servicio Nacional de Sanidad Animal (SENASA); el Instituto Nacional de Tecnología Agropecuaria (INTA); la Fundación Argentina de Erradicación de la Fiebre Aftosa (FADEFA); las facultades de Veterinaria de las universidades de La Plata y Buenos Aires y la Asociación Argentina de Consorcios Regionales de Experimentación Agrícola (AACREA). Con el fin de medir los resultados, se decidió la aplicación del "Plan Experimental", conocido como "Plan Hipólito Irigoyen", iniciado en Henderson, provincia de Buenos Aires. Se fijó un lapso que comenzó a regir desde el 1° de enero de 1974 y se extendió hasta el 31 de diciembre de 1976 (Pecker, 2007).

La vacunación comenzó con rapidez a través de las siguientes medidas:

1. la participación de agentes oficiales;
2. el transporte, la conservación y el manejo del material técnico hasta los depósitos, excluyó todo tipo de participación privada;
3. la vacunación del ganado porcino y caprino fue obligatoria;
4. la revacunación en un lapso de 72 horas de todo animal ingresado en la zona de experimentación también adquirió carácter obligatorio;
5. la imposición de cuarentena en los establecimientos de destino de toda la hacienda ingresada en la zona experimental, durante diez días.

Además fijó normas para la desinfección del transporte, la obligatoriedad de vacunar en anillo ante la aparición de cualquier foco, el control de los remanentes de ferias en la zona experimental, y el análisis de los tipos de virus aparecidos, entre otras medidas. Los resultados del primer intento no fueron tan halagüeños como para extender el plan a otras áreas, aunque los niveles de la enfermedad fueron menores que en otras zonas. En líneas generales, los brotes, el ciclo de la enfermedad y la protección de la vacuna no lograron superar los dos meses de inmunidad, lo que probaba definitivamente el problema de la calidad y tipo de la vacuna.

La admisión de vacunas de baja potencia aprobadas en las reglamentaciones anteriores fue modificada por Resolución n.º 305/1977, aceptando la inclusión de vacunas con mayor carga virósica, a los efectos de permitir la superación de los dos meses promedio de inmunidad. Se analizaron los distintos virus que iban mutando a través de cultivos y se controló estrictamente la calidad de las vacunas, solo comercializables si estaban envasadas, lo que generó mejores resultados. Estas medidas permitieron en la década de 1980 reducir la cantidad de focos de aproximadamente 6.000 a 1.200 (Pecker, 2007).

Sin embargo, no se pudo controlar la distribución de la enfermedad, ni los tipos de virus que aparecían, ni prever la aparición de los focos. La vacuna utilizada hasta el momento era de tipo acuoso, mientras las utilizadas en México y Estados Unidos se hacían sobre una base de hidróxido de aluminio. En la República Argentina, la menor exigencia respecto de las vacunas acuosas, la falta de eficacia inmunitaria y la mutación virósica generaron desconfianza en los productores, que poco a poco dejaron de utilizarlas.

Uno de los principales problemas con el que se enfrentaban los expertos era la mutación de los virus, que con su aparición inhabilitaban la utilización de una vacuna general, aunque desde los años 1980 cada una de las mutaciones fue incorporada a las respectivas vacunas. A todo ello se debía agregar el tema de las vacunaciones parciales y de los animales mal vacunados.

4. El trabajo de revisión

Los profesionales que habían trabajado hasta entonces no tenían dudas sobre la importancia de la vacuna como solución para poner fin a la epidemia en el país. Otros Estados habían logrado mayores remisiones de la enfermedad usando vacunas con mayor carga viral y un proceso de vacunación masivo y responsable. Los resultados logrados en los años siguientes no fueron el producto de una legislación especial, sino la revisión de todo lo actuado, tanto en lo estratégico como en lo tecnológico. En este último aspecto, el punto de inflexión lo marcó la aparición de la vacuna oleosa, que permitió enfrentar de manera sistemática la expansión y las pérdidas producidas durante casi un siglo.

A finales de los años 1970, el Centro Panamericano de Fiebre Aftosa (PANAFTOSA), dependiente de la Organización Panamericana de la Salud, de manera conjunta con el Centro de Enfermedades Animales de *Plum Island*, dependiente del Departamento de Agricultura de los Estados Unidos, demostraron que la vacuna oleosa producía un mayor y más prolongado efecto inmunitario. La prueba fue realizada en Brasil a comienzos de 1972 y permitió verificar las posibilidades de este nuevo tipo de vacuna de adyuvante oleoso.[20]

---

[20]   Adyuvante: sustancia que administrada con un antígeno aumenta de forma inespecífica la respuesta inmunitaria a él.

El esquema utilizado para la vacunación se basó en la aplicación de una dosis cada seis meses hasta que los animales cumplieran dos años, y luego la posibilidad de una revacunación por año a través de una única dosis. El INTA realizó varios experimentos de laboratorio en la provincia de Chubut para comparar las posibilidades de la vacuna acuosa con las de la oleosa; los resultados demostraron la notable capacidad inmunológica de esta última, a los seis meses de inyectada. Después de un trienio de pruebas, se inició en PANAFTOSA su desarrollo semiindustrial y se firmaron convenios con los laboratorios regionales de los países sudamericanos, entre ellos, con el SELAB y el SENASA, en la República Argentina.

La primera experiencia nacional se realizó nuevamente en la zona de Henderson, entre los años 1976 y 1981, y demostró la superioridad inmunológica de la nueva vacuna frente a la de adyuvante de hidróxido de aluminio. En el año 1983, un brote en el noroeste de Río Negro y en Carmen de Patagones (provincia de Buenos Aires), con el peligro que presentaba el contagio, obligó a dictar la Resolución n.º 665, por la que el SELSA se ocupó de manejar el caso con la obligatoriedad de una inoculación bianual, desde abril de ese año, con la nueva vacuna provista por el Centro Panamericano de Fiebre Aftosa.

Tras la primera etapa, se siguió con el mismo tipo de vacunación, pero provista por un laboratorio argentino que había comenzado su producción. El control y evaluación de la campaña demandó un enorme esfuerzo tanto humano como económico. Antes de cada vacunación se realizaba un muestreo serológico. Entre el muestreo de la primera prueba y el que se realizó antes del quinto período de vacunación, las respuestas fueron excelentes. Se redujeron los focos y se aumentó la carga inmune de los animales, lo que permitió corroborar: 1) la existencia de una vacuna confiable; 2) las posibilidades que ofrecía la aplicación efectiva realizada por agentes oficiales del SENASA; 3) la necesidad de respetar estrictamente los lapsos de revacu- nación. A partir de esta experiencia, se pudo pensar en la erradicación definitiva de la aftosa en el país.

El Centro Panamericano de Fiebre Aftosa siguió con sus experiencias para imponer la utilización de la vacuna oleosa y produjo abundante material bibliográfico para el conocimiento de los expertos. Conjuntamente con estos trabajos, se realizaron cursos –denominados PROASA– en distintos países, incluido el nuestro, a través de convenios. La información acumulada sobre el comportamiento de la epidemia permitió abordar temas como las características de la epidemia, los ecosistemas en los cuales se producía y las formas de dicha producción.[21]

Así, se tipificaron los siguientes ecosistemas:

a) zonas endémicas, donde los brotes se presentaban en forma persistente en el tiempo, con diferentes distri- buciones durante el año;

b) regiones paraendémicas, donde la aftosa se presentaba esporádicamente, con largas ausencias;

c) zonas libres, donde la presencia de los brotes era nula.

Las primeras fueron subdivididas en endémicas prima- rias, correspondientes a los campos de cría, y secundarias, que afectaban los de invernada. Las regiones paraendé- micas se dividieron en puras y de alto riesgo; mientras las "zonas libres" eran las que se ubicaban al sur del paralelo 42.

Para la experiencia que se realizaría en nuestro país, después de determinar la extensión y límites de los ecosis- temas, se eligió el departamento de Federación, en Entre Ríos. Tenía como objetivo demostrar las posibilidades de

---

[21]   Ecosistema: es un sistema natural que está formado por un conjunto de organismos vivos (biocenosis) y el medio físico donde se relacionan (biotipo).

inmunización sistemática oficial con la utilización de la vacuna oleosa, ya que la región presentaba un ecosistema endémico con actividades conjuntas de cría e invernada. La experiencia se llevó a cabo en 1986 y el operativo duró 44 días. Fueron demarcadas 180.000 hectáreas, se involucró a 313 productores y 97.978 animales. Los resultados, al ser comparados con las regiones vecinas a la experimental, demostraron que estas últimas zonas se infectaron 4.5 veces más (Pecker, 2007). Costó mucho aprobar el plan presentado en el Ministerio de Economía en 1985, al poner trabas los laboratorios que producían la vacuna.

5. Las campañas posteriores

Las últimas experiencias realizadas habían confirmado:
1. que el uso masivo y sistemático de la vacuna oleosa demostraban su efectividad;
2. que la vacunación debía realizarse bajo estrictos controles a lo largo del desarrollo total del proceso;
3. que había que utilizar la nueva caracterización epidemiológica a través de los ecosistemas de acuerdo con las formas productivas;
4. que se podía certificar con pruebas el resultado de las experiencias de campo llevadas a cabo en el país.

Todas estas experiencias se aprovecharon para implementar el Plan 1987/92. Para los expertos, no quedaban dudas de que la vacunación oficial permitiría desarrollar una campaña segura contra la aftosa. En estas condiciones, se tomó la decisión de iniciar una experiencia mensurable con el objetivo posterior de llevarla a otras regiones y eventualmente al resto del territorio nacional. Esta vez la elección recayó sobre el partido de Ayacucho, en la provincia de Buenos Aires.

De acuerdo con las caracterizaciones zonales realizadas en los años 1983-1984, la cuenca del río Salado fue definida como el ecosistema endémico más representativo del país. Era una zona de cría e invernada, que además incorporaba en forma intensiva la explotación lechera y presentaba asimismo una alta densidad bovina. Se trataba de un espacio crítico para la aparición y distribución de focos aftósicos, con un alto ingreso de animales a los campos de invernada, y cuyo destete exhibía una marcada concentración estacional.

Para poder medir los resultados –dado que se utilizaría la vacuna de adyuvante oleoso, cuya producción en el país no cubría regiones amplias–, se optó por trabajar sobre un área de menores dimensiones para luego pasar a la totalidad de la cuenca. Al inicio de la experiencia, el partido de Ayacucho abarcaba 678.500 hectáreas, 1.350 productores y 459.977 cabezas de animales, de acuerdo con los datos aportados por el último registro de vacunación disponible. La propuesta era vacunar durante tres años de manera sistemática con vacuna oleosa (Pecker, 2007).

El proyecto diseñado a partir de comienzos de 1987 consideró los siguientes aspectos:

- lograr una vacunación total, con la participación de vacunadores oficiales en los períodos en los que se trasladaban los rodeos;
- asegurar que todo el ganado vacuno salido de la zona de prueba lo hiciera con dos vacunaciones del tipo oleoso;
- tratar de que el plan resultara autofinanciable para no agregar mayores costos al Estado;
- poder transferirlo al resto de la cuenca del río Salado.

El SELSA acordó una serie de pautas que debía sostener el proyecto y convocó a las autoridades del INTA/Balcarce y a las del Ministerio de Asuntos Agrarios de la provincia de Buenos Aires para explicar las características de la experiencia e invitarlos a participar en ella. La propuesta fue aceptada y los profesionales se distribuyeron los roles dentro de la organización. La fecha de inicio de la vacunación se fijó para el 1° de octubre de 1987 contando con un tiempo apropiado para formar el plantel de vacunadores, programadores y administrativos.

Uno de los temas importantes para el éxito de la experiencia era lograr que los principales actores sociales –los ganaderos– se involucraran en ella, ya que tenían sus intereses comprometidos con la erradicación de la enfermedad, pero también tenían que asumir los gastos de las vacunas y de su aplicación. El SENASA y el Ministerio intentaron que las asociaciones de ganaderos la apoyaran.

Con este fin, tanto los productores como las asociaciones que los nucleaban debían recibir información a la brevedad. Se decidió que todas las escuelas de Ayacucho, tanto rurales como urbanas, conocieran los datos y los alcances de la experiencia. Además, urgía una solución, ya que la Comunidad Económica Europea había decidido un nuevo régimen sanitario a partir de 1992, algo que ponía en riesgo las exportaciones de carnes argentinas.

Era necesario realizar pruebas serológicas en el área elegida y en algunas zonas vecinas antes del comienzo de la primera vacunación. El ingreso del ganado proveniente de regiones extralimítrofes de la experimental sería tratado con una vacuna oleosa cuya inmunidad se garantizaba por seis meses y su aplicación no debía pasar más allá de las 96 horas de su entrada al área de prueba. También se estableció que los bovinos salientes de Ayacucho hacia otros partidos serían tratados con vacunas que garantizaban cuatro meses de inmunidad, e inyectados diez días antes de abandonar la región, durante el primer año del proyecto; al año siguiente, solo se vacunarían los terneros menores de un año en las fechas previstas.

Se confeccionó un registro completo de productores, se trazaron mapas zonales y los datos se procesaron por computadoras. Se llevaron a cabo las pruebas virósicas, se planificaron las futuras evaluaciones y el personal técnico que participaba se convocó por concurso, con preferencia para los médicos veterinarios que tenían experiencia en el tema. La coordinación y supervisión de las instancias del plan quedó a cargo del veterinario local del Servicio de Luchas Sanitarias.

El ganado que salía de la zona debía contar con una certificación especial fehaciente (Plan Piloto). Esta medida tenía como objetivo verificar el comportamiento de los bovinos incluidos en el proyecto para poder obtener datos comparativos que permitieran ajustar el conocimiento epidemiológico. Durante los meses de vacunación, los productores podrían mover sus rodeos hacia los mercados de faena, al contar todo el ganado vacuno que se encontraba en dichas circunstancias con un certificado de vacunación indicativo de la procedencia de los animales y el objetivo final de los traslados: el sacrificio.

En los meses que precedieron a las primeras vacunaciones oficiales, los registros mostraron que la existencia de cabezas de ganado superaba la cifra de 600.000 cabezas y en la primera vacunación comenzada en la fecha prevista se vacunaron 713.000 animales (Pecker, 2007). Ello demostró que las declaraciones sobre la existencia de ganado se falseaban desde hacía años. En paralelo a la vacunación, se desarrolló en Ayacucho un curso PROASA sobre vigilancia epidemiológica y uso de la vacuna oleosa, con el fin de capacitar veterinarios de campo que tuvieran responsabilidad en la campaña contra la aftosa y que conocieran todos los aspectos referidos a la nueva medicación.

En el curso, los participantes aportaron estrategias más ajustadas para los diferentes tipos de explotaciones por su conocimiento de las distintas realidades. La metodología y los aportes del proyecto iniciado en 1987 marcaron un hito en la lucha contra la epidemia, que había costado a los ganaderos enormes pérdidas materiales, y al país, el retiro de importantes mercados externos, con su consiguiente merma en la entrada de divisas.

La prensa nacional representada por los diarios de gran tirada se hizo eco de las ventajas del plan.[22] Los más desconfiados resultaron los ganaderos, sometidos a décadas de gastos y fracasos. A efectos de modificar la situación, se realizó una campaña para convencerlos de que no se trataba de un nuevo experimento aislado, sino de un proyecto apoyado en profundos cambios científico-tecnológicos. Incluso se remarcaron los problemas irresueltos por las pruebas anteriores, utilizados como herramientas de diagnóstico para renovar los esfuerzos contra la epidemia. De esta forma, se llegó a pensar aun en la posibilidad de recuperar los mercados externos para las carnes argentinas y sus subproductos.

A los cuatro meses de haber comenzado la vacunación, ya se tenía suficiente información sobre la cantidad real de ganado y sobre el porcentaje de los animales vacunados. Como en casos anteriores, al aplicar estrictamente la normativa se verificó la diferencia entre los datos y el número real de ganado en la región; esto fue más agudo en los registros de vacunación. Ciertas zonas de Buenos Aires, La Pampa y Entre Ríos mostraron mayores diferencias entre lo real y lo declarado, con lo cual quedó claro que se había subvaluado el *stock* ganadero.

En ese momento, los resultados positivos logrados contaron con un mayor apoyo de los productores, a pesar de las protestas por los mayores costos de la nueva vacuna, los gastos operativos y un cierto grado de burocratización en

---

[22]   *Clarín,* 3 de octubre de 1987; *La Nación,* 8 de octubre de 1987; *La Prensa,* 10 de octubre de 1987.

la implementación del proyecto. Sus resultados sufrieron la prueba de fuego en 1988, al aparecer una fuerte epidemia producida por el virus tipo "A" en Brasil, que atravesó el Uruguay y llegó a la pampa húmeda.

En esa ocasión, la zona de Ayacucho registró solo dos focos, en el límite con el partido de Rauch, lo que mostraba que se estaba cerca de una solución definitiva y duradera. Para poder cumplir esta propuesta, se comprometió la colaboración de los gobiernos provinciales. No obstante, restaba un problema que se debía solucionar en el corto plazo: la cantidad y calidad de la nueva vacuna. El SENASA consiguió un compromiso de la comunidad y organizó comisiones zonales en las que los ganaderos se encargarían de los aspectos administrativos, mientras la agencia estatal controlaría el área técnica. También se creó la figura legal de la "Fundación sin fines de lucro" para dar continuidad a los planes en caso de aparecer dificultades presupuestarias y/o complicaciones políticas (Pecker, 2007).

A lo largo del bienio 1988-1989, se llevaron a cabo proyectos en las provincias de la pampa húmeda y, con el consenso de la totalidad de los actores involucrados, se lanzó el "Plan Nacional de la Fiebre Aftosa – Etapa 1990/92", creándose una comisión ejecutiva integrada por las entidades agrupadoras de los ganaderos, oficializada por la Resolución n.º 144/1990 de la Secretaría de Agricultura, Ganadería y Pesca.

El Plan se fijaba en los siguientes objetivos:

a) Regionalizar la lucha contra la fiebre aftosa, de acuerdo con los ecosistemas en los que se desarrollaba la enfermedad y teniendo en cuenta sus características ecológicas y productivas, que influían en la aparición y el desarrollo de la epidemia, en cada región.

b) Conseguir el 100% de la vacuna necesaria con aplicaciones reales a través de agentes oficiales, comenzando por los campos de cría para ir extendiéndola a las demás actividades a medida que la producción de vacunas fuese óptima.

c) Lograr de manera conjunta los recursos materiales y humanos con aportes oficiales y de los sectores privados.

d) Conseguir la autofinanciación del proyecto asignando a los ganaderos la gestión de los recursos.

e) Incorporar a todos los sectores involucrados en las políticas de lucha contra la epidemia.

Asimismo, se definió que los productores pecuarios estarían a cargo de ciertos niveles de decisión, de la administración de los recursos y de su ejecución operativa; participarían los organismos de investigación y los cuerpos técnicos del INTA, las universidades, etc.; los laboratorios se ocuparían bajo la planificación y supervisión del SENASA de la producción de vacunas teniendo en cuenta la cantidad y la calidad; los veterinarios privados se integrarían a los equipos de vacunación oficializados de acuerdo con los distintos niveles de participación programados; y a todos los participantes se les asignarían roles específicos dentro de la estructura de ejecución.

Se determinaron también tres niveles de participación:

a) Nivel Central: la Comisión Nacional de Lucha contra la Fiebre Aftosa (CONALFA), integrada por las cuatro entidades de productores ganaderos; la industria frigorífica; la cámara que agrupa a los laboratorios; el INTA; la Federación Veterinaria Argentina (FEVA); el SENASA y la Cámara de Consignatarios de Hacienda.

b) Nivel Regional: Comisiones Provinciales de Sanidad Animal (COPROSAS), constituida por los consejos y/o colegios de veterinarios; las universidades; las Asociaciones de Productores Agropecuarios; el SENASA; las autoridades provinciales.

c) Nivel Local: Comisiones locales de sanidad animal y
   Fundaciones de vacunación. Este colegiado actuaría
   de acuerdo con un Comité Administrativo formado
   por representantes de las asociaciones de productores
   locales y al que podrían incorporarse productores
   independientes; un Comité Técnico, del que forma-
   rían parte los médicos veterinarios y presidido por
   el veterinario oficial del SENASA para la zona; y un
   Grupo Operativo integrado por personal contrata-
   do, destinado a cumplir las tareas de administración,
   coordinación, programación y vacunación.

El primer nivel establecería las normas para la planificación y ejecución del Plan en todo el territorio argentino.
Se realizarían evaluaciones periódicas y se ajustarían las
estrategias según los resultados de la evaluación general.
Entre las tareas específicas, destacaban la planificación y
las exigencias en la producción de las vacunas, su control
y el de los registros de vacunación.

En el segundo nivel, se realizaría el seguimiento y
adaptación de las estrategias de acuerdo con las características de cada provincia; operaría como nexo entre el
Nivel General y el Local; allí se coordinarían y evaluarían
los resultados de las distintas jurisdicciones.

En el tercer nivel, el Local, realmente se aplicarían las
propuestas de los anteriores. Era el que presentaba mayor
integración de lo público y lo privado y donde el Estado
podría delegar las tareas administrativas y operativas del
programa. Los productores se convertirían en gerenciado-
res, mientras el SENASA se ocuparía de dirigir, fiscalizar y
evaluar los resultados actuando como una policía sanitaria.
Es posible que la faceta más interesante fuera la participación activa de los productores, ya que desde lo económico
asumirían el costo operativo de la vacunación.

El éxito logrado por esta iniciativa demostró la factibi-
lidad de la descentralización responsable, de acuerdo con
las características que presentaba cada región. Para que
un proyecto complejo como la lucha contra la aftosa diera
resultados, la descentralización debía ordenar e incluir a la
totalidad de la comunidad, lo que permitía aumentar las
responsabilidades individuales y colectivas. Seguramente
ciertas relaciones de poder se vieron afectadas, pero los
problemas se pudieron revisar con el objetivo de ajustar
los intereses de la comunidad y del Estado.

El sector público debió asumir el papel de promotor
y orientador del proceso, al ser la figura legal a la que le
corresponde crear espacios de discusión y acuerdos entre
los distintos sectores de la sociedad. Ese papel estuvo representado por los profesionales del SENASA que asumieron
la responsabilidad de conducir el Plan, pero fortalecieron
distintos aspectos de la participación social al actuar como
mediadores ante los conflictos que afectaban los distintos
intereses grupales.

Para ello contaban con su preparación científico-
técnica y con propuestas sustentables destinadas a hallar
soluciones. Resulta claro que en un plan de semejantes
dimensiones el personal especializado y responsable se
encuentra en condiciones de recibir críticas y embates, ya
que sus conocimientos admiten los intercambios de opiniones y las controversias, en pos de soluciones efectivas.

El Estado tiene obligaciones intransferibles, como
el dictado de la normativa, la fiscalización de su cumplimiento y la capacidad de sancionar a quienes no cumplan
con sus cometidos. De todos modos, la experiencia dejó
claramente establecida la importancia de llevar adelante
las evaluaciones en forma conjunta entre los técnicos y los
productores. Según Pecker, los planes nacionales "dictan
políticas y metas mayores, pero deben ser elaborados teniendo en cuenta los problemas, características, e intereses

regionales, para estimular y aumentar la responsabilidad de los diversos actores regionales y locales" (Pecker, 2007: 97).

Si bien la utilización de las nuevas metodologías indicó el camino a seguir, no se lograron todos los objetivos propuestos debido a la carencia de vacunas de adyuvante oleoso, única aprobada por el Servicio Nacional de Sanidad Animal, de uso obligatorio en la totalidad del territorio nacional.

El tortuoso camino que marcó la producción de esta vacuna impidió que el cambio se produjera inmediatamente. Recién en 1987 la Resolución n.º 377 obligó a los laboratorios existentes a reconvertirse para enfrentar el nuevo tipo de producción, que requería materia prima importada. Por su parte, los laboratorios dudaban de la continuidad de las nuevas políticas y retrasaron las inversiones necesarias; también tenían conciencia de que si los planes se aplicaban de manera seria y con continuidad, en determinado momento el negocio se acabaría.

Hasta que se tomó la decisión de utilizar la vacuna oleosa, se producían en el país cerca de 150 millones de dosis anuales que se aprobaban sin problemas, se vendían y cobraban en forma inmediata; pero no existían controles reales ni nadie sabía cuál era la cantidad de dosis realmente aplicadas o cuántas se estropeaban por tener problemas con la cadena de frío, que las inutilizaban.

La aplicación del Plan Nacional, con la seguridad sobre el tipo de vacuna que convenía, lo convirtió en absolutamente dependiente de la oferta que los laboratorios hicieran de la vacuna oleosa, y estos no estaban en condiciones óptimas para producirla. Al aumentar la demanda muy por encima de la oferta, el SENASA quedó habilitado por la Resolución n.º 260/1989 para priorizar el uso del nuevo fármaco en los planes especiales y arbitrar dónde se utilizaban los excedentes. Incluso se deslizó la posibilidad de importar vacunas provenientes de PANAFTOSA. Esta situación incierta se mantuvo en los dos años siguientes, en los cuales si bien la oferta aumentaba, aún no llegaba a cubrir la demanda.

Ante ciertos comentarios aparecidos en la prensa, provenientes de dirigentes pecuarios comprometidos con la erradicación de la epidemia, se tomó la decisión de importar la vacuna. Esta situación nunca se produjo, pero su solo anuncio funcionó como un factor de presión importante sobre la industria de fármacos para la ganadería. La Comisión Nacional de Fiebre Aftosa logró constituir un bloque inquebrantable entre el Estado y los sectores de la producción ganadera. A tal punto llegó la presión sobre los laboratorios, que los sectores ganaderos, a través de sus asociaciones representativas, amenazaron con dejar de inocular con la vacuna acuosa en las zonas endémicas secundarias, hasta tanto no se normalizara la producción de la vacuna oleosa.

En julio de 1992, una resolución suscripta por el SENASA incorporó al Plan Nacional a todos los distritos con sus respectivas comisiones zonales, ubicados al norte de los ríos Colorado y Barrancas. La ampliación llevó a encontrar en el Plan a 267 entes zonales, con la participación de 260.000 productores, pertenecientes a veinte provincias, que incluían 47 millones de cabezas de ganado (Pecker, 2007).

Todavía quedaban fuera algunas regiones de las provincias de Buenos Aires, Santa Fe y Córdoba. Los entes participantes contrataron el personal idóneo para la vacunación oficial, esto agregó los gastos operativos a la erogación representada por la adquisición de la vacuna. Los fondos que se requirieran no serían administrados por el Estado, sino por las entidades de productores; sus contrataciones superaban con creces lo que invertía el Estado, que en general se remitía a los aportes que necesitaba el SENASA.

A pesar de la amplitud del Plan Nacional, a medida que se desarrollaba los resultados mostraban una notable reducción de los focos de infección. Los porcentajes variaban según las distintas zonas, pero en general la reducción se encontraba entre el 75 y el 80%.

En 1993 se consiguió la aprobación de la Ley n.º 24305, que declaró de "interés nacional" la erradicación de la aftosa en la totalidad del territorio argentino; determinó la Comisión Nacional de Lucha contra la Fiebre Aftosa indicando las entidades que la compondrían y convalidando el modelo descentralizador utilizado en la última campaña. También se designó al SENASA como autoridad de aplicación, encargado de las funciones de planificación, ejecución, control y evaluación de las acciones llevadas a cabo. La ventaja de esta norma del alcance nacional fue la convalidación de todas aquellas entidades que se encontraban colaborando con el Plan y que carecían de un marco legal apropiado.

Con el dictado del Decreto n.º 643/1996 se reglamentó la ley, de modo de asegurar la continuidad del Plan Nacional a partir de la estructura armada para la campaña 1990-1992. Los resultados, que terminaron de procesarse a comienzos de 1997, mostraron un país carente de aftosa en la totalidad del territorio. Esta situación epidemiológica se mantuvo en los controles llevados a cabo en los años siguientes; además se pudo actuar con celeridad en los casos sospechosos, con una mejora incluso de la tarea diagnóstica.

En mayo de 1997, la Argentina se presentó ante la Oficina Internacional de Epizootias, solicitando con éxito el estatus de "País libre de aftosa que practica la vacunación". Durante ese año, bajo control del SENASA y con la participación de consultores externos, se llevó a cabo un estudio analítico del riesgo cualitativo de la fiebre aftosa, ya que una de las preocupaciones de las autoridades era el manejo del virus en los laboratorios.

Este tema había decidido al SENASA a establecer, a partir de la Resolución n.º 472 de 1995, estrictas normas de bioseguridad que debían cumplir tanto los laboratorios de diagnosis como los de producción de vacuna. También se tuvieron en cuenta los factores de riesgo provenientes del exterior, que eran capaces de complicar la situación epidemiológica a través de los intercambios fronterizos. Estas dificultades aparecían en las regiones que compartían con nuestro país extensas "fronteras secas" donde era fácil la introducción de ganado enfermo. Se controlaron las actividades que obligaban por distintos motivos al cruce de fronteras (trabajo, comercio, turismo), así como los aeropuertos, los puertos fluviales, los pasos fronterizos y los residuos de barcos y aviones, por la posibilidad de ser derivados a la alimentación del ganado porcino.

Todas las actividades posteriores se encaminaron a lograr que la República Argentina fuera declarada "libre de aftosa sin vacunación", condición lograda en el mes de mayo de 2000. De todos modos, frente a este tipo de virosis resulta obligatorio aportar nuevos estudios, profundizar el trabajo de prevención, revisar el sistema de vigilancia epidemiológica, contar con un fondo de emergencia y un banco de reserva de vacunas y antígenos locales, sin descuidar las tareas de capacitación y difusión sanitaria en todos los sectores.

Dos meses después de logrado el nuevo estatus, en julio de 2000, ingresaron de manera no declarada al territorio argentino, desde Paraguay, animales infectados con el virus de la aftosa. El contrabando de ganado siempre fue una realidad en nuestras fronteras, ya que la diferencia de precios a ambos lados permitió a los grupos contrabandistas y cuatreros hacer sus negocios; incluso el problema podía darse a menor escala, a través de los intercambios de pequeños productores zonales. Ambos casos son igualmente peligrosos en cuanto a la introducción del virus aftósico.

En el tema particular que mencionamos, todas las críticas señalaron la responsabilidad del gobierno nacional, por la política de ocultamiento implementada desde la Secretaría de Agricultura, Ganadería, Pesca y Alimentación, con la complicidad además de algunos sectores que al conocer los primeros casos negaron su existencia y desarrollaron una política de controles basada en vacunaciones encubiertas. El hecho de no haber avisado a la autoridad competente para que declarara la "emergencia nacional", como sí hizo Uruguay, impidió la adopción de las medidas necesarias que se requerían.

Algunos técnicos de la Dirección de Sanidad Animal del SENASA, pertenecientes a las zonas donde apareció la enfermedad, también negaron su existencia, ya que vacunaban de manera oculta; además quitaron rótulos a los frascos utilizados y otorgaron documentos de tránsito a ganado infectado, con lo que facilitaron el movimiento de la enfermedad bajo el amparo de documentación oficial. Este episodio significó un duro golpe económico, ya que a los US$500 millones perdidos por la falta de realización de las exportaciones anuales se agregó la desvalorización del *stock* ganadero y se perjudicó la industria frigorífica (Pecker, 2007). La consecuencia de este cúmulo de irresponsabilidades fue la caída en 2001 a los registros más bajos de exportaciones de los últimos años. Mientras se estaba tratando de conseguir y/o reabrir mercados en el exterior, el golpe del año 2000 no solo paró las negociaciones, sino que además restó credibilidad al país.

La situación epidémica se modificó desde agosto de 2001 al reinstalar el SENASA la vacunación masiva y sistemática de todo el ganado bovino, con la utilización de la misma estructura y metodología que oportunamente había logrado la erradicación de la epidemia. Los casos posteriores ocurridos en alguna provincia del norte y en la Mesopotamia fueron tratados con la premura y las condiciones que cada uno requería, manteniendo la situación general dentro de la normalidad. Sin embargo, después de tantos años de pérdidas y esfuerzos, la Argentina tuvo que volver al estatus de "país libre de aftosa con vacunación", tras haber conseguido, de manera efímera, el rango de "país libre sin vacunación".

En 2001 la Resolución n.º 5 del SENASA implementó nuevamente el Plan de Erradicación de la Fiebre Aftosa cumpliendo un cronograma de períodos consecutivos de vacunación. Entre los objetivos que se propuso, se encontraba lograr el máximo de inmunidad al norte de la frontera del Río Negro y de la totalidad de los animales incluidos en el Programa de Frontera Norte A, para erradicar y evitar la reintroducción definitiva de la enfermedad a través de esa región del territorio nacional. Con ese objetivo, el SENASA se ha hecho cargo del programa mencionado, mientras que en el resto de las regiones se hacen cargo los grupos locales.

En este programa no solo se vacuna el ganado bovino, sino todo aquel pasible de contraer fiebre aftosa (ganados ovino, porcino y caprino). Desde el inicio de la campaña 2001, en cada período de vacunación se ha superado el número de animales vacunados en el anterior.

CAPÍTULO 4. MERCADO EXTERNO Y MERCADO INTERNO: RETROCESO DE LAS EXPORTACIONES, DISPUTAS INTESTINAS, TRANSFORMACIONES PRODUCTIVAS Y CONSUMO DOMÉSTICO

1. Los cambios en el mercado mundial entre 1945 y 1974

Desde que en 1876 llegó a nuestro país el primer barco frigorífico (*Le Frigorifique*) se posibilitó exportar todo tipo de carnes a los mercados extranjeros, especialmente a los europeos. Se realizaron cambios genéticos, se mejoraron los campos de pastoreo, fue utilizado el alambrado para diferenciar los rodeos, se produjo una especialización regional entre cría y engorde, y se instalaron empresas frigoríficas. A partir de principios del siglo XX, la República Argentina fue un gran centro productor de carnes de exportación, preferentemente para el Reino Unido, que en esos años era el principal mercado mundial. Con recursos naturales más pobres e interesada en mantener bajos los costos laborales para permitirle competir con sus productos industriales, que empezaban a sufrir la competencia de otros Estados europeos y con la autosuficiencia del mercado norteamericano, se convirtió en un centro de absorción para aquellas naciones que exportaban materias primas y productos alimenticios.

La relación comercial entre la Argentina y Gran Bretaña creció aceleradamente, de modo que en los años 1920 nuestro país exportaba más del 50% de la carne que se ofrecía en los mercados internacionales, y de esa cifra, Gran Bretaña adquiría el 77%. La crisis de Wall Street (1929) –que por la interrelación de los sectores financiero, comercial y productivo mundial afectó las economías en general– generó problemas en nuestras exportaciones ganaderas y produjo el primer llamado de atención al comercio de carnes en el país. En 1932, la Conferencia de Ottawa, conformada por Gran Bretaña y los Estados que integraban su comunidad (*Commonwealth*), puso un límite a las exportaciones de carnes argentinas a favor de los países que formaban parte de dicho bloque. La intervención del gobierno a través de la misión encabezada por el vicepresidente Julio Roca (h) logró después de una serie de negociaciones la firma del Pacto Roca-Runciman, por el cual se restableció el comercio de carnes, bajo ciertas condiciones.[23]

En ese período, el país presentaba ventajas geográficas y tecnológicas en el sector exportador ganadero. El viaje desde Buenos Aires a los puertos británicos tardaba aproximadamente veinte días, lo que permitía que los frigoríficos colocaran las carnes argentinas en los tradicionales puertos de ultramar en perfectas condiciones enfriadas a un grado centígrado, sin modificaciones en su aspecto y gusto. Las carnes de Oceanía hacían un viaje mucho más largo, por lo que debían enviar embarques congelados; este procedimiento modificaba el gusto y la textura. Por lo tanto, las carnes argentinas gozaban de la preferencia del mercado británico, que en sí mismo coincidía con el mercado mundial (Giberti, 1986).

Así, el gobierno británico, que en 1926 había prohibido el ingreso de reses faenadas provenientes de países europeos con aftosa, hizo una excepción con sus compras en la Argentina teniendo en cuenta la importancia de este

---

[23]   No podemos dejar de mencionar el carácter polémico del pacto citado, pero podemos agregar que dadas las condiciones políticas tras el golpe del 6 de diciembre de 1930, los sectores dirigentes no se planteaban otras alternativas que priorizar la defensa de los grandes terratenientes exportadores.

comercio para su abastecimiento de carnes. Era preferible arriesgarse al contagio que cortar dicha fuente.

En ese mismo año, el Departamento de Agricultura de Estados Unidos decidió el cierre de su mercado para todos los embarques de carnes frescas o refrigeradas provenientes de naciones con fiebre aftosa; de no ser así, se hubieran abierto perspectivas promisorias para el incremento de las exportaciones rioplatenses. Muchos funcionarios y ganaderos interpretaron estas medidas como una estratagema proteccionista en lugar de tomarlas como un hecho verdaderamente sanitario. El gobierno argentino realizó una serie de propuestas, pero la aplicación de la ley fue inflexible a partir de 1927. Dos años más tarde, un brote de fiebre aftosa ocurrido en EE.UU. propició la sanción de la *Tariff Act* del 17 de junio de 1930, más estricta aun que las medidas anteriores; se descartó con toda rigurosidad la importación de cualquier tipo de carne proveniente de los países con fiebre en sus rodeos.

En general, los sectores nacionales involucrados en el proceso de producción y comercialización que tomaron debida cuenta de la medida (generando incluso reclamos diplomáticos) volvieron a atribuir el hecho al uso de políticas proteccionistas por parte del país del norte, con el fin de favorecer a los ganaderos norteamericanos sobre el argumento de la sanidad como barrera paraarancelaria, a efectos de eliminar parte de la competencia extranjera en el mercado. Esta protesta se produjo en previsión de las futuras posibilidades del mercado norteamericano, pero especialmente por el temor de que Gran Bretaña tomara una decisión similar. En los años 1930, Estados Unidos no era un mercado importador de carnes.

La segunda posguerra fue una época de cambios en la estructura del comercio mundial en general y del de carnes en particular. La novedad principal remitió al giro dado por Gran Bretaña en su política de abastecimiento, con el fin de privilegiar su producción interior de carne vacuna. Como muestra de ello, valga la siguiente secuencia: tras haber recibido el 99% de las exportaciones argentinas durante el conflicto bélico entre 1940 y 1944, la recepción inglesa de carnes nacionales bajó al 73% en 1950-1954, y al 34% del total en el quinquenio 1965-1969. De esta manera, los ganaderos del Reino Unido, luego de incrementar alrededor de un tercio la producción, lograron alcanzar hacia mediados de los años 1950 una participación del 66% en el abasto interno contra el 51% registrado en la preguerra.

Si se considera en cambio al conjunto de Europa, que había absorbido el 80% de las exportaciones mundiales entre 1950 y 1954, su participación –arrastrada por la caída británica– descendió en el quinquenio siguiente al 71,2%. De todas maneras, le otorgaba a este continente un papel decisivo en el negocio cárnico de importación. Así, en el marco de un lento pero progresivo crecimiento de diferentes mercados, entre 1955 y 1959 resulta destacable la performance alcanzada por Alemania Federal (5,1% de los embarques mundiales) y por Italia (9,3%), ambos importantes clientes de la Argentina (Azcuy, 2007).

Respecto de la demanda extraeuropea, la gran novedad de este período fue el surgimiento de Estados Unidos como gran importador mundial. Desde un nivel próximo a cero en la preguerra, este país inició un movimiento creciente de adquisición de carnes crudas que lo llevó a participar con el 6% a fines de la década de 1940, porcentaje aumentado ligeramente hasta el 6,5% entre los años 1950 y 1954, aunque este promedio incluyó fuertes oscilaciones anuales. La tendencia ascendente se consolidó en el quinquenio 1955-1959 en torno al 10,7% de las importaciones totales, para poder establecer un momento de quiebre y crecimiento explosivo al final del período, con porcentajes de participación del 19,3 al 25,6% en 1958 y 1959, respectivamente. Comenzaba así una época que dura hasta la actualidad, en la cual EE.UU. se transformó en uno de los principales destinos mundiales de los embarques de productos cárnicos. Este fenómeno tomó forma plena durante la década de 1960 y resultó de gran trascendencia para el rediseño del antiguo mercado mundial, a partir de la aplicación –en forma cada vez más severa– de las barreras sanitarias, en especial las referidas a la fiebre aftosa, con importante incidencia en el mercado de carnes frescas.

Después de 1945, el nivel de vida en los Estados Unidos creció en forma profunda y extendida, sustentado en el crecimiento científico-tecnológico y en el aumento del consumo masivo. El *american way of life* generó una cultura distintiva en la cual la comida rápida o *fast food* fue una característica importante. El crecimiento poblacional y el cambio de hábitos produjeron algunas de las peculiaridades de su dieta, como la "cultura de la hamburguesa", que luego sería exportada al resto del mundo por sus grandes cadenas alimenticias. Este proceso requirió mayores cantidades de carne vacuna, y aunque la oferta interna respondió con rapidez a partir del engorde a corral, no fue suficiente, por lo que se hizo necesario recurrir a la importación de carnes desde el mercado mundial. Gran Bretaña dejó de ser centro importador, papel trasladado a los Estados Unidos. La demanda norteamericana se inclinó por la producción de la cuenca pacífica, ya que los países elegidos fueron Australia y Nueva Zelanda; en menor medida recurrió a pequeños Estados de América Central libres de aftosa.

Los países de la Cuenca del Plata (Argentina, Brasil, Paraguay y Uruguay), todos exportadores de carnes para el mercado mundial, sufrieron las consecuencias por tener sus rodeos con aftosa. Paralelamente al crecimiento del comercio entre EE.UU. y el área oceánica, Gran Bretaña siguió reduciendo sus importaciones, lo que afectó a América del Sur en general y a la Argentina en particular. En ese contexto, nuestro país perdió el primer puesto como exportador mundial de carne vacuna en 1971.

Desde comienzos de la década de 1950 se pudieron verificar dos circuitos diferentes para los precios internacionales del producto. La primera de las áreas estaba vinculaba al eje Australia-Nueva Zelanda y EE.UU.-Canadá, mientras la segunda operaba sobre el eje sudamericano-europeo; los precios del primer circuito sobrepasaban en el 25% a los del segundo a mediados de la década de 1960. Además se agregó la denominación de circuito no aftósico para el primero y aftósico para el segundo. La diferencia de precios entre un sector y el otro se debió a la amplitud de la demanda en cada una de las áreas. Mientras en el zona libre de aftosa la demanda creció, ya que a Estados Unidos y Canadá se sumaron Japón y los países del sudeste asiático, no ocurrió nada parecido en la cuenca atlántica, especialmente teniendo en cuenta las políticas aplicadas de un modo paulatino por la Comunidad Económica Europea (De las Carreras, 1988). El restante componente destacado de la importación entre 1955 y 1959 fue la Unión Soviética, que adquirió un promedio anual del 11,1% del total comercializado.

En síntesis, durante el lustro analizado, Europa, América del Norte y la URSS absorbieron el 94,5% de las compras, mientras el resto se repartió entre África (el 2,3%), América del Sur (el 0,9%), Asia (el 2,2%) y Oceanía, con participación prácticamente nula.

A fines de la década de 1950 y comienzos de la siguiente, la República Argentina debió atender otra alarma. En el año 1959, Estados Unidos prohibió la importación de carnes curadas con un tratamiento especial realizado con sales. Las exportaciones de este producto habían crecido en los años anteriores hasta alcanzar el pico de US$29 millones en 1958. La reacción de las autoridades argentinas retomó las suspicacias de 1930. La cuestión se canalizó por la vía diplomática; el entonces embajador Roberto Alemann tuvo una entrevista con el presidente Kennedy, quien propuso que el tema se sacara del Departamento de Agricultura de los EE.UU., con el fin de no convertirlo en una cuestión política, para traspasarlo a una comisión científica integrada por académicos de ciencias de ambos países (Barsky y Gelman, 2005).

La cuestión se incluyó entre las analizadas en el encuentro entre el presidente Arturo Frondizi y su par norteamericano. La realización de las investigaciones científicas dio como resultado la comprobación de que la cocción de las carnes –al llegar a los 80 grados– eliminaba el virus de la aftosa. Desde ese momento, se inició una etapa de fabricación de carnes cocidas congeladas que se integraron a las exportaciones hacia los Estados Unidos y a otros países, con una mayor diversificación de los productos.

Durante la década de 1960, la demanda externa de carne enfriada y congelada de los países de Europa osciló en los dos tercios del total, lo cual se corresponde con lo ocurrido durante la primera mitad del siglo ratificando la tendencia de larga duración del mercado comprador, liderado todavía por el Reino Unido con el 23,6% de las importaciones.

Sin embargo, al hilar más fino se observa que dicho porcentaje general ocultaba que mientras en el quinquenio 1960-1964 las compras británicas fueron del 28,7% (339.569 toneladas), en 1965-1969 descendieron al 18,5% (293.464 toneladas). Esta merma porcentual resultó, de todos modos, menos una consecuencia de la efectiva caída de su volumen de compra –afectado por huelgas portuarias, el brote de aftosa de 1967 y la devaluación de la libra– que de la ampliación de la demanda mundial, casi duplicada entre 1960 y 1969.

Al mantener Europa su participación constante, las mayores compras por parte de otros países compensó la caída británica. Como promedio, en los años 1960 la demanda del resto de Europa (excluido el Reino Unido) alcanzó el 43,6% del total mundial, con desempeños destacadas para Italia (adquisiciones por el 15,1%), Alemania (el 8,7%) y España (el 4,2%). En el caso alemán, donde el elevado estándar de vida y un bajo consumo per cápita sugerían una poderosa demanda potencial, a fines de 1969 se eliminaron las normas que exigían el ingreso de reses en cuartos y se autorizó la importación de carne sin hueso desde frigoríficos previamente aprobados por las autoridades germanas.

Al tener en cuenta los procesos de integración en curso –que en 1968 determinaron el ingreso de la Comunidad Económica Europea (CEE) en el régimen de mercado único–, la situación europea se podría graficar señalando que durante los años 1960 absorbió el 30% de la importaciones; el Reino Unido, el 23,6%; y el resto del continente, el 13,6%, lo cual redondea el 67,2% correspondiente al viejo mundo.

Si exploramos el tercio restante de la demanda internacional, se comprueba que lo fundamental correspondió a las compras de Estados Unidos (el 24,8%), con una presencia constante durante el período y transformado a partir de 1966, al superar a Gran Bretaña, en el primer comprador mundial de carne vacuna refrigerada que adquiría a sus principales proveedores: Australia, Nueva Zelanda, Irlanda y México.

En síntesis, la década de 1960 mostraba un mercado mundial donde Europa y Estados Unidos sumaban el 92% de las compras, mientras que los cuatro países que encabezaban el *ranking* (EE.UU., Reino Unido, Italia y Alemania) concentraron el 72,2%. Al mismo tiempo, como una tendencia apenas incipiente, Asia duplicó su demanda a lo largo del período pasando del 2 al 4%; los países africanos, por su parte, no absorbían aun más del 2% del total.

Del otro lado del balance, la oferta también produjo modificaciones significativas. En primer lugar, es necesario referirse a las exportaciones argentinas, lo que puede ser leído en paralelo con lo indicado respecto de las compras británicas. Entre 1934 y 1938, cuando estas representaban el grueso de la demanda mundial, el complejo exportador instalado en nuestro país realizaba el 54,5% de las ventas totales, mientras que en 1955-1959 dicha participación ya había descendido al 35,9%, porcentaje que todavía alcanzaba para designar a la Argentina como el principal exportador mundial de carnes crudas refrigeradas. Dicho rol contribuía por entonces al destacadísimo posicionamiento de América del Sur, que sumaba el 40% de los embarques, a los que Uruguay aportaba el 2,2% y Brasil, el restante 1,9%.

La segunda fuente proveedora estaba constituida por los países de Oceanía, que exportaron el 31% de la carne bovina fresca, correspondiéndoles a Australia y Nueva Zelanda el 18,7 y 12,2%, respectivamente. El gran papel que han jugado estos países en los últimos años suele oscurecer el hecho de que se trata de dos animadores históricos y permanentes del comercio internacional cárnico, como lo demuestra la participación del 20,7% registrada por Oceanía en los años previos a la Segunda Guerra Mundial.

El tercer núcleo exportador identificable a fines de los años 1950 se hallaba constituido por un grupo de naciones europeas que sumaban el 19,4% del total, entre las que se destacaban Dinamarca (el 6,7%), Francia (el 2,9%), Irlanda (el 2,7%) y Holanda (el 2,3%). En el período 1934-1938, este conjunto era muy poco relevante, al representar una participación del 3,6%, duplicado en los primeros años de la posguerra, para luego ascender de forma pronunciada hasta constituir la quinta parte de las exportaciones mundiales durante la década de 1950 (Azcuy, 2007).

El análisis de la oferta de carnes crudas presenta un primer rasgo a tener en cuenta: la presencia de Europa haciéndose cargo de un tercio de las ventas. Durante la década de 1960, dicho continente adquirió un total de 9.435.545 toneladas y vendió 4.887.371, en su gran mayoría mediante operaciones entre los países que lo conforman. El siguiente protagonista fundamental del mercado vendedor –en rigor, el primero en términos de países– fue durante toda la década la República Argentina, que generó el 26% de las exportaciones mundiales, las que se elevaron al 32,8% al considerar al conjunto de América del Sur, donde Uruguay aportó el 5% y Brasil, el 1,6%.

En el caso argentino, muchos actores de relevancia en el proceso exportador pensaron que la alternativa de los países importadores de carne para incrementar su propia ganadería no sería de sencilla concreción, porque ya habían fallado en ese objetivo los países fundadores del Mercado Común Europeo. Así, la preeminencia de los embarques nacionales no alcanzó para ocultar los fuertes indicadores del retroceso exportador en curso generado por la contracción creciente de las compras británicas.

Junto a este tipo de problemas, originados en las características cambiantes de la demanda, otros analistas de la época eligieron enfatizar las debilidades estratégicas de la oferta argentina: era imperioso elevar la dimensión de nuestros saldos exportables, aumentando el volumen de la producción de carnes vacunas al hallarse la demanda mundial en expansión, mientras el remanente nacional mostraba una decidida tendencia declinante. Junto con el papel destacado de la Argentina, en los años 1960 se percibió con claridad la firme presencia de los países pertenecientes a Oceanía como grandes exportadores, responsables de la cuarta parte de las ventas, repartidas entre Australia (el 17,2%) y Nueva Zelanda (el 8,2%). Estos países, luego de ser tradicionales proveedores del Reino Unido, comenzaron a desviar sus envíos hacia Estados Unidos, al ser un mercado con gran capacidad de absorción en el que lograban mejores precios.

En síntesis, durante la década de 1960 la Argentina, Australia y Nueva Zelanda concentraron el 51,4% de las exportaciones, porcentaje que se eleva al 64,2% considerando a los cinco primeros del *ranking*, con la inclusión de Francia e Irlanda.

2. El impacto de las políticas agrarias de la Europa comunitaria

Como es sabido, en 1957 Alemania Federal, Francia, Italia, Bélgica, Luxemburgo y Países Bajos firmaron en la capital italiana el Tratado de Roma, por el cual se comprometieron a construir una zona de libre comercio, circulación de capitales y mano de obra. Los acuerdos arancelarios y las políticas comunes dieron rápidamente resultados mucho mejores que los esperados; el alza del nivel de vida de la población preparó el terreno para la importación de carne vacuna, dato inequívoco para mostrar el creciente desarrollo.

La República Argentina estuvo entre las naciones exportadoras más beneficiadas con las nuevas decisiones europeas, que además iban compensando las pérdidas habidas en el mercado británico. Al producirse un ciclo de reducción de la oferta europea y un crecimiento de la sudamericana, se pensó en la posibilidad de establecer un nuevo eje comercial europeo-sudamericano.

El corto crecimiento de este nuevo auge comercial llevó a las naciones de la Comunidad Europea a poner en acción un antiguo instrumento de su política comercial: por un lado, la anulación de los *prelievos* (ver más adelante) para las carnes vacunas, y por otro, los derechos de aduana para facilitar la entrada de carnes con arancel "cero". El impacto

sobre el ciclo ganadero en la Argentina fue enorme y las
autoridades económicas del país aplicaron en 1972 una de
sus clásicas respuestas antiexportadoras, al imponer un
derecho móvil que se agregó a los ya existentes.

El inicio de la reversión del mercado europeo occidental se empezó a trazar en 1968 al delinearse la Política
Agrícola Comunitaria (PAC), regida por los tres objetivos
básicos planteados para el sector en el Tratado de 1957: a)
incrementar la productividad de la agricultura; b) garantizar un nivel de vida digno a los agricultores; c) garantizar
un precio razonable a los consumidores. Un año después
–cuando se encaró la forma práctica de alcanzar esos objetivos generales–, se decidió uniformizar los precios de
los productos agrarios de los países miembros.

En esa oportunidad, aquellos que tenían precios más
altos (Alemania, Italia y Luxemburgo) impusieron sus criterios. Por otro lado, como los costos de producción del entonces Mercado Común eran superiores a los del mercado
mundial, se hizo necesario establecer barreras arancelarias
en las fronteras comunes, con el objetivo de perjudicar a
los tradicionales exportadores de carne vacuna, maíz, trigo
y aceites vegetales, como la Argentina.

Estas tasas complementarias se denominaban *prelievos*
y constituían un arancel calculado básicamente como la
diferencia entre el precio de orientación en la CEE menos el
precio del cargamento, en el momento de salir de la aduana,
tras haber pagado el arancel de importación. Tal mecanismo
de protección se aplicaba a las importaciones baratas, pero
no tomaba en cuenta los precios internacionales, sino las
condiciones del propio mercado interno de la CEE.

Si bien las operaciones realizadas bajo convenio evita-
ban los *prelievos* y eran cada vez más importantes –llegaron
al 85% hacia 1980–, los envíos de carnes enfriadas en general
eran alcanzados por estos. Nuestro país se vio afectado por
tasas de importación más altas de las que se establecieron

para otras producciones primarias provenientes de países
europeos que aún no eran miembros de la CEE, como Suiza
(que nunca se sumó al club de la CEE), Austria y Suecia.
Como ejemplo, se puede observar el caso del mercado
alemán, en el cual, en los años 1980, la tonelada de carne
argentina enfriada pagaba 896 marcos de *prelievos*, contra
los 70 marcos que cobraban al grupo de los tres Estados
mencionados más arriba.

El brote aftósico que asoló a Gran Bretaña durante la
primavera boreal de 1967 produjo además la puesta en
escena de una legislación extremadamente dura para los
países afectados por esta epizootia. Rápidamente la CEE
hizo propia tal normativa y prohibió el ingreso de carnes
no deshuesadas o procesadas a sus Estados miembros.
Como corolario de esta convergencia legislativa, el Reino
Unido –luego de una serie de penosos intentos– logró la
membrecía comunitaria plena a partir del 1° de enero
de 1973, junto con Irlanda y Dinamarca, todos ellos importantes productores de ganado vacuno y potenciales
competidores de la Argentina en terceras plazas para la
colocación de carnes.

Con estas determinaciones, la posibilidad de la formación de un eje sudamericano-europeo se convirtió en
una rápida ilusión, a partir de la imposición de tal sistema
proteccionista apoyado en altos precios de sostén para la
producción de la zona occidental del continente, combi-
nados con los impuestos móviles destinados a frenar las
importaciones. Al sentirse el impacto del aumento del
precio del petróleo después del año 1973 –desatado por
las políticas de la Organización de Países Exportadores
de Petróleo (OPEP)–, se redujo el crecimiento económico
europeo y esto obligó a ciertas reconversiones económicas.
Preocupados por evitar nuevas fugas de divisas que se su-
maran a las originadas por el aumento del costo del barril

de crudo, se indujo el incremento de la propia producción para satisfacer la demanda de carnes.

No obstante la existencia de un acuerdo bilateral firmado por nuestro país en 1971 con la CEE, referido a la exportación de carne bovina congelada, refrigerada y conservada, este convenio fue constantemente violado por los europeos cada vez que necesitaron exportar carne a terceros países, de acuerdo con las características de la política común adoptada. A duras penas, la Argentina pudo asegurarse mutuos especiales originados en el compromiso británico –tras su ingreso a la CEE– de mantener ciertos niveles de importaciones desde sus mercados tradicionales de América del Sur no sujetos a *prelievos*, así como la inclusión de nuestro país en las ruedas destinadas a asegurar los envíos de carnes congeladas.

Estas dificultades se combinaron con medidas de sanidad veterinaria. En 1977, la Comunidad dio a conocer una nueva política sanitaria para la importación de carnes desde países con fiebre aftosa, en consonancia con la política enunciada por Gran Bretaña en 1968:

1. Suprimir la importación de carnes vacunas con hueso permitiendo solo la introducción de cortes sin hueso; prohibir la importación de menudencias sin previa cocción (en este caso, la política británica fue más dura aun con respecto al tema de las menudencias).

2. Negar el ingreso a todas las carnes ovinas sin hueso, excepto aquellas provenientes de la Patagonia, así como la importación de las carnes porcinas.

Se puede considerar que el descenso de nuestras exportaciones coincidió con el crecimiento de las políticas exportadoras de la Comunidad Económica Europea (CEE) desde los años 1970, cuando empezaron a verse claramente los resultados del empuje a sus existencias ganaderas. Buena parte de ese impulso se derivó de las reformas instauradas en 1972, cuando la PAC sufrió su primera modificación de importancia. Bajo la gestión del entonces ministro de Agricultura francés, Jacques Chirac, se introdujo la "intervención permanente" con compra de la producción por parte del Estado, como un mecanismo para evitar el descenso de los precios. Años más tarde, al amparo de la crisis, se suspendieron las importaciones con régimen no consolidado en el *General Agreement on Tariffs and Trade (GATT)*. Los precios de intervención equivalían al 90% de los precios guía en los mercados de los seis países miembros, considerados con porcentajes diferenciados según su importancia como productores, y se usaban para determinar tanto el precio de las compras como los montos compensatorios monetarios para los productores.

Estos estímulos produjeron un aumento sostenido de los rodeos comunitarios. Entre 1970 y 1984, por ejemplo, las existencias bovinas aumentaron el 9%, pero la producción de carne se incrementó en más del 27% mostrando la eficiencia en el manejo de los planteles, el aumento de peso promedio para faena y un mejor nivel sanitario. El aporte adicional de Gran Bretaña, Irlanda y Dinamarca, cuyos rodeos se situaban en el 28% de la existencia total, llevó a un *stock* comunitario de casi 73 millones de cabezas para inicios de los años 1970, con una previsión de 80 millones para 1984 (Figari, 1980).

En este sentido, si en 1972 se había producido una combinación crítica cuyo resultado fue que el Mercado Común solo cubriera el 88% de la demanda interna, lo que apuró la implementación definitiva del sistema de intervención, esta nueva herramienta y el concurso de los tres estados recientemente agregados a la Comunidad dio un vuelco a la situación: en 1974, la zona común logró el autoabastecimiento de carnes. De este modo, la política agrícola establecida a partir de 1968 se constituyó en un engranaje doblemente proteccionista; ya sea en la faz interna, al dificultar el acceso al mercado comunitario de productos provenientes de exportadores del tercer mundo, como en la faz externa en terceros mercados, con el agravante de que en estos casos las subvenciones aplicadas a sus productos constituyen una competencia desleal.

3. El mercado mundial en el último cuarto del siglo pasado

La demanda para la exportación no mostró un comportamiento regular en las últimas décadas del siglo pasado, pero sin duda la tendencia fue declinante. Después de la reducción de las exportaciones al mercado británico, los envíos argentinos de carne vacuna nunca pudieron recuperar sus volúmenes. De todos modos, si bien el comercio de carnes había tenido serios problemas en la primera mitad de los años 1970 con el cierre temporario del mercado europeo, mostró cierta recuperación a comienzo de los años 1980.

Tras el estallido de la guerra de Malvinas y especialmente en los años 1984-1987, las exportaciones cayeron a la mitad con respecto a las realizadas antes del conflicto bélico, y a un tercio respecto de las de 1978. Esta curva decreciente se quebró en 1988, cuando un mayor dinamismo del mercado internacional y los bajos precios internos del ganado, considerados en dólares, promovieron un incremento de las ventas al exterior que alcanzaron la cifra de 419 mil toneladas en 1990.

Cuadro 4.1. Volumen de las exportaciones de carne vacuna por quinquenios. Expresado en miles de toneladas equivalentes al peso res con hueso

Quinquenio	Volumen
1965-1969	625
1970-1974	547
1975-1979	562
1980-1984	428
1985-1989	296

Fuente: Secretaría de Agricultura, Ganadería y Pesca (1994).

La disminución se hizo sentir porque la producción e industrialización de la carne vacuna en la República Argentina fue una de las actividades más destacadas, al constituir durante mucho tiempo una parte significativa del PBI, por haber empleado una importante cantidad de mano de obra y por ser durante mucho tiempo una de las principales generadora de divisas, además de ser el principal componente de la dieta nacional.

Algunas cifras pueden demostrar lo antedicho; el período 1984-1989 presentó la mayor crisis de finales de la centuria pasada, ya que se observa una persistente baja en todas las modalidades de exportación. De acuerdo con Azcuy (2006), los volúmenes de exportaciones representaron un total de 194.920 toneladas durante los cinco años mencionados. A pesar de los cambios tecnológicos producidos en los cortes de exportación, los únicos rubros que mantuvieron cierta estabilidad fueron los de las carnes cocidas y congeladas y las menudencias. Tal vez la merma de las exportaciones no se notó tanto por la compensación que significó para el país un mayor ingreso de dólares, debido al aumento de los precios internacionales, respecto de comienzos de los años 1960. Al tener en cuenta los valores comparativos con períodos anteriores, puede observarse que los sectores mayormente afectados fueron los de las carnes refrigeradas, que pasaron del 80% de las exportaciones durante el quinquenio 1960-1964 a constituir alrededor del 41% entre 1984 y 1989.

Paralelamente a la paulatina pérdida del mercado inglés, la política de autoabastecimiento e intercambios dentro de la CEE solo dejó a la Argentina algunas oportunidades a través de la provisión a Alemania Federal de determinados cortes que algunos frigoríficos nacionales podían exportar, y una demanda, con cierta irregularidad, de países incorporados a la CEE a principios de la década de 1980, como Portugal, España y Grecia, y fuera de Europa, del Estado de Israel. Asimismo, desde fines de los años 1970 nuestro país no pudo acceder a nuevas oportunidades por el retraso del tipo de cambio, que no produjo alicientes y restó competitividad a la industria frigorífica nacional; a ello se sumó la situación política imperante que condujo a un importante aislamiento internacional.

Durante los años 1980, además de los países mencionados con anterioridad, se incorporaron al mercado algunas naciones africanas como Egipto. También se destacó el comercio con la URSS, que desde 1974 había aumentado la demanda de productos cárnicos, especialmente cortes congelados, que mantuvo un ritmo creciente hasta 1984; pero a partir de entonces, los graves problemas internos de su economía la obligaron a modificar las direcciones de su comercio; hubo un cambio de estrategia y los soviéticos pasaron a comprar excedentes de la CEE.

Otro tema que conspiró contra el mercado exportador de carnes argentinas fue la conversión simultánea de Estados Unidos en un país exportador, sin abandonar el tradicional volumen de importaciones. En la década de 1980, pasó de exportar cerca de 78.000 toneladas a más de 450.000. La ventaja estadounidense radicó en la globalización del consumo de carne barata para las hamburguesas y otros tipos de *quick foods,* cuyas cadenas expendedoras se insertaron en la economía mundial, mientras reservaron la exportación de cortes caros para mercados como Japón y Corea. Después de las reducciones que afectaron el mercado durante la década de 1970, la mayor producción de carne vacuna se localizó en los países desarrollados (América del Norte y Oceanía), cuyos rodeos no presentan fiebre aftosa.

Fuera del caso nacional, también debe señalarse que la producción mundial de carne bovina mostró un descenso relativo desde los años 1980, si se lo compara con el comercio de carnes porcina y aviar. Estos resultados mostrarían para esos años una preferencia de los consumidores por dichos productos, como consecuencia de un mayor conocimiento sobre las enfermedades que atacan al ganado vacuno y por un mejoramiento de los precios relativos de la carne de aves.

De todas maneras, la demanda mundial de carne, si la consideramos en valores absolutos, creció debido a la mejora de los ingresos y por el aumento de la población urbana; la proteína animal aportada por la carne vacuna es de difícil sustitución; a ello se suma la relación entre el consumo y el nivel de ingresos de los países más desarrollados, a los que se anexan los sectores ricos de los países menos desarrollados.

En las últimas décadas, el mercado mundial de carnes asistió a la consolidación del predominio de la carne porcina, seguida por la de aves de corral y, por último, la vacuna. En el año 2000, la primera representaba el 38% de la producción total, la seguía en orden de importancia la carne de aves de corral, con el 29%, y la bovina, con el 26%. Si se comparan estos porcentajes con los del año 1990, se observa una pérdida de importancia relativa de la última del 3%.

Como señalamos, América del Norte y Europa concentran alrededor del 50% del rodeo mundial. Hasta el cambio de siglo, el principal productor fue Estados Unidos, con 11.4 millones de toneladas en el año 2000, lo que representa casi el 20% del total mundial. En segundo lugar se ubicó la Unión Europea con una producción de 7.6 millones de toneladas, equivalente al 13% del total. Los restantes países aportaron producciones bastante menores. La Argentina aparecía relegada al quinto lugar como productor mundial, tras haber reducido su participación al 4,5% desde valores superiores al 5% para principios de los años 1990; mientras Canadá contribuía con el 2%, con 1.2 millones de toneladas en valores absolutos.

En cuanto al consumo, Estados Unidos también registró el mayor nivel mundial con 12.3 millones de toneladas en 1999, seguida por la Unión Europea con 7.2 millones de toneladas; mientras las cantidades registradas para la Argentina y Canadá eran de 2.2 y 1 millón de toneladas, respectivamente. El nivel de consumo de la Unión Europea se ha recuperado de forma paulatina desde la crisis de la enfermedad de la "vaca loca", no obstante, hasta las últimas mediciones no había alcanzado todavía la magnitud anterior a 1996.

Con respecto al consumo por habitante, la carne bovina podría considerarse como un bien de consumo suntuario, por lo tanto, los volúmenes observados en los países latinoamericanos son relativamente altos. La Argentina y Uruguay se destacan por sus elevados niveles, con valores en torno de los 60 kilos anuales por habitante en el año 2000. EE.UU., Australia y Nueva Zelandia poseen niveles intermedios, mientras que Canadá tiene un consumo de 34 kilos anuales por persona.

En el ámbito del comercio internacional de carnes, en cambio, la carne vacuna tiene un fuerte predominio. En el año 1999 representaba alrededor del 39% del total exportado; le seguían en orden de importancia las porcinas (el 31%), las de aves de corral (el 23%) y las ovinas y caprinas (el 5%). En este rubro, Australia resultaba el mayor exportador, con una participación del 23,4% del total mundial; en segundo lugar se encontraba Estados Unidos, con el 19%; Canadá participaba con el 6,4%, y continuando la tendencia descendente, los envíos externos de la Argentina significaron alrededor del 4% del monto global. En cuanto a las importaciones, Estados Unidos absorbía el 23% de las remesas mundiales, seguido por Japón y los países surgidos de la disolución de la Unión Soviética.

En la década de 1980, los principales importadores aplicaron políticas proteccionistas y restricciones que afectaron el comercio mundial. Como consecuencia de los fuertes subsidios a la exportación, algunos países receptores de carnes vacunas se transformaron en exportadores netos, con la lógica alteración de los precios internacionales y la disminución de los volúmenes comercializados. En este sentido, y hasta 1986, la Unión Europea fue el mayor exportador neto. Durante los años 1980, las exportaciones de carne bovina de la Argentina perdieron participación relativa en el total mundial, tendencia que logró revertirse a fines de la década, para mantener luego un comportamiento cíclico hasta llegar a niveles muy inferiores a los alcanzados a comienzos del período.

Si se observan los porcentajes de los años 1980 y 1999, la participación de la Argentina cayó a la mitad (del 8% a poco más del 4%). En el trienio 1988-1991 hubo un mayor dinamismo en el mercado internacional, y los bajos precios internos del ganado (en dólares) marcaron un aumento de las exportaciones que llegaron a 419 mil toneladas en 1990. La aplicación del Plan de Convertibilidad, al sobrevaluar dichos precios, contrajo la demanda externa, cuyas cifras no superaron las 300.000 toneladas.

Para la Argentina, las barreras más importantes siguieron resultando las cuotas otorgadas a los distintos países, ya que los aranceles aplicados a las cantidades excedentes del volumen de la cuota Hilton se mantuvieron extremadamente elevados. La Argentina está incluida en dicha cuota, repartidora de cortes *premiun*, y en la Cuota Bilan para carnes procesadas.[24] Ambas tienen aranceles del orden del 20% dentro del cupo y hasta del 104% fuera de él.

En cuanto a los Estados Unidos, cuya Ley de Importación de Carnes (*Meat Import Law*) fijaba anualmente las cuotas de importación para la carne vacuna fresca, enfriada o congelada, se modificó como consecuencia de los compromisos asumidos en el marco del Acuerdo Agrícola de 1995. A partir de entonces, derogó la Ley de Importación de Carnes y estableció un "Contingente Arancelario", que se fijó al principio en 656.000 toneladas, excluidas las importaciones desde Canadá y México, regidas por las disposiciones del Área de Libre Comercio Americano (ALCA). Posteriormente, el contingente fue ampliado en 1998 en 20.000 toneladas, tanto para la Argentina como para el Uruguay, cuando estos países fueron clasificados como libres de aftosa sin vacunación. Con la pérdida de ese estatus ocurrida en el año 2000, Estados Unidos suprimió por un período la importación de carne proveniente de la Argentina. Solo al cabo de unos años pudo reanudarse la exportación, aunque antes se recuperó el mercado europeo que el estadounidense.

El mercado internacional de la carne se ha visto perturbado además por dos tipos de crisis: la primera, derivada de la sanidad animal, y la segunda, relacionada con la confiabilidad en la calidad de los alimentos. Estas crisis empezaron en 1996 con la primera manifestación de la encefalopatía espongiforme bovina (BSE) en la Unión Europea, y continuó en el año 2001 con una gran epidemia de aftosa en el Reino Unido, junto con algunos focos de infección en otros países miembros de la UE.

---

[24]   De todos modos, la Argentina no hizo uso de esta cuota desde 1995.

Con relación a las carnes frescas, enfriadas y congeladas, la Argentina presentó a partir de 1985 un marcado
deterioro de su competitividad en precios, que superaron
en ciertos años a los de Estados Unidos. Sin embargo, se
debe señalar que además de las políticas cambiarias, el
sector presentaba problemas estructurales derivados de
la ineficacia productiva o de la hipertrofia generada por
la intermediación. Así, dentro de la estructura de costos,
el rubro valor del ternero en la Argentina representa entre
el 35 y el 50%, mientras en países como Canadá está entre
el 70 y el 80% de los costos totales. Los problemas que
atañen al crecimiento de la participación argentina en el
mercado exterior responden generalmente a un conjunto de
situaciones, pero hay otras variables para tener en cuenta:

a) la tendencia decreciente de la oferta de ganado
acompañada por una menor cantidad de animales faenados; con una persistente reducción de los rodeos o un
crecimiento muy modesto;

b) las trabas sanitarias, abordadas en los últimos lustros con mayor seriedad, pero todavía no resueltas de un
modo definitivo que impacte en la economía;

c) la existencia de una industria exportadora que
no logró ajustarse lo suficiente frente a los cambios en las
demandas y el gusto de los consumidores;

d) un atraso tecnológico que afecta la producción
ganadera, verificable en las bajas tasas de productividad,
a veces debida a la falta de inversiones, pero en muchos
otros, a la incertidumbre respecto de la rentabilidad que
ofrece la actividad y su escasa proyección hacia el futuro;

e) las dificultades que tienen los productores para
planificar sus actividades en el mediano y largo plazo, tanto en los establecimientos mixtos como en los dedicados
solo a la ganadería, debido al importante crecimiento y a
la mayor rentabilidad que genera la agricultura.

En la última década y media, la Argentina varió tanto los productos como los volúmenes exportables. En el cambio de siglo, exportaba de acuerdo con el siguiente orden: cortes congelados; cortes enfriados; menudencias; *Corned Beef*; carne cocida y congelada; cuartos; especialidades y carne para manufactura. Hasta fines de la década de 1980, algunos de los productos exportados poseían bajo valor agregado, como las menudencias (con el 29% del total exportado) y el *Corned Beef* (con el 28%). En 1997 estos dos productos solo participaron con el 16 y 11%, respectivamente. Con posterioridad, ganaron preeminencia los cortes más caros, como los enfriados.

Dichos cortes se incrementaron como consecuencia del aumento de la cuota Hilton, que pasó de 16.830 toneladas anuales a 28.000 toneladas a fines de los años 1980. Asimismo, se diversificaron ciertos mercados, como lo demuestra la incorporación de Chile. Los cortes congelados también aumentaron su participación en los mercados mundiales al pasar de ser el tercer producto en el rubro exportaciones de carne bovina en 1987, para convertirse en el primer producto en importancia, debido a la implementación por parte de la UE de la cuota de carnes bovinas congeladas (cuota GATT). Las especialidades y la carne cocida y congelada se mantuvieron estables en cuanto a los volúmenes exportados, pero decayeron respecto del total general.

Durante la década de 1990, evolucionaron los cuartos, ya que al iniciarse se exportaban 3.568 toneladas (el 2% del total) y a fines del decenio se enviaban al exterior 23.000 toneladas (el 7,5% del total). La manufactura ocupó y sigue ocupando el último lugar en lo que a exportaciones de carne se refiere. De todos modos, si bien el tonelaje exportado de carnes enfriadas se duplicó, este aumento fue acompañado por el descenso de los precios, que pasó de los US$6.500 por tonelada (1987), a US$4.809, en 1999 (SAGYP, 2002).

Finalmente, las condiciones del nuevo escenario también demostraron un impacto diferencial sobre el crecimiento de las exportaciones. Durante la vigencia de la convertibilidad, los bienes de origen agropecuario demostraron un menor dinamismo y un consecuente descenso de su aporte relativo al total de los productos exportados por el país.

Para observar este fenómeno, puede señalarse que si las exportaciones totales de la Argentina aumentaron el 31,4% entre 1991 y 1994, mientras los combustibles y la energía crecieron el 111% y las manufacturas de origen industrial (MOI) el 55,25%, las de origen agropecuario (MOA) lo hicieron el 17,2% y los productos primarios el modesto 12,47%. La diferente evolución sectorial de las exportaciones durante el Plan de Convertibilidad derivó en una disminución de la participación de los productos agropecuarios y sus manufacturas en alrededor de 9 puntos del valor total de las exportaciones nacionales, al pasar del 68,69% en 1991 al 60,29% en 1994. Dentro del sector, las exportaciones de productos primarios continuaron perdiendo terreno en favor de las que implicaban algún grado de transformación de ellos (Lattuada, 1997).

Estas circunstancias se modificaron a partir del abandono de la paridad cambiaria como consecuencia, además, del incremento del precio de las producciones agrícolas, lideradas por la soja, traccionadas por el aumento de la demanda China. Este nuevo escenario tampoco fue favorable para las exportaciones de carnes, ya que además se vieron limitadas por las restricciones introducidas por parte del Secretario de Comercio de las administraciones kirchneristas.

Por supuesto que ubicados en el año 2007 y con respecto al 2001-2002, aumentaron las exportaciones con valor agregado. Pero en el conjunto económico, aumentó más la importancia de las *commodities* (cereales, semillas y frutos oleaginosos, que representan el 67% del total de los productos primarios exportados); junto con las Manufacturas de Origen Agropecuario (MOA) de bajo valor agregado (grasas y aceites y residuos de la industria alimenticia).

En un marco en que las exportaciones totales crecieron hasta llegar al 13,1% anual promedio en el período 2001-2007, el rubro Grasas y Aceites creció a una tasa anual promedio del 22,3% y el rubro Material de Transporte, el 17,7% anual. El resto de Manufacturas de Origen Agropecuario (MOA), con inclusión de los rubros que no son Grasas y Aceites y Residuos de la Industria Alimenticia, como carnes, pescados y mariscos elaborados; productos lácteos; pieles, cueros y lanas elaboradas; azúcar y artículos de confitería, etc., aumentaron en el período 2002-2007 a un promedio del 15,3% anual.

Como una observación que merece ser resaltada en el presente análisis, el resto de las Manufacturas de Origen Industrial (MOI) que no corresponden a Material de Transporte, grupo clave que implicaría la definición propiamente dicha de "industria" (transformación de materia prima no agropecuaria), crecieron a una tasa del 11,3%, por debajo del promedio de crecimiento de las exportaciones globales en el mismo período, que alcanzó el 13,1%. De manera anexa y más precisa, debe resaltarse que sobre 14 capítulos que componen el espectro exportador de MOI, solo tres crecieron en el 2002-2007 a tasas superiores al promedio nacional. Ellas son: material de transporte terrestre (el 17,7%); piedras y metales preciosos (el 31,4%), y caucho y sus manufacturas derivadas (el 14,4%). Es decir que si bien las ventas externas del resto de MOI aumentan en valores absolutos, no constituyen la parte dinámica de las exportaciones.

La participación de las carnes entre los bienes exportados por nuestro país en el último decenio puede apreciarse en el siguiente cuadro.

Cuadro 4.2. Volumen de las exportaciones ganadera por grupo de productos (en toneladas por producto)

Año	Cuartos	Cortes enfriados No Hilton	Cortes enfriados Hilton	Cortes congelados	Total de carne enfriada y congelada	Total de carne procesada	Total
2001	4.417	8.575	4.861	20.560	38.414	39.028	77.441
2002	29.005	9.266	48.142	71.907	158.321	46.497	204.817
2003	22.765	40.230	28.778	92.345	184.188	46.919	231.037
2004	55.613	50.567	29.818	186.715	322.713	59.885	382.598
2005	73.559	101.215	26.588	231.291	432.653	50.494	483.147
2006	60.468	61.320	25.869	168.847	316.504	37.471	353.975
2007	36.894	95.638	27.044	137.016	296.592	38.927	335.517
2008	39.381	62.777	18.884	108.949	229.991	34.920	264.911
2009	72.795	84.542	22.437	201.727	383.501	35.836	419.337
2010	10.893	42.055	25.639	87.678	166.265	25.924	191.759

Fuente: Ministerio de Agricultura, Ganadería y Pesca (2011).

Tras el abandono de la Convertibilidad y la recuperación económica del país, la Argentina experimentó un gran incremento en las exportaciones cárnicas, al lograr en 2006 la comercialización de 546.000 toneladas por un valor de US$1.520 millones, y 144.000 toneladas de carne aviar, por un valor de US$139 millones. El haber sido reconocido el estatus de país libre de aftosa con vacunación y país libre de BSE ha posibilitado la apertura de nuevos mercados de productos de alto valor, como así también mercados perdidos con el brote de aftosa del 2001.

Del total de carnes exportadas, más del 78% corresponde a las vacunas. El resto básicamente está determinado por la aviar, la ovina y últimamente también por la porcina, aunque los cortes de cerdo registran más importaciones que exportaciones. En 2006 salieron hacia el exterior productos y subproductos porcinos por valor de US$3.2 millones, mientras que ingresaron por US$49 millones (Rearte, 2007).

En términos generales, se puede afirmar que el mercado europeo está en crisis desde que se divulgaron las informaciones referidas a la detección del mal de la "vaca loca", cuyo efecto hizo caer abruptamente la demanda de carne bovina. De todos modos, desde 1990 el consumo venía descendiendo de manera acelerada. Los motivos del cambio de comportamiento de los consumidores están ligados al aumento de la conciencia ecológica, ya que numerosos grupos dejaron de comer carne en nombre del derecho de los animales y, especialmente, por las condiciones de salubridad del producto. El modo de engordar la hacienda europea produce deshechos que contaminan el ambiente, al obligarse a los animales a mantenerse quietos en rodeos cerrados. A ello se agrega que este tipo de producción intensiva incluye el empleo de medicamentos, hormonas y otras sustancias que luego de la ingesta pueden pasar directamente a los seres humanos. Estos factores ya estaban incidiendo en la baja del consumo, aun antes del surgimiento del problema de la BSE.

Un último problema a plantear es el de la competitividad. Cuando la economía mundial adoptó el paradigma de la "ventaja competitiva" en reemplazo de la anterior "ventaja comparativa", no faltaron autores dedicados a estudiar la cuestión competitiva. Tanto el concepto como los indicadores utilizados para medirla no son precisos; al respecto, uno de sus principales teóricos –Michael Porter– afirmó en 1990 que no existía una definición de competitividad aceptada generalmente ni una teoría para explicarla (Recalde y Barrauld, 2002).

La CEPAL también ha estado atenta a este tema y elaboró una definición de acuerdo con los siguientes indicadores: la participación en el mercado interno y externo; la productividad; la relación precios y costos; la situación económica (tipo de cambio, tasa de interés, costo de los servicios públicos, etc.); el nivel de inversión nacional y extranjera; las tendencias del desarrollo tecnológico; la formación de los recursos humanos. No obstante las dificultades para manejarse con indicadores solo aplicables en casos de un comercio mundial menos regulado, los niveles de comercialización internacional siempre han estado relacionados con los tiempos de expansión o contracción de las economías desarrolladas y con los ajustes llevados a cabo por los países en vías de desarrollo para solucionar los desequilibrios de sus balanzas de pago.

Si se tienen en cuenta los principales tipos de productos, se constata que el rubro con una mayor proporción dentro de las exportaciones mundiales está constituido por los productos "preparados", donde se destaca el *Corned Beef.* En los últimos veinte años, las exportaciones argentinas de dicho producto mostraron una fuerte caída. Algo semejante ocurrió con los "extractos", cuya baja fue aun mayor. Respecto de las carnes frescas, enfriadas y congeladas, la participación relativa se mantuvo en valores constantes, pero con una menor importancia relativa de alrededor del 5%. Más allá de exhibido por los indicadores, una industria con niveles crecientes de producción podría resultar no competitiva en la medida en que su tasa de crecimiento se mantenga por debajo de la tasa de las exportaciones mundiales y caiga su participación relativa.

Mientras que en concordancia con los acuerdos de liberalización del comercio internacional se han reducido en parte los aranceles aplicados a la carne, como contraparte no desapareció la tendencia a limitar esos resultados a través de la aplicación de barreras no arancelarias o paraarancelarias (leyes, regulaciones, políticas o ciertas prácticas) que los países aplican para restringir el ingreso de productos importados a sus mercados. La mayoría de los países importadores gravan con mayores tasas aduaneras

los productos elaborados, lo que constituye un serio per-
juicio para los países exportadores como la Argentina.

Dentro de las barreras paraarancelarias, se destacan las
restricciones sanitarias y comerciales. El resultado produce
una segmentación del mercado mundial de carnes limitando el acceso de carnes frescas, enfriadas o congeladas
provenientes de los países con fiebre aftosa. Como ya se
señaló oportunamente, además de las barreras sanitarias, algunos países han utilizado otros instrumentos para
proteger al sector ganadero de la competencia externa.
Entre ellos se destacan los aranceles, los *prelievos*, cuotas
y licencias de importación, subsidios, y normas especiales que determinan el embalaje y el etiquetado. Este tipo
de medidas afectaron estructuralmente la producción, el
consumo y el comercio internacional de carnes.

El comportamiento de los precios internacionales de
las exportaciones más importantes (carnes frescas, enfriadas y congeladas, y preparadas) es otro de los determinantes de la competitividad del sector. Respecto del total de
la carne vacuna, los precios argentinos se mantuvieron
cercanos a los del resto de los exportadores hasta mediados de los años 1980. A partir de entonces, la tendencia
fue una marcada superioridad por sobre los precios del
resto de los países, excepto Estados Unidos. Los niveles
de precios de los EE.UU. son los mayores, mientras los
de la CEE –excepto los intercambios entre sus propias
zonas– resultan los más bajos. Finalmente, con relación
a las carnes frescas, enfriadas y congeladas, la Argentina
presentó a partir de 1985 un notable deterioro competitivo;
los precios superaron en esos años a los estadounidenses.
Para las carnes preparadas, los indicadores muestran una
competitividad afianzada, ya que los precios tendieron a
ubicarse por debajo de sus competidores.

4. La Cuota Hilton: "crema" de los negocios, eje de las disputas

Si en varias oportunidades nos hemos referido a la "Cuota Hilton" sin detenernos demasiado en desarrollarla, es debido a que desde su puesta en funcionamiento se convirtió en un problema en sí mismo, con capacidad suficiente para mostrar las dos caras del comportamiento sectorial para las exportaciones. Por un lado, el mercado argentino, gracias a la calidad de sus productos cárnicos y su reconocimiento internacional, tuvo (y tiene) grandes posibilidades para disputar parcelas muy competitivas de clientes sofisticados y con buenos ingresos. Por otro, las disputas internas entre los potenciales exportadores, la falta de transparencia de las decisiones gubernamentales, las vicisitudes políticas, la ineficacia y la corrupción se han llegado a combinar para esterilizar las ventajas derivadas de la proposición anterior.

Como se ha señalado más arriba, la Política Agrícola Común de la CEE perseguía como objetivo defender a sus productores locales y ello lo tradujo en subsidios a la exportación o impuestos a la importación. En 1979, dentro del marco de la Ronda Tokio del GATT, la Argentina, Australia, Estados Unidos y Uruguay plantearon su oposición al proteccionismo europeo, lo que dio como resultado un acuerdo en la comercialización de carne: la Comunidad se comprometió a compensar a cada una de los países mencionados con el otorgamiento de una cuota global de 21.000 toneladas de cortes predeterminados, arreglada de manera bilateral, sobre la base de una descripción país por país del producto a exportar.

Se estableció que las cuotas se midiesen desde la mitad de un año a la mitad del siguiente, y la medida determinada por la Comunidad se hizo efectiva hacia 1980. La Argentina se benefició con una cuota anual de 5.000

toneladas; Estados Unidos, con 10.000; Australia, con 5.000; y Uruguay, con 1.000. En términos porcentuales, el país más favorecido fue EE.UU. –con el 47% de la cuota–, seguido por la Argentina y Australia, con el 24%, y luego Uruguay, con el 5%. La parte concedida a los diferentes países fue creciendo con el paso del tiempo y nuevas naciones se sumaron al reparto del cupo de cortes de calidad.

En 1983 el monto para la Argentina creció 7.500 toneladas adicionales a causa del ingreso de Grecia a la CEE, pasando a ser de 12.500 toneladas; posteriormente, la marca subió a 17.000 debido al ingreso de España y Portugal; y se acercó a las 20.000 toneladas a fines de 1989 (Azcuy, 2007).

La CEE exigió que los vendedores fueran aprobados por una entidad capaz de ofrecer las garantías necesarias para llevar a cabo correctamente la distribución. Desde los comienzos, la Junta Nacional de Carnes (JNC) se encargó internamente de su distribución y de la certificación de los productos a exportar.[25] La decisión de confiar estas atribuciones a la JNC buscaba restar discrecionalidad al manejo del cupo, al resolverse las asignaciones por medio de un directorio representativo de todos los sectores de la cadena cárnica (productores, consignatarios, industriales).

La Cuota Hilton aceptó la introducción sin aranceles en el territorio europeo de cortes enfriados vacunos, sin hueso y de alta calidad. En términos del comercio internacional, es un cupo de importación, pues son los receptores del producto quienes fijan la suma; aunque generalmente se la denomina de exportación, porque es observada desde los países que despachan las carnes. La carne incluida en este cupo no queda alcanzada por los *prelievos* y tributa un arancel equivalente al 20%.

---

[25]   En 1991, cuando este organismo desapareció, la función pasó a ser desempeñada por la Secretaría de Agricultura, Ganadería, Pesca y Alimentación.

Estos cortes *premium* pasaron a constituir la "crema" del negocio de carne vacuna al haberse fijado condiciones muy estrictas para participar en un mercado tan selectivo. En este sentido, se estableció que la edad de los animales sacrificados no debía superar un período de 22 a 24 meses, con dos incisivos permanentes y un peso de faena no superior a los 460 kilos. Se exigió asimismo que no hubieran recibido anabólicos, ni haber sido racionados con harinas o alimentos de origen industrial, ni tampoco haberse engordado en confinamiento. La cuota definió siete cortes: bife angosto, cuadril, lomo, nalga, bola de lomo, cuadrada y peceto, que debían ser presentados empaquetados en cartones *(special boxes beef)*, y autorizados a llevar la marca SC *(special cuts)*. Se trata de los cortes de mayor calidad, cotizados en el orden de los US$7.000 por tonelada, es decir, según el año, entre US$2.000 y US$3.000 más por cada tonelada que los restantes rubros de carnes.

En realidad, algunos operadores políticos han calificado el sistema por cuota como un "cuasi chantaje encubierto" por parte de las grandes naciones (García, Ríos y Pérez, 2005), ya que si bien es cierto que el exportador no está sometido a derechos de importación y otros aranceles que debería pagar, la cuota la otorga la Unión Europea (UE) en forma discrecional y en el caso argentino, es al gobierno a quien se confía una gran discrecionalidad en la misión de distribuirla, según un reglamento no del todo respetado.[26]

Este cupo pasó a representar alrededor del 30% del total del valor de las exportaciones de carnes y generó una renta potencial que incentivó el accionar de operadores directos e indirectos para influir en su reparto. A lo largo de su existencia, el cupo se ha caracterizado por numerosos cambios en el criterio de distribución. Los acuerdos sobre

---

[26] Valga decir como ejemplo que la reglamentación para la distribución de la cuota se modificó 14 veces en los últimos 23 años.

este reparto nunca fueron del todo claros, originaron situaciones inciertas para el desarrollo de las transacciones y despertaron comportamientos oportunistas y de estricta búsqueda de beneficios.

Tal sistema de distribución se conformó sobre una serie de criterios que tomó en cuenta diferentes variables. Dado que la Cuota es un convenio bilateral en el cual la capacidad de reparto corresponde al país beneficiado, la agencia nacional competente se encargó de determinar los criterios a seguir y, por medio de resoluciones técnicas, se otorgaron las respectivas participaciones.

Más allá de las variaciones habidas, estos criterios se mantienen desde su implementación y son:

1. *Mercado Interno y Nuevos Productos*: tiene en cuenta el desarrollo del mercado interno para la elaboración de nuevos productos exportables.

2. *Mínimo Igualitario*: otorga ventajas a los establecimientos medianos y pequeños que habilitan fábricas para exportar.

3. *Premio por Valores Obtenidos*: recompensa la relación dólares/toneladas sin tener en cuenta el volumen de la cuota exportada, sino su calidad.

4. *Situaciones de Excepción*: otorga porcentajes para cubrir situaciones especiales.

5. *Regionalidad*: distribuye de igual manera una parte de la cuota entre las plantas frigoríficas de acuerdo con la cantidad de cabezas que posee una provincia.

6. *Personal Ocupado*: se tiene en cuenta para la asignación de Cuota la cantidad total de trabajadores de cada planta, sin discriminar los que no trabajan exclusivamente para ella.

7. *Past-Performance*: se tienen en cuenta los antecedentes de exportación de los adjudicatarios, en dólares sobre valores libres de a bordo (FOB).

8. *Nuevas Plantas*: se premia a las empresas que soliciten un porcentaje de Cuota si adquieren una planta ajustada a los parámetros exigidos durante el período previo a la distribución y con la habilitación correspondiente para exportar a la UE.

9. *Productores*: se destina un porcentaje a los emprendimientos, grupos de productores o asociaciones de criadores, ya que constituyen una parte sustancial de la cadena.

Es obvio que los criterios de base de las distintas normativas respondieron en gran medida a la presión de los intereses particulares. En el ámbito de la JNC, los intereses provenían de todos los sectores de la cadena de la carne en la medida en que conformaban la dirección del organismo y demostraban su capacidad de discusión ante la necesidad de aplicar cada nuevo criterio. En ese período, las variables preponderantes en cada sistema diseñado fueron *Past-Performance, Mercado Interno* y *Mínimo Igualitario,* con una participación menor de *Premios por Valores Obtenidos, Situaciones de Excepción* y *Regionalidad.*

Desde los inicios mismos de la historia de la Cuota, los distintos grupos trataron de imponer sus intereses en su reparto. La inestabilidad y los sucesivos conflictos que marcaron la evolución del sistema distributivo ilustran la ausencia de reglas claras. Los cambios de criterio generaron ganadores y perdedores, y los diferentes sectores presionaron para conseguir mayores porcentajes de la renta.

Entre los actores, se encuentran tres grupos privados que representan los intereses de los productores, los frigoríficos y los gremios. Los primeros están representados por la Sociedad Rural (SRA), la Asociación Argentina de Productores Exportadores de Carne (APEA), las Confederaciones Rurales Argentinas (CRA), la Federación Agraria Argentina (FAA), Coninagro, la Cámara Argentina de

Productores de Carnes Vacunas (CAPVC), y las asociaciones de criadores de las principales razas bovinas. Dentro del sector de la industria frigorífica, las principales organizaciones son el *Argentine Beef Consortium* (ABC), la Federación de Industrias Frigoríficas Regionales Argentinas (FIFRA), la Cámara Argentina de la Industria Frigorífica (CADIF), la Unión de la Industria Cárnica de la Argentina (UNICA) y la Cámara de la Industria y Comercio de Carnes y Derivados de la República Argentina (CICCRA). Los gremios están representados por la Federación Gremial del Personal de la Industria de la Carne.

Con actores tan numerosos y heterogéneos, desde los inicios la distribución de la Cuota Hilton fue eje de controversias. Los cambios del régimen de reparto fueron constantes y respondieron a múltiples causas. En líneas generales, más que la adopción de un criterio de eficiencia, la discrecionalidad fue la norma. Después de los primeros conflictos, se sumó la judicialización del cupo, es decir, los reclamos ante los tribunales por parte de todos aquellos que consideraron lesionados sus intereses. De este modo, los reglamentos para determinar la distribución se convirtieron en un eje conductor de recursos al repartir derechos de exportación de una cierta cantidad de la Cuota.

Mientras el organismo de control fue la Junta Nacional de Carnes, no hubo cambios hasta 1984, cuando se dictó la Resolución J-68. Como no existía normativa oficial para la distribución del cupo, cobraron fuerza las presiones ejercidas por quienes formaban parte del organismo de control de la Junta. Posteriormente y hasta 1991, este organismo modificó en seis ocasiones el criterio de distribución.

Al disolverse la Junta de acuerdo con lo dispuesto por la Ley de Reforma del Estado, se depositaron en la Secretaría de Agricultura, Ganadería y Pesca la responsabilidad distributiva y las acreditaciones para el acceso a este selecto paquete de negocios. Aun con sus defectos y claramente impregnada por las presiones políticas, la JNC -como órgano colegiado- dio cierta institucionalidad corporativa a estas discusiones por el interés del negocio exportador de carnes vacunas, y a la vez elaboró tipologías útiles para la competencia en mercados exteriores. Su desaparición significó la concentración de sus antiguas funciones en línea directa con el Palacio de Hacienda, con lo que adquirió un mayor tinte político de acuerdo con la capacidad de presión institucional que podía ejercer cada uno de los participantes.

Así, en 1993 Domingo Cavallo colocó al frente de la SAGYP a Marcelo Regúnaga, hombre de su confianza y miembro también de la Fundación Mediterránea. Este funcionario estableció como criterio de distribución de la Cuota un mecanismo basado, en primer término, en los antecedentes exportadores de las firmas -lo que se conoce como *past-performance*-, y en menor medida, en el valor agregado de las exportaciones.

Como indica su denominación, este criterio implicaba que quien más había exportado en los años previos obtenía por tales exportaciones un derecho a ser adjudicatario de una mayor proporción de la Cuota a distribuir al año siguiente. En un marco económico mundial y nacional de concentración, con el correr de los años el negocio fue quedando en pocas manos.

El sistema de desempeño pasado se discontinuó a finales del segundo gobierno menemista, tras la salida de Cavallo del gabinete. El 1° de julio de 1999 empezó a aplicarse un nuevo mecanismo que siguió vigente con la llegada al poder del gobierno de la Alianza y la designación al frente de la SAGYP de Antonio Berhongaray, dirigente histórico de la UCR y gran ganadero de la provincia de La Pampa, quien tuvo en cuenta también los otros parámetros, en distintas proporciones. Este esquema se aplicó en los períodos comprendidos hasta el 30 de junio de 2001 y generó profundas controversias, en especial con los grandes frigoríficos reunidos en la Asociación de la Industria Argentina de la Carne (AIAC). Por otra parte, a pesar de que en términos nominativos mejoró el método de distribución, quedó claro que no impedía la discrecionalidad política del reparto.

Con el regreso de Cavallo al Ministerio de Economía, también retornó Regúnaga a ocupar la Secretaría de Agricultura, Ganadería y Pesca. Se volvió entonces sobre la tesitura de favorecer a los grandes frigoríficos; para ello se dictó la Resolución n.° 914/2001 del 7 de noviembre de ese año. Allí se aclaraban los alcances del eje de las asignaciones de cupos: la fórmula distributiva se declaraba promotora de la competencia exportadora entre los establecimientos frigoríficos habilitados, para lo cual sus antecedentes de exportación de productos de alto valor constituyeron el principal elemento a tener en cuenta, al extremo de distribuir el 94% de la Cuota por tal criterio. El 6% restante se destinaba para proyectos conjuntos entre frigoríficos exportadores y asociaciones de criadores y/o grupos de productores.

Además, se admitía la transferencia de cupos, con lo que se generó un verdadero mercado para la Cuota y una total distorsión de la distribución que, bien o mal, pudiera realizar el Ejecutivo, ya que implicaba que el tonelaje adjudicado a determinada firma podía ser aprovechado y producido por otra (García, Ríos y Pérez, 2005).

Durante la gestión presidencial de Eduardo Duhalde, se conformó un grupo empresario que pasaría a jugar un rol clave en esta historia: se trata del ABC (*Argentine Beef Consortium*), conocido también en la industria como "el consorcio" y compuesto por un conglomerado de 15 de los más grandes frigoríficos. Según sus propios voceros, el ABC expresaba el 95% de las empresas con proyección internacional en el rubro de las carnes. Estaba principalmente

formado por aquellos situados al sur de Santa Fe, entre
los que se encontraban algunos de los más tradicionales
actores de la industria cárnica del país.

El nuevo agrupamiento resultó de la unión de la Cámara
de Frigoríficos de la República Argentina y la Asociación
de la Industria Argentina de la Carne. Entre los frigoríficos
participantes estaban Swift, Gorina, Quickfood, Arre-Beef,
Finexcor, Friar y también originalmente el Frigorífico CEPA,
luego alejado del ABC al resultar uno de los beneficiarios
de los amparos judiciales. El grupo de empresas de esta
especie de "club exportador" representaron embarques
por US$400 millones en 2002, el 100% de la carne termo-
procesada exportada, una faena de 2.7 millones de cabezas,
inversiones realizadas en la última década por US$500
millones, y unas 11.000 personas empleadas en todo el país.

Las acusaciones fueron múltiples y se llegó a presentaciones judiciales tendentes al dictado de medidas de "no
innovar" que retrotrajeran la situación a efectos de obtener
el permiso para exportar a los frigoríficos sancionados por
incumplimientos. El gobierno norteamericano mostró
su preocupación, relacionada con el rol y el desempeño
de Bernardo Cané al frente del SENASA. Las inquietudes
estadounidenses, por lo que sucedió luego, no cayeron
en saco roto. El propio secretario de Agricultura, Miguel
Campos, ordenó a Cané la emisión de una Resolución (la
n.º 339/2003) por la que el SENASA dispuso reinspeccio-
nar antes del 23 de setiembre de 2003 todas las plantas
habilitadas para exportar. Finalmente, Cané renunció a
su cargo en el mes agosto, enfrentado con el secretario
Campos por un proyecto de reestructuración del SENASA
elaborado por este último.

Durante el período mencionado, se dio el inicio del
"ciclo de auge" de los amparos y las resoluciones judiciales
que se entremezclaron para complicar aun más la madeja
de corrupción y faltas en el manejo de la Cuota Hilton. Es

aquí donde el negocio se alejó cada vez más de las reglas
del mercado y empezó a parecerse a una verdadera lucha
de facciones, en la que las relaciones políticas, económicas
y empresariales se vieron favorecidas por fallos judiciales
objetables. En este juego, hasta mediados de 2004 hubo
quienes se beneficiaron con medidas cautelares y de esta
manera ingresaron en la redistribución realizada por el
gobierno, a pesar de que un tiempo más tarde se quejaron
de la intromisión de los jueces.

La situación recrudeció en 2004. Al vencimiento de los
cuatro años de vigencia de la Resolución n.º 914/2001, el secretario Campos, y el Subsecretario de Política Agropecuaria
y Alimentos, Claudio Sabsay, cambiaron los criterios de
distribución nuevamente. Estas modificaciones se plas-
maron en la Resolución n.º 113/2004, cuyos puntos más
salientes fueron: la morigeración de la *past-perfomance*; la
incorporación de un coeficiente agropecuario del 6% por
regionalidad; un aumento inicial al 7% (con el compromiso
de alcanzar luego el 10%) de la Cuota para los proyectos
conjuntos entre plantas frigoríficas exportadoras y asociaciones de criadores y/o grupos de productores de razas
bovinas; la habilitación de una mayor participación para las
plantas nuevas; la prohibición de la transferencia de cuotas
entre frigoríficos y la producción, en una planta diferente
a la tenida en cuenta durante el proceso de adjudicación.

Al mismo tiempo, se redujo la importancia de los "en-
latados" para el cálculo del valor agregado, con el fin de
determinar los antecedentes de exportación, ya que dichos
productos no se corresponden con la calidad de los cortes
de alta gama. Se trató de premiar también el desempeño
de aquellos despachos de carne fresca no incluidos en la
Hilton; es decir, premiar el esfuerzo exportador realizado
por fuera de la Cuota, y conocido como la "Regla de 2 x 1"
(por cada tonelada adjudicada de Cuota, cada empresa
debía haber exportado dos toneladas de carne por fuera del

cupo). Se estableció la necesidad de acreditar la actividad de las plantas durante al menos 10 meses consecutivos durante el año anterior a la adjudicación, y se determinó que el límite de acaparamiento de los establecimientos no podía superar el 6% del cupo total adjudicado por la UE al país para cada período.

En sus considerandos, la resolución sostenía que debía buscarse un equilibrio entre el volumen de exportaciones realizado por cada empresa dentro de la Cuota Hilton y las efectuadas fuera de ella; de esa manera, se trató de promocionar la totalidad de la industria de la carne y no solo la de los cortes *premiun*. Asimismo, se mantenía el deber de dar cumplimiento a las obligaciones tributarias, previsionales y sanitarias como condición para ser adjudicatario (esto no era novedoso, pero su incumplimiento había sido una constante), y se quitaba la posibilidad de ser adjudicatario a quienes se presentasen en concurso preventivo de acreedores o se les hubiese decretado la quiebra.

Todos estos parámetros fueron importantes para lograr un mayor equilibrio distributivo, pero muchos de ellos no pasaron de lo enunciativo, ya que por negligencia, presiones políticas o artilugios legales, los criterios sanos de la resolución fueron dejados completamente de lado a la hora de aplicarla por parte de funcionarios y jueces. Si bien la normativa significó dar un paso adelante, sus criterios más salientes no siempre se aplicaron y se produjo una marcada disociación entre el discurso y la práctica.

Durante el año 2005, el escándalo de la distribución de la Cuota se judicializó. Los problemas surgidos en 2004 impulsaron una política de ventas aceleradas y como consecuencia, los precios bajaron, influidos por la inestabilidad y la incertidumbre ante el futuro de la distribución. Así, las plantas que recibieron su parte a través de medidas judiciales ofrecieron el producto a valores bajos por temor a una reversión de los amparos. Estos mecanismos erosionaron la política de competencia entre empresas; afectaron la estabilidad del empleo industrial e influyeron negativamente en las decisiones de inversión.

La compleja trama de intereses políticos, empresariales y comerciales y la evidente y cuestionada discrecionalidad en el manejo de la Cuota llevaron al Poder Ejecutivo a enviar en mayo de 2005 un proyecto al Congreso Nacional para intentar regular el régimen de distribución de la Cuota Hilton. El proyecto buscaba transformar en ley los puntos más salientes de la Resolución n.° 113 y darle así un estatus normativo con rango superior para evitar la injerencia de los jueces de primera instancia.

Algo que debe mencionarse paralelamente es la pelea política que tuvo lugar en la interna de las Cámaras Empresariales de Industria Cárnica. Así como el ABC desató una guerra mediática y judicial contra la distribución determinada en 2004 –con el acompañamiento decidido de legisladores y dirigentes empresariales–, otro sector salió a contrapesar esa ofensiva dando un apoyo explícito al gobierno nacional.

En los años de historia que tiene la Cuota Hilton, nunca fue posible alcanzar un consenso interno entre los distintos actores y desarrollar una estrategia mancomunada y más ofensiva de inserción internacional. Esta falencia hizo perder posiciones en el tablero mundial a la carne argentina en forma gradual y continua. En ese orden de ideas, cada tres o cuatro años y puertas adentro, productores, frigoríficos, trabajadores, autoridades, legisladores, gobernadores y jueces han desatado una lucha de intereses sin cuartel con el objetivo de mejorar "su porción" en el reparto, pero han aplicado escasas energías para desarrollar estrategias de negociación que permitan expandir el tamaño de los negocios.

Mientras estas disputas complican aún hoy el cumplimiento de las obligaciones argentinas de exportación

de carnes vacunas de alta gama, dos países competidores
de la Argentina en el mercado mundial de carnes –Brasil
y Estados Unidos– han hecho avances en la negociación
con la UE para obtener mejores condiciones de acceso a
la Cuota.

5. La centralidad del mercado interno y la reorganización de la industria frigorífica

El retiro del Reino Unido como comprador de carnes argentinas, junto con otros cambios producidos en
el comercio internacional, dieron inicio a un proceso de
diversificación de mercados, de industrias y de productos
que tuvo una notable incidencia sobre la industria cárnica
instalada en el país. Entre los años 1956 y 1960, se fueron
desplazando los frigoríficos centrales de abasto de los
centros urbanos demasiado poblados, lo que promovió
cambios paulatinos pero radicales en la industria procesadora de carnes.

Los frigoríficos centrales que realizaban las dos terceras
partes de la faena total pasaron a cifras que oscilaron entre
el 25 y el 17%. Como contrapartida, los mataderos del gran
Buenos Aires pasaron de un modesto 5% hasta casi el 60%.
Los grandes frigoríficos de capital foráneo, especialmente
los ligados a las exportaciones británicas, perdieron posiciones estratégicas frente a los más pequeños ubicados en
Capital Federal y el Gran Buenos Aires.

Los frigoríficos afectados por los cambios presionaron
a los gobiernos de turno con argumentos que apuntaban a
la desaparición de mataderos y a los pequeños frigoríficos
que se adaptaban mejor a los cambios. Para ello denun-
ciaron problemas sanitarios, impositivos, previsionales,
etc., lo que provocó la airada respuesta de los pequeños
industriales insertados en el negocio. Los frigoríficos que

comenzaron a producir en los años 1960 provenían de los antiguos mataderos bonaerenses reabiertos en 1956. Esas plantas perfeccionaron las instalaciones y adquirieron nuevas; algunos se convirtieron en el sector más dinámico de la etapa industrializadora de carnes.

En esta transición, se podían reconocer tres tipos de industrias cárnicas: las grandes empresas que se encontraban en retirada; el sector más fuerte de la industria nacional, cuyo objetivo fue reemplazar a los anteriores en la especialización para el mercado exportador; el resto de la nueva industria procesadora, orientada al nicho de un creciente mercado interior. De esta manera aparecía la nueva industria exportadora, con posibilidades de adaptarse a los cambios rápidos exigidos por los mercados, que ya se notaban en los años 1971-1972. En dicho bienio, las empresas frigoríficas nacionales sostenían el 82% del valor FOB de las exportaciones y –si se les suma la CAP– el 78% de las cabezas faenadas con destino al mercado exterior.

Hacia 1930 habían comenzado experiencias para exportar cortes de carne vacuna en lugar de medias reses o cuartos de ellas. Pero en la práctica, solo en 1958 comenzó un nuevo sistema cuya trascendencia sería similar a la adquirida en su momento por el advenimiento del enfriado. Este se vio impulsado por la demanda británica; las nuevas transformaciones, en cambio, se asentaron sobre la retracción de ese mismo mercado, que obligó a exportar a países con requerimientos diferentes, poco afines con el enfriado.

El nuevo método difería bastante de los anteriores al requerirse una higiene extrema para la elaboración de carne deshuesada y trozada, envasaba al vacío, según los cortes, en bolsas plásticas que la aislaban del contacto con el aire. El producto, llamado comúnmente "supercongelado", recibía un frío adecuado para conservarse durante largo tiempo, y además ahorraba gran cantidad de espacio en bodegas y cámaras de almacenamiento. No menos

importante resultaba la facilidad –traducida en baratura
y rapidez, por la eliminación de grasas y agua– con que
se cargaban y descargaban las cajas de carne trozada, sin
desmedro para su calidad. A partir de 1958, las exportaciones del nuevo tipo fueron incrementándose a medida
que se reconvertía la industria frigorífica argentina. Hubo
toda una revolución en la industria cárnica, extendida asimismo al ganado, al empezar a requerirse más músculo y
menos grasa. También el sector exportador mostró cambios
durante los años 1960.

El complejo conjunto de procesos sustitutivos de productos y mercados fue conducido por nuevas empresas
frigoríficas nacionales medianas y pequeñas, ante la imposibilidad de adecuación a las viejas plantas. La Corporación
Argentina de Productores de Carne (CAP) no acompañó el
ritmo de innovación de la industria privada. Algo más de
un centenar de nuevas plantas de menores dimensiones
sustituyeron a los pocos grandes frigoríficos anteriores. Esta
vez la técnica no resultaba aliada del oligopolio frigorífico,
aunque tampoco lo rechazaba. Al no vincularse tan estrechamente con este, también despojó a la Argentina de su
anterior monopolio natural de carne enfriada, negocio en
manos de aquellos.

De todas formas, el supuesto repliegue de los monopolios debe matizarse un poco. Si bien es cierto que los
grandes frigoríficos perdieron la primacía dentro del sector
productivo y casi no quedaban huellas de ellos a principios
de los años 1970 –excepto los esqueletos de herrumbre
dejados por el cierre de sus gigantescas plantas–, los grupos
empresarios que los controlaban, a quienes se sumaron
en especial sus acreedores externos, seguían controlando
una parte sustancial del negocio, como la colocación de
los embarques en los mercados de destino, sobre todo en
el europeo, gracias a sus redes de contactos, sucursales y
agentes, contra los que los nuevos exportadores poco o

nada podían hacer. En síntesis, los nuevos productores de carnes para la exportación controlaban el procesamiento de los bienes hasta la determinación del precio FOB. A partir de allí, las empresas tradicionales (o los nuevos dueños de ellas) gerenciaban la circulación por un mercado cada vez más concentrado y transnacionalizado.

Como decíamos antes, los cambios en la demanda influyeron sobre el tipo de ganado apetecido. Hasta los años 1960, se buscaba en los mercados de hacienda el novillo compacto, profundo, de patas cortas pero rollizas, línea del lomo horizontal, línea inferior en consonancia con la profundidad del pecho, con gordura visiblemente excesiva en flancos, pecho, paleta, grupa y entrepierna. Era el tipo de novillo de preguerra de 500 a 600 kilos exportado por la Argentina.

Desde el momento señalado, se impuso la demanda de carne con poca grasa, mantenida hasta la actualidad. El consumidor quiere músculo; desecha la grasa por razones dietéticas y por temor a las enfermedades cardiovasculares, y consecuentemente las preferencias de la industria van hacia lo que se ha dado llamar el novillo moderno, animal de mayor desarrollo corporal, más largo, cilíndrico, de patas no muy cortas, cogote corto, cabeza chica, de terminación moderada no abundante, flancos, pecho, paleta, grupa y entrepierna despejados.

Este golpe de timón produjo rápidamente sus efectos en el sector industrial. Los primeros en cerrar sus puertas fueron los frigoríficos, en una onda que terminó con todas las grandes empresas privadas de la rama heredadas del pasado. Esas firmas tenían dificultades incluso para mantener sus posiciones en el mercado mundial mientras sufrían el desafío de los nuevos frigoríficos locales medianos que cooptaron el mercado interno.

En 1968, el gobierno inglés volvió a cerrar el ingreso de la carne argentina por razones sanitarias. Si bien la medida se revisó luego, marcó el rotundo fin de la "relación especial" entre los dos países y el ocaso del largo período de venta de carne sin esfuerzo comercial. Recién entonces los frigoríficos comenzaron a desistir del antiguo método de venta "en consignación" –ligado a las cuotas y repartos del mercado entre ellos– y comenzaron a vender FOB (la carne puesta en puerto sobre el barco) a precios y condiciones más parecidas a las de mercado en general.

Uno de los últimos en cerrar fue el frigorífico Swift, que luego de varios cambios de mano había quedado bajo el control de una corporación financiera basada en un paraíso fiscal (las islas Bahamas). En vez de evolucionar hacia la lógica productiva, esas empresas tendían a mantenerse bajo el predominio financiero. Deltec, el nuevo propietario, heredó ese sistema y no dudó en utilizarlo en diversas maniobras de subfacturación de exportaciones, transferencias de ingresos y evasión de impuestos. Las plantas fabriles de la empresa, muy envejecidas, no eran un ámbito de creación de riqueza, sino una excusa para ganancias ilícitas. La investigación judicial probó esas acciones fraudulentas que buscaban exprimir el máximo posible de beneficios de la empresa y decretó su quiebra en un sonado proceso que ocupó los fines de la década de 1960 y los inicios de la siguiente.

La solución no fue el cierre, sino el paso a la administración estatal de esas plantas. El objetivo manifiesto era evitar problemas de empleo; nadie se preocupaba por la eficiencia del sector. Venía a repetirse la experiencia dada con los ferrocarriles: el Estado asumió ingentes costos (reverso de anteriores ganancias abusivas de las empresas) sin encarar nuevas inversiones ni adoptar mejoras productivas. A semejanza de la década de 1930, esa política era conservadora en el sentido de evitar cambios o aplicar correctivos. No es de extrañar que aquellas plantas frigoríficas continuaran su deterioro, hasta que alcanzados límites insólitos murieron esperando un salvador. Su desaparición final demandó de diez a quince años más, hasta que algunos edificios fueron demolidos y otros convertidos en *shoppings;* los últimos están, todavía, a la espera de ser utilizados.

6. De la mesa inglesa a la cocina argentina

A partir de 1974, fue el mercado interno el que absorbió el 80% de las cabezas faenadas, cifra que en las décadas anteriores solo se verificó entre los años 1947 y 1955. Pero en dicho período las políticas gubernamentales se habían orientado hacia el consumo popular; en cambio, en los períodos posteriores esto fue el reflejo de las dificultades sufridas por el mercado exportador.

Otro elemento importante a sopesar para comprender el comportamiento del mercado interno es el consumo por persona. Cuando se consideran los distintos períodos se pueden apreciar las oscilaciones. Por ejemplo, en los años 1940 dicho consumo era de 77,7 kilos por habitante; en cambio, en los años 1950 se llegó a un máximo histórico de 92 kilos anuales por habitante; luego se verificó un descenso que se mantuvo casi constante en los años 1960, con un promedio de 81,8 kilos y 77,1 kilos anuales por persona en la década de 1970.

Desde 1985, el consumo comenzó a declinar en forma bastante marcada. Ese año –con casi 90 kilos– es el último que supera al promedio histórico. Posteriormente cayó para ubicarse por debajo de los 70 kilos por habitante anuales; en el año 2000 fue solo de 63 kilos, un número que los registros oficiales no observaban desde 1972, cuando se instrumentó un paquete de medidas restrictivas para el consumo interno.[27] La tendencia declinante se agudizó con

---

[27]   De todos modos, en esos períodos de veda es probable que el nivel de consumo fuera mayor por la faena clandestina; en esos tiempos, más sencilla de realizar.

la depresión económica de 2001-2002, y en 2005 la ingesta de carne bovina bajó hasta los 55 kilos por persona, para tener una recuperación modesta en los años siguientes. Aunque la República Argentina siguió manteniendo hasta 2010 el consumo de carne de vaca más alto del mundo, con más del 60% del consumo total y el 7,1% del gasto total en alimentos por habitante, en los últimos quince años el consumo de pollo pasó de 10 a 27 kilos por habitante.

Un dato adicional que ayuda en entender la tendencia a la baja del consumo por persona –fuera de la ya para esos años incipiente tendencia a recomendar una alimentación menos rica en grasas y proteínas– resulta de comparar la evolución de los precios de los alimentos en los países desarrollados y emergentes con respecto a los de la Argentina. Mientras que en Estados Unidos, Europa y naciones como Brasil y México los precios de los bienes alimenticios bajaron o casi no aumentaron entre 1955 y 1968, en nuestro país su comportamiento fue de incremento sostenido y la carne incluso aumentó por sobre el conjunto de los bienes considerados como potenciales sustitutos. Si en el primer grupo de países además la brecha entre la suba de salarios y alimentos es bastante marcada, en la Argentina el costo de los sustitutos acompañó en sus guarismos la mejora de los salarios, pero la carne vacuna superó a ambos.

En el período 1970-1972, el gobierno accionó con destino al mercado exterior, por lo que tenía que deprimir el consumo interno. Las medidas aplicadas en estos casos fueron la veda y un tipo de cambio muy superior a la paridad real, lo que permitió que 1972 fuera un año récord para las exportaciones de productos vacunos. En estos años, otro elemento para tener en cuenta fue el mayor peso de los animales faenados para el mercado externo.

En conclusión, se puede señalar que la faena para el mercado interno tendió a mantenerse equilibrada en relación con la faena total, mientras que el mercado exportador manifestó oscilaciones vinculadas con variables internas del tipo de los ciclos ganaderos y los problemas externos, como la ganancia o pérdida de mercados importadores y las fluctuaciones de los precios internacionales. Además, hay que considerar las orientaciones políticas de los diversos gobiernos que tomaron las medidas variables según consideraban más o menos a las actividades agroganaderas. Como fuera, la demanda interna respecto de la oferta de carne vacuna en las últimas cuatro décadas osciló entre el 75%, en aquellos momentos en los cuales crecieron las exportaciones, y el 90%, cuando estas disminuyeron.

Cuadro 4.3. Consumo aparente de carne vacuna en la Argentina. Cifras expresadas en kilos anuales por habitante

Período	Consumo aparente
1950-59	89,0
1960-69 (*)	79,2
1970-79 (**)	76,9
1980-89	79,0
1990-93	67,0

Fuente: Secretaría de Agricultura, Ganadería y Pesca.
(*) Una estimación de la faena entre 1964 y 1966 eleva el consumo a 80,4 kg/hab./año.
(**) Por igual motivo, entre 1970 y 1976 el consumo estimado aumenta a 83,7 kg/hab./año.

La dificultad para conocer estudios específicos y precisos que expliquen la declinación de la demanda de carne vacuna en el mercado interior conduce a la construcción de algunas hipótesis. Si bien es cierto que los aumentos de precios y el descenso del poder adquisitivo de los salarios pudo obligar a los consumidores a reemplazar productos en la dieta, son varias las observaciones realizadas sobre modificaciones en las conductas de consumo de ciertos sectores por otros motivos.

La demanda de los consumidores de ingresos medios o medios-bajos parece haber sustituido la carne vacuna por la aviar, cuyo precio relativo disminuyó en función de una mayor y mejor producción. Los consumidores de ingresos medios-altos y altos, más allá de mantenerse como el sector de mayor consumo relativo de carne vacuna, desplazaron posiblemente sus preferencias hacia alimentos no cárnicos o de bajo contenido cárnico, con mayor elaboración en consonancia con tendencias mundiales relacionadas con la mala prensa de las carnes rojas en el ambiente médico.

Por el contrario, los sectores de ingresos bajos y/o afectados por los problemas de empleo que han tendido a crecer desde la década de 1970 estarían sustituyendo el tradicional consumo de cortes económicos por alimentos con gran contenido de harinas, legumbres y hortalizas de menores costos. Hasta el comienzo de los años 1990, no se había logrado establecer una tendencia estructural en el cambio de la demanda hacia otros requerimientos, pero se podía asegurar que el consumo de pollos había crecido significativamente.

Más allá de toda discusión, los consumidores aprecian la carne vacuna por su buen color, aspecto, textura consistencia, forma de trozarla, envasado y conservación. Al comerla, se juzga su aroma, sabor, terneza y jugosidad. Muchos de estos caracteres están condicionados por los gustos particulares de las personas y sus hábitos culinarios. Actualmente, tanto los consumidores argentinos como extranjeros –en especial, los de nivel sociocultural más alto– buscan en la carne un alimento sano, nutritivo y agradable al paladar.

Desde hace unas décadas, la ingesta de carne vacuna viene siendo resistida por algunos sectores de consumidores por las posibles relaciones con episodios cardiovasculares.

Esta imagen negativa respecto de su ingesta proviene de Estados Unidos, donde son muy altas las tasas de colesterol producido por carnes gordas, con gran cantidad de grasas saturadas. Tal tipo de carnes se genera a raíz de la utilización de sistemas de engorde intensivo, con animales confinados a espacios pequeños y alimentación concentrada, donde se produce un tipo de ganado vacuno poseedor de gran cantidad de grasa intramuscular. A esto se debe agregar el alto consumo de hamburguesas, cuyos contenidos en grasa oscilan entre el 15 y el 20% del producto.

En la Argentina, es innecesaria la discriminación de la incorporación de carne vacuna en la dieta, ya que por el sistema de engorde a pastoreo los niveles de grasa intramuscular y la incidencia sobre el colesterol son iguales e incluso menores que las de otro tipo de carnes. Estudios realizados por el INTA parecen indicar que la oposición de los médicos nutricionistas a incluir bifes en la dieta no tiene sustento científico. Los vacunos alimentados por el régimen de pastoreo producen carnes con bajo nivel de colesterol,[28] con mayores niveles de antioxidantes naturales y un balance adecuado entre los ácidos grasos Omega 6 / Omega 3, si se los compara con los animales alimentados a corral con granos. Según esta fuente, las carnes magras producidas por el rodeo a pastoreo presentaban niveles de colesterol comparables con la carne de pescado (Rosso y García, 1998).

A pesar de estas discusiones, la Argentina también está lejos de las tendencias mundiales sobre consumos de carnes vacunas. Si bien su lectura y conclusiones puede ser condicionada porque el trabajo fue encargado por el Instituto de Promoción de la Carne Vacuna, una encuesta

---

[28] Esto podría estar cambiando en los últimos años, como consecuencia de la generalización del engorde a corral también en nuestro país (al respecto, véase el capítulo 2).

de muy amplio rango efectuada durante 2005 arrojó la predilección nacional por el consumo de ganado bovino por sobre cualquier otro alimento.

Según este estudio, los alimentos consumidos en ese momento con mayor frecuencia en los hogares eran verduras, carnes, frutas, pastas y lácteos. El 83% de los hogares había consumido carne vacuna en la semana de realización de la consulta y resultaban pocos los hogares donde se consumía cerdo y pescado, tanto a nivel mensual como semanal, aun cuando la ingesta de pollo aparecía con bastante frecuencia. El 64% de los hogares nombraba a los cortes bovinos en algunos de los tres primeros lugares al elaborar un *ranking* de los alimentos según su orden de prioridad para la dieta familiar, seguida de verduras, con el 62%, y lácteos, con el 43%, mientras que el pollo figuraba en el quinto lugar, mencionado por el 23% de los hogares.

Para los consumidores, los puntos fuertes de las carnes en general radicaban en su aporte a la fortaleza y a la salud de los individuos, a la provisión de proteínas y minerales, al sabor, variedad y facilidad para combinar que las caracterizan, y a su aceptación en el ámbito familiar debido al hábito afincado en la tradición argentina. Los puntos débiles se asociaban al tenor graso, a la necesidad de mantenimiento de la cadena de frío, al riesgo bacteriológico, a problemas de olor y a menor rendimiento.

Por otra parte, la ingesta de cortes vacunos se consideraba como el centro indispensable de toda comida, a punto de reconocer en otros alimentos el rol de acompañamiento (pastas y verduras). De hecho, los consumidores habituales realizaban en ese tiempo 26,8 comidas por mes incluyendo carne, o sea, casi una por día del mes en promedio. En este sentido, la sociedad pensaba que las posibilidades de sustitución dentro de los distintos tipos de carnes y entre la carne y otros alimentos no son perfectas; y ello constituía una fortaleza relativa para la vacuna, dado su posicionamiento relativo. En balance, las personas consumidoras de carne consideraban que "sin carne, no es comida" (IPCVA, 2006).

7. Los cambios en el sistema de comercialización

La comercialización del ganado vacuno destinado al consumo sufrió muchos cambios en las últimas décadas. Una de las características más destacadas es el proceso de descentralización operado en la venta de los animales, acompañado por una marcada concentración de los puestos de venta final. Las carnicerías en los grandes centros urbanos han disminuido, se han incorporado nuevos operadores, y otros se han ubicado mejor, lo que provocó un fuerte impacto en el poder de negociación de los actores a lo largo de la cadena.

Esta se inicia en los de mercados de hacienda, centros receptores de ganado en pie. Uno de ellos es el mercado de Liniers; también funciona el de Rosario, mucho más pequeño. En ambos se remata la hacienda y la compran los frigoríficos y matarifes. Los productores envían su ganado consignándolo a un agente que lo vende por cuenta del productor, le cobra una comisión y le transfiere el precio neto. Estos consignatarios son un núcleo no muy grande, tienen bastante capacidad financiera y pueden contribuir a provocar situaciones de mayor oferta o mayor demanda en el corto plazo, debido a su influencia sobre los ganaderos, con quienes pueden llegar a actuar en forma concertada. Asimismo, constituyen una prueba de la persistencia en el sector de actores reacios a renunciar a sus privilegios para mejorar la competitividad al mantener hasta el día de hoy niveles de comisiones similares a las de antaño, sin considerar la baja de costos derivada del uso de instrumentos electrónicos para realizar trabajos que antes se hacían en forma casi totalmente manual.

El Mercado de Liniers o Mercado Nacional de Hacienda fue habilitado el 1° de mayo de 1901 en su actual predio de Mataderos.[29] Constituyó y todavía constituye uno de los principales centros de ventas pecuarias del país. Allí todos los días se determina el precio de las distintas categorías de ganado vacuno y porcino, que resultan ejes rectores de los precios a nivel nacional, tanto para la faena como para criadores e invernadores. Las actividades de las empresas consignatarias de ganado oscilan en operaciones de alrededor de 12.000 cabezas diarias de vacunos para faenar, mientras que los días viernes se remata la carne proveniente de los *feedlots*.

El actual Mercado de Liniers es una firma constituida en 1991 por un centenar de empresas consignatarias y de remates-ferias que se presentaron a la licitación pública convocada por el Estado para obtener la concesión de la administración del antiguo mercado oficial, privatizado en medio de las políticas liberales del menemismo. La idea de esta sociedad ha sido mantener un mercado concentrador de hacienda que funcionara como formador y orientador de precios. En los años 1990, representaba cerca del 20% de la faena total del país, aunque esa participación se ha reducido hasta el 17% en 2007; pero aún significaba el 50% de la faena del Gran Buenos Aires, con la facilidad de encontrarse ubicado en relación directa con los principales centros de consumo.

La concentración de la actividad ocupa a cerca de 700 operadores, desde frigoríficos a matarifes, que al pujar

---

[29]   A mediados de 2001, la Legislatura de la Ciudad de Buenos Aires sancionó la Ley n.° 622, por la que se decidió el traslado del mercado desde el barrio de Mataderos a una nueva ubicación. A la fecha no se hecho efectiva tal mudanza.

por la compra de animales determinan la formación de
precios a diario. Este sistema permite a los productores
pequeños y medianos enviar varias categorías de animales
que son clasificadas por los consignatarios y vendidas para
distintos usos.

La cadena se continúa en los frigoríficos que compran
ganado, lo transforman en carne y la venden. Si bien en
los últimos lustros la industria frigorífica se desconcentró
bastante, todavía no lo hizo lo suficiente. Los frigoríficos
también pueden ejercer presión en la formación de precios, porque si quieren pagar menos, pueden mantener
esa política por largo tiempo.

Ante el descenso de las exportaciones, muchas plantas giraron hacia el mercado interno, que operó como un
complemento y las obligó a reformular sus estrategias para
mejorar la rentabilidad, mediante la utilización tanto de las
partes de la res a exportar como de las que se vendían en
el mercado interno. De todos modos, la crisis económica,
el achicamiento de la demanda exterior y la imposibilidad
de que el mercado de consumo interno –con productos de
menor valor agregado y menores exigencias sanitarias– reemplazara lo que antes se enviaba al exterior obligaron al
cierre de numerosas plantas frigoríficas. Así, de haber sido
otrora una de las actividades industriales más demandantes
de mano de obra, según el Censo Industrial de 2004-2005
la suma de trabajadores en las plantas, tanto las destinadas
a consumo como a las exportaciones, no pasaba de 26.000
obreros, y ese número no ha dejado de descender.

Entre 1978 y 1988 desaparecieron más de la mitad de
los frigoríficos que se dedicaban a exportar. A finales de
la década de 1990, ya existían solo dos tipos de empresas:
aquellas que se han modificado tecnológicamente e hicieron inversiones para poder cumplir con los exigentes
parámetros impuestos por los compradores externos (en
especial, la Unión Europea); y las empresas que conforman

el grupo dedicado a producir para el mercado interno, con menor valor agregado, menores requerimientos sanitarios, dentro de los cuales se pueden integrar los mataderos comunes que colocan su producción dentro del ámbito local de referencia, como las provincias o municipios.

En cuanto a su estructura, los establecimientos se diferencian por sus actividades e instalaciones según estos criterios:

- *Establecimientos faenadores:* son aquellos solo dedicados a sacrificar animales.
- *Ciclo I*: son plantas con playas para la faena y poseen cámaras frigoríficas.
- *Ciclo II*: comprende los establecimientos que luego de comprar las medias reses o los cuartos deshuesan la carne; se los conoce como despostadores.
- *Ciclo completo*: como su nombre lo indica, se ocupan de la totalidad de las tareas: faenamiento, despostado, poseen cámaras frigoríficas y abordan procesos de industrialización.

Además, de acuerdo con el destino de la producción y el nivel de exigencias sanitarias, los establecimientos se pueden categorizar según las siguientes tipologías:

- *Frigorífico clase "A":* son los frigoríficos exportadores, poseedores de un alto nivel higiénico y sanitario, que responden al tipo de demanda proveniente de la UE y Estados Unidos. En ciertos casos, han realizado inversiones con el propósito de avanzar en el desarrollo de productos y tecnología de procesos, con el objetivo de bajar los costos mejorando la eficiencia. Son compradores de animales pesados, de acuerdo con el gusto de la demanda externa, y destinan los cortes no exportables al consumo interno; además aprovechan los cortes de menor valor elaborando productos tales como hamburguesas o salchichas. Aproximadamente el 30% de la faena se realiza bajo estas condiciones.

- *Frigoríficos clase "B":* son los llamados "consumeros"; realizan la totalidad de la faena que se dedica al mercado interno. La inspección sanitaria está a cargo del SENASA y generalmente poseen un servicio de clasificación y tipificación. Distribuyen sus productos en todo el país y pueden dedicarse a ciertas ventas internacionales, especialmente a países de Oriente, África o Estados sudamericanos; su nivel higiénico-sanitario es menor que en la clase anterior. Carecen de cadenas de frío suficientes para poder distribuir la carne con enfriamiento previo.

- *Frigoríficos clase "C":* faenan para el consumo interno de las provincias a las que pertenecen y dependen del servicio de supervisión provincial.

- *Los frigoríficos de Ciclo II:* (sin faena) pueden abastecer los pedidos de exportación tanto como el mercado interno.

- *Matadero rural:* en su origen, en manos de los municipios, pero mayormente privatizados en la década de 1990; en ellos faenan los matarifes y carniceros para el abastecimiento local. El control bromatológico pasa por los municipios y la carne no puede traspasar los límites de la comuna. Su producción se coloca fuera de los grandes centros urbanos o bien en comunidades rurales. No tienen controles sanitarios permanentes. Pueden tener habilitaciones municipales o bien ser ilegales; se calcula que alrededor del 20% de la faena se encuentra en estas condiciones.

Desde finales de la década de 1990, el SENASA controla más del 70% de la faena nacional, y ello permitió mejoras, especialmente en cuanto a las condiciones sanitarias; el porcentaje restante tiene autorizaciones provinciales, municipales o bien carece de ellas. En cambio, todos los establecimientos necesitan disponer de la matrícula que otorga la Oficina Nacional de Control Comercial Agropecuario (ONCCA). Al inicio de la presente centuria, la cantidad de establecimientos con faena propia registrados era de 320 plantas, el 86% se concentraba en seis provincias y realizaba el 90% de las matanzas del país. Su ubicación estaba determinada en primer lugar por criterios de comercialización. Una particularidad de la industria cárnica argentina es la existencia de la categoría "usuario de faena", que comprende a quienes contratan el servicio, con una participación del 30% de los sacrificios totales (SAGYP, 2002).

En esta categoría, se encuentran: a) los consignatarios directos, personas o entidades jurídicas que reciben ganado de los productores para la faena y venta de carnes y subproductos por encargo de los remitentes; b) los matarifes que adquieren hacienda en pie por la compra directa en los campos, la reciben de los comisionistas, de los mercados concentradores o las adquieren en los remates o ferias.

Pueden faenar hacienda en los frigoríficos pagando el servicio o bien vender las medias reses directamente a mayoristas y minoristas. Los matarifes se concentran de manera fundamental en la actividad minorista como matarifes carniceros o como proveedores de cadenas de carnicerías. Los abastecedores que distribuyen las medias reses desde los frigoríficos a las carnicerías son los que concentran la mayor proporción del comercio mayorista.

De acuerdo con los datos disponibles, hasta fines del siglo pasado existían alrededor de 700 agentes del sistema que no contaban con plantas propias. De la misma manera, no todos los establecimientos pertenecientes al ciclo II poseían habilitación del SENASA. A pesar de estas faltas, esas plantas seguían operando, aunque –como queda claro– las autoridades conocían bien la situación. Desde hace años, el sector frigorífico atraviesa una crisis importante;

muchos han estado presentándose a concursos y quiebras y el sector mantiene un alto nivel de evasión impositiva.

Los centros minoristas deben deshacerse de los restos del desposte (huesos y grasa), generadores de costos innecesarios. Los distintos canales de comercialización a nivel minorista son las carnicerías tradicionales, las integradas, los autoservicios, los supermercados. También en muchas ocasiones los frigoríficos tienen clientes a quienes proveen "a medida", como las casas de comida, los *fast foods*, restaurantes y hoteles.

Las carnicerías tradicionales movilizan volúmenes de 70 a 80 kilos por día. Sus proveedores son frigoríficos consumeros, matarifes, gancheros y abastecedores. Las carnicerías integradas son cadenas que a veces trabajan marcas propias, se dedican al despiece de la media res clasificando los cortes por categoría y tipo. El producto es presentado en bandejas o al vacío en góndolas. Los autoservicios[30] venden franquicias de frigoríficos o matarifes. Se trata de carne envasada en bandejas con marca propia, peso y precio.

Los supermercados preparan la carne en bandejas cubiertas de polietileno para asegurar mejores condiciones organolépticas y comercializan marcas conocidas. Estos dos elementos ayudaron al cambio de modalidad de compra por parte de los consumidores, tanto por el empaquetado y la seguridad de mantenimiento de la cadena de frío como por la concentración de todas sus compras. Ello trajo aparejado nuevos plazos de pago y condiciones de compra extendidos a toda la cadena de comercialización, que afectan la rentabilidad de las distintas etapas.

Se calcula que entre el 30 y el 40% de la venta de carnes se concentra en ese canal, pero en el área metropolitana

---

[30]   Se define como autoservicio al supermercado con no más de dos cajas y una superficie cubierta de entre 300 y 500 m^2.

de la Capital Federal roza el 70%. Eso hace asimismo que los supermercados sean un factor muy importante en el consumo, al darles poder para fijar precios. El supermercado compra una cantidad tal de carne que le permite hacerlo directamente al frigorífico, y puede venderla al precio que le parezca, posibilidad que no tiene el carnicero de barrio.

La comercialización tradicional se basa en el traslado de la media res de la planta de faena a la boca de expendio en camiones refrigerados. Esta modalidad que en los años 1990 alcanzaba el 95%, en esta primera década de siglo se redujo al 75%. El precio de la media res o "carne limpia" es el resultado de faenar el animal, quitarle el cuero, las entrañas y los órganos internos (subproductos), y dividirlo en dos mitades longitudinales, y es más alto que pagado por la cabeza de ganado, a diferencia de lo que pasa en los países más desarrollados, donde el precio de la cabeza supera al de la media res. Esto se debe a un buen aprovechamiento de los subproductos mediante dos vías: el aprovechamiento en sí y su comercialización adecuada. Algunos son muy valiosos y a veces se desperdician, como la sangre, que se puede usar como elemento medicinal y en otras aplicaciones.

El trozado de la res en frigorífico ha sido una alternativa varias veces explorada para mejorar la capacidad extractiva y bajar los precios de expedición en mostrador. La seriedad del problema explica que la cuestión permanezca sin resolución. Los carniceros son pequeños y medianos empresarios que pueden llegar a desaparecer si se aplica una medida de venta fraccionada, ya que buena parte de su trabajo no se justificaría. Actualmente, un carnicero es un obrero de alta especialización que compra las medias reses y troza el animal para vender luego los cortes. Como su capacidad de troceo no es grande, debe limitarse a trabajar unas pocas reses y su margen de ganancia como empresario tiene que ser alto.

Como punto final de esta cadena, están los consumidores, quienes son receptores de precios. La propaganda
de la política liberal ha sostenido que el consumidor fija
el precio, porque si no compra, lo hace bajar. Esto no deja
de ser una falacia; algunos grandes consumidores pueden
comprar mucho más si les convienen los precios o dejar de
comprar cuando suben. Pero es evidente que los pequeños
consumidores, que compran uno kilo o dos de carne por
semana, muy poco pueden hacer para influir sobre los
precios de manera aislada (Giberti, 2006).

CAPÍTULO 5. ACERCA DE POLÍTICAS Y MEDIDAS COYUNTURALES: LOS EFECTOS SOBRE LAS ACCIONES CONCRETAS

Si se analiza a la República Argentina en el largo plazo, se encuentran pocos intentos en su historia de asumir la necesidad de un plan de desarrollo global de la economía en el cual cada sector adquiera la importancia que su peso relativo representa en la constitución del PBI nacional en los distintos períodos; un plan atento, además, a los cambios que se produzcan en el ámbito de las relaciones internacionales, con la cuales esos sectores interactúan.

Por lo tanto, excepto en los aspectos sanitarios, el sector ganadero argentino no ha sido una excepción en lo que a legislación de largo alcance se refiere. Atravesado por medidas coyunturales dependientes de la inestabilidad político-económica del país, sus relaciones con ciertos sectores de la clase dirigente lo sometieron a los vaivenes mencionados, abortando el logro de un grado de profesionalización que hubiera paliado, en cierta medida, las crisis por las que atravesó.

En esa tesitura, son escasos los antecedentes inmediatos al período analizado que sobrepasen los niveles coyunturales. Se puede mencionar como único ejemplo a la *Ley Federal de Carnes* (en realidad, el Decreto-Ley n.º 18811, sancionado el 13 de octubre de 1970). Dedicada a los problemas que presentaba la totalidad del sector, esta ley nacionalizó los contenidos del Decreto n.º 4238 en lo que se refiere a las normas sanitarias, higiénicas y bromatológicas. En primer lugar, dejó a cargo de las provincias las instancias de aplicación, lo que demostraba su carácter federal; y si bien no tomó en cuenta el problema de los ciclos ganaderos, permitió modificar la estructura comercializadora. En los considerandos de la ley, se tuvo en cuenta la situación del sector; a partir de ese momento, las empresas industrializadoras de carne para la exportación pasaron a estar sometidas a un estricto control sanitario, impositivo y social. La normativa afectaba a los mataderos abastecedores del consumo interno, acostumbrados a trabajar regularmente sin ningún control, lo que les daba ventajas importantes frente a las fábricas frigoríficas, cuyos costos finales eran onerosos.

Sin embargo, sancionada en un momento político de gran debilidad, en el momento del cambio de gobierno la ley aún no se había aplicado, a pesar de que hubiera significado un avance notorio en la integración de los ámbitos del consumo y la exportación.

1. Medidas y políticas fallidas durante el tercer gobierno peronista

Las disposiciones establecidas en relación con las necesidades del campo por el nuevo gobierno democrático que asumió en 1974 fueron:
1) el intento de legislar sobre las tierras improductivas a través de la "Ley Agraria", con inclusión de la posibilidad de expropiación, propuesta que no logró el apoyo del Congreso Nacional;
2) el impuesto a la renta potencial de la tierra, con el objetivo de incentivar la producción, que consiguió el apoyo de tres de las entidades que agrupan a los productores (Federación Agraria Argentina, Coninagro y Sociedad Rural Argentina);
3) la firma en septiembre de 1973 de un acuerdo conocido como "Acta de Política Concertada con el Agro", que intentó aunar los intereses del gobierno y el de

los productores, generalmente reacios a las políticas
peronistas, consideradas de corte populista;
4) la intervención del Estado en el rubro de exportaciones
a través de las Juntas Nacionales de Granos y de Carne,
que adquirieron la potestad de compra y venta sobre
los productos de exportación (hecho que no modificó
la legislación anterior);
5) fijación de precios al sector agroganadero a través de
la aplicación de retenciones;
6) utilización del control del tipo de cambio, de manera
que pudiera operar sobre el sector exportador.

En el año 1973, el gobierno obtuvo ventajas importantes al producirse un notable aumento de los sectores
exportadores, que a su vez les proporcionó a las arcas
estatales un aumento de las reservas de divisas impulsado
por el aumento de los precios internacionales, tanto de la
carne como de los granos, todo ello acompañado por una
cosecha formidable.

Bajó la inflación y creció el PBI, lo que hizo innecesaria
la aplicación de medidas intervencionistas para mantener
a raya los precios internos. El programa de gobierno obtuvo
beneficios, apoyado por el aumento de los precios externos;
pero este hecho se modificaría al año siguiente, cuando se
sintieron las restricciones aplicadas a nivel mundial como
consecuencia de la crisis petrolera.

Las tensiones generadas entre empresarios y trabajadores complicaron rápidamente la situación. En julio de
1974, a raíz de un brote de fiebre aftosa, el Mercado Común
Europeo prohibió la importación de carnes argentinas, con
la consiguiente reducción en la entrada de divisas, que tenía
en el sector agropecuario un eje importante. Tras la muerte
del general Perón, el 1° de julio de ese año, quedó un vacío
en el arbitraje entre los distintos intereses sectoriales, y en
agosto renunció el ministro Gelbard, quien había resultado

un enlace confiable para los distintos grupos involucrados. En su reemplazo, fue designado Alfredo Gómez Morales, que al asumir la crisis desatada decidió hacer cambios importantes en el plan original. Entre las medidas adoptadas, la devaluación gradual del peso fue una de las que tuvo mayor incidencia para el sector agroganadero.

La situación se volvió demasiado conflictiva. Se desató una inflación que erosionó los salarios y al tiempo incidió sobre los costos de producción. Incapaz de dar respuesta a una crisis que se ahondaba, Gómez Morales renunció. En junio de 1975 lo sustituyó Celestino Rodrigo, quien realizó una extraordinaria devaluación de la moneda que aún hoy permanece en la memoria colectiva de los argentinos y es recordada con el nombre de "Rodrigazo". Aumentaron los precios, y la puja con los actores sindicales por mantener el nivel de los salarios enrareció el clima. Los problemas económicos se combinaban con los escasos atributos como estadista de la viuda de Perón, María Estela Martínez, quien había sucedido a su marido en la primera magistratura. Sus carencias para ocupar un cargo de tal relevancia exhibían incapacidad para gestionar, de modo que ante las presiones sindicales reemplazó a Rodrigo por un no más exitoso Antonio Cafiero. Mientras la crisis se hacía incontrolable en 1975, la injerencia de los militares era cada vez mayor y se producía una nueva designación en el Palacio de Hacienda –la de Emilio Mondelli–; el país se encaminaba hacia el golpe de Estado del 24 de marzo de 1976.

Antes de su hundimiento, y en especial en el bienio 1973-1974, la política agropecuaria del gobierno peronista aprobó una serie de normas tendientes a aflojar la tensión sobre el sector de los pequeños productores, como las siguientes:

- Se dictó la Ley n.° 20518 que logró la suspensión de los juicios de desalojo de tierras. Su sanción establecía la suspensión del trámite correspondiente a los juicios de desalojo y la suspensión de ejecución de sentencias hasta el 31 de diciembre de 1974. Se buscaba favorecer a los pequeños y medianos productores, arrendatarios y aparceros. Estos debían inscribirse dentro de los noventa días en un registro, para que les fuera adjudicado un predio donde continuar con sus actividades económicas; además podían ser beneficiados con créditos, a través de la ley complementaria señalada a continuación.

- La aprobación de la Ley n.º 20543, que de acuerdo con una conveniente política crediticia, benefició a dichos sectores sociales con el otorgamiento de créditos baratos que apuntaban a facilitar la compra de tierras, máquinas y/o herramientas.
- Con la aprobación de las leyes n.º 20535 y 20573, el Estado intervino en la comercialización de carnes y granos.

La Ley n.º 20543 –antes mencionada y sancionada en octubre de 1973– estableció que aquellos productores arrendatarios o aparceros que adquirieran una unidad económica y no más de dos podrían obtener los beneficios establecidos en su artículo 4º, consistentes en créditos de instituciones financieras oficiales, mixtas o privadas hasta el 80% del precio convenido o del valor de tasación del predio si este fuese menor; exención del impuesto a los réditos (de carácter nacional) o del que lo reemplazara, sobre los beneficios originados en la explotación del predio objeto de la compraventa, por el término de cinco años a partir de su toma de posesión; y exención de los impuestos a los sellos (de percepción provincial) correspondientes a la operación realizada.

Esta ley incluía asimismo en su artículo 7º importantes exenciones impositivas para los vendedores que financiasen no menos del 50% de la operación, con la tasa de interés

ordinaria del Banco de la Nación. Se apuntaba además a
la explotación directa y personal por parte de la familia del
productor mediante la prohibición de la transferencia del
dominio –a título oneroso o gratuito– antes de transcurridos
los 15 años de la fecha de toma de posesión del predio.
También estaba prohibido subdividir la unidad económica.

1.1. Política agropecuaria: las leyes de arrendamiento y de fomento agrario

Mario Lattuada (1986) señala que aun cuando el peronismo se encontrara en las mejores condiciones para tener
éxito, si las medidas planteadas por el gobierno apuntaban
a la cuestión de la tierra, a las relaciones de producción en
el agro y de la propiedad privada, debían hacer estallar el
conflicto entre las diferentes fracciones sociales componentes de la alianza policlasista gobernante. Este conflicto
no solo tomó cuerpo en la sociedad –o entre el Estado y la
sociedad–, sino también entre los distintos sectores sociales
y económicos de derecha, centro e izquierda, con intereses distintos y opuestos, relacionados con determinados
organismos estatales.

Este conflicto, señala el autor, se agudizó luego de la
muerte de Perón y alcanzó uno de sus puntos culminantes
con la renuncia del equipo económico dirigido por José Ber
Gelbard, poco más tarde. Dicha dimisión fue recibida con
alivio y satisfacción por las organizaciones agropecuarias
como la Sociedad Rural y la Confederación de Asociaciones
Rurales de Buenos Aires y la Pampa (CARBAP), que representaban a los grandes productores.

En 1973 se sancionaron la mayoría de las leyes agrarias
propuestas, algunas de las cuales no presentaron problemas y se mantuvieron en vigencia; otras, aprobadas en un
contexto de tensión, encontraron la oposición de ciertas
organizaciones gremiales del agro. Además, este desacuerdo

interno respondió muchas veces al pensamiento de determinados sectores del gobierno identificados con ellas. A partir de la muerte de Perón, el conflicto mostró una faceta más conflictiva; ello se puede comprobar a partir de las trabas y bloqueos de leyes y/o medidas presentadas por la Secretaría de Agricultura y Ganadería para su aprobación. Por ejemplo, fue rechazado *in limine* el anteproyecto de Ley Agraria elaborado por dicha agencia. Este fallido intento privó al país de un proyecto de carácter más estructural cuyos resultados solo se hubieran apreciado en el mediano plazo. También se redujeron los montos a abonar y se concedieron prórrogas para el pago del impuesto de emergencia a la tierra apta para la explotación agropecuaria libre de mejoras, y no se aplicó el Impuesto a la Renta Normal Potencial.

1.2. Política agropecuaria: ley de comercialización de carnes y de comercialización de granos

En 1973, se aprobó la Ley n.° 20535 que estableció la política estatal hacia la producción cárnica y la reorganización de la Junta Nacional de Carnes (JNC). En su artículo 2º, disponía que la comercialización exterior de los productos de la ganadería, avicultura, recursos vivos del agua, cunicultura y otros productos de la fauna y sus subproductos estaría a cargo del Estado con carácter competitivo o exclusivo. La Junta podía actuar también en el mercado interno efectuando toda clase de operaciones comerciales referidas a la producción, almacenamiento, industrialización, transporte y comercialización de las producciones señaladas más arriba. El objetivo explicitado en el texto era el de propender al abastecimiento, consumo y abaratamiento de todos los tipos de carnes dentro del país.

El financiamiento de la JNC se constituiría –entre otras contribuciones– con el aporte del 2,5% sobre los importes resultantes de la venta de ganado bovino, ovino, porcino y equino y de aves de corral, con destino a la faena o a la exportación así como el valor asignado por la Junta en los casos del ganado y demás producciones de su competencia, faenados o utilizados para cualquier destino, conforme con la reglamentación dictada por la propia Junta. Esta contribución recaería en los vendedores en el primer caso, y en los productores, en el segundo. Ordenaba también la inscripción de las personas y entidades intervinientes en todo el proceso productivo cárnico destinado tanto al mercado interno como al externo.

En resumen, la norma establecía una comercialización –exclusiva o en competencia– de la producción cárnica destinada al sector externo por parte del Estado argentino, y con carácter competitivo para el interno. Ello dio lugar a conflictos con determinados sectores del gobierno debido a la ausencia de ganaderos en el directorio de la JNC y a la resistencia de los sectores conservadores en el Congreso Nacional.

Un análisis de la Ley n.º 20573, referida a la comercialización de la producción agrícola, muestra que la comercialización de la producción nacional de granos y otros productos agrícolas, sus productos y subproductos provenientes de la industrialización primaria quedaba a cargo del Estado nacional. Era el gobierno quien determinaría cuáles serían los productos y subproductos comprendidos en este régimen de intervención exclusiva, mientras que en los aspectos no incluidos, la Junta Nacional de Granos podría actuar en actividad competitiva en el mercado interno y externo.

Según Lattuada (1986), esta norma evidenció los primeros conflictos en el interior del bloque gobernante, formalizada por una oposición entre la Cámara de Diputados y la de Senadores, a la que se sumaba la hostilidad manifiesta desde las corporaciones agropecuarias.

Por su parte, la posición de la Federación Agraria ante el sistema de comercialización quedó delineada, en lo fundamental, por el diagnóstico de la situación del agro realizada para 1975. Con marcado espíritu crítico, hablaba sobre la persistencia de valores no retributivos; criticaba la desmedida presión fiscal; consideraba que la vigencia del tipo de cambio era el principal obstáculo para la penetración de nuestros productos en el mercado exterior; e insistía en lo insuficiente y gravoso de la asistencia crediticia para ciertos sectores productivos. Todo ello, en suma, contribuía a negarle al país una salida auténtica.

2. El Proceso y el cambio de modelo acumulativo (1976-1983)

A partir del golpe de Estado de 1976, se estableció una política autoritaria y represiva que desarrolló además una economía aperturista con el propósito de destruir los controles del Estado. La política de José Alfredo Martínez de Hoz y su equipo puso en marcha un nuevo modelo de acumulación regido por el "mercado". Se propuso como objetivo la reestructuración del orden económico y consideró que las medidas tomadas a partir de 1976 contarían con el apoyo político capaz de permitirles implementar resoluciones tendientes a cambiar estructuralmente la economía argentina.

El eje de estos cambios estuvo centrado en la apertura financiera. Al liberar la tasa de interés bancario, que superó a la inflación, los productores urbanos y rurales sufrieron las consecuencias. Esta transformación hizo imposible, en el corto y mediano plazo, volver a las políticas populistas de regulación y economía cerrada; por lo tanto, se abandonó la política de transferencia de recursos del sector agroganadero a la industria. Los empresarios de todos los sectores se cohesionaron en torno de las políticas aperturistas hacia los mercados exteriores.

Según consta en los documentos oficiales del Proceso, las medidas iniciales planteadas por el nuevo gobierno para el sector agrario eran parte de un plan más general; pero se pueden destacar las siguientes: a) estímulo a la productividad; b) aliento a las inversiones; c) reversión de la política intervencionista por parte del Estado; d) aplicación de una política agropecuaria realista; e) implementación de un régimen de comercialización diferente al aplicado hasta entonces; f) impulso a las exportaciones tradicionales y no tradicionales. Los objetivos de su plan fueron presentados a través del "Programa de Recuperación, Saneamiento y Expansión de la Economía Argentina". Entre las medidas tomadas para el sector agroganadero, podemos citar: la eliminación de las retenciones a la exportación de productos agropecuarios; la ampliación de un programa de reducción progresiva de los aranceles de importación que afectaba la adquisición de maquinaria agrícola; y la liberalización de los mercados financiero y cambiario que influían en el sistema exportador. Todo ello despertó la euforia de los productores agropecuarios de la pampa húmeda. A todo esto, se agregó el establecimiento de un tipo de cambio muy favorable que prometía un rendimiento importante para la actividad agrícola. Sin embargo, los miembros del equipo económico sobrevaloraron las posibilidades del sector agrícola y ganadero de la pampa húmeda, al atribuirle una capacidad productiva latente que en realidad no tenía. Parte de esta argumentación estuvo basada en la respuesta masiva dada por el sector productivo al nuevo plan. Supusieron que el agro podía resultar un sector dinamizador para el futuro del país, basado en la renovación de sus ventajas comparativas en el mercado internacional, sin tener en cuenta los problemas estructurales arrastrados.

Para que el agro se beneficiara de los altos precios internacionales, apoyados en una moneda devaluada y una divisa cara (condiciones fundamentales para la exportación), se deberían incrementar los precios internos de sus productos en términos relativos. Así, se modificaba una política que había preferido durante décadas el consumo interior.

De acuerdo con la volatilidad que tienen estos procesos, al levantarse la cosecha de 1976-1977, la situación cambió.[31] La preeminencia del uso de las medidas monetario-financieras con el objetivo de reacomodar la economía relegó al sector agropecuario a un papel secundario, librado a su suerte. Ante esta situación, fueron renunciando los representantes del sector rural en el equipo económico; en 1978 dimitió Carlos Lanusse (Subsecretario de Economía Agraria), quien había propuesto una fuerte devaluación para incentivar la producción rural y hacerla más competitiva en el exterior.

Martínez de Hoz y su equipo continuaron presentando un discurso de defensa de las actividades del campo y tomaron el crecimiento de la producción agraria pampeana, como resultado de la aplicación de las políticas del Plan. Sin embargo, la transformación en marcha respondía a cambios estructurales más profundos que los planteados por el modelo, cuya observación se daría en el mediano plazo.

Dicho proceso había comenzado con el crecimiento de la producción agraria pampeana a lo largo de las décadas de 1960 y 1970, gracias a una serie de cambios tecnológicos y de prácticas productivas nuevas que modificaron la productividad de la tierra y la mano de obra. En una primera etapa, comenzó a percibirse que el campo estaba experimentando un nuevo dinamismo de largo plazo. El impulso provino de diversos factores:

---

[31]   *La Nación,* 2 de abril de 1977.

- Un aporte fue la incorporación de las semillas híbridas y las nuevas técnicas de cultivo que permitieron un rápido incremento de los rendimientos por hectárea.
- Otro provino de la expansión de los cultivos de soja de la región pampeana que agregaron una apreciable magnitud a los volúmenes cosechados, algo observable desde la segunda mitad de la década de 1970.
- La incorporación masiva de maquinaria agrícola fue otro de los factores explicativos de las nuevas posibilidades productivas alcanzadas en ese período, ya que permitió atender una cosecha creciente y el mejoramiento y la calidad de los cultivos, con un número cada vez menor de trabajadores y en menos tiempo.

A fines de la década de 1970, la producción creció sistemáticamente, con algunas pausas debido a razones meteorológicas o caídas coyunturales de precios.

Uno de los factores más importantes del cambio estructural –proveniente no de las políticas públicas, sino de la dinámica interna del propio sector– es el referido a los equipos mecánicos incorporados a la producción. La compra de equipo mecánico puede utilizarse como el indicador más aproximado de lo ocurrido en el agro pampeano en el período que analizamos.

Si a esto se agregan las ventajas derivadas de la desgravación impositiva a los compradores aplicadas en el período anterior al Proceso, se comprende el crecimiento rápido del parque, hasta llegar a un total de alrededor de 234.000 unidades en 1976, año en el que se interrumpió la compra de maquinaria agrícola. Eso demuestra que los buenos guarismos presentados por la producción no fueron obtenidos a través de las políticas del Proceso, sino por los incentivos conseguidos en épocas anteriores. Por el contrario, la reforma financiera de 1977 eliminó las tasas reguladas de interés; en consecuencia, la venta de tractores disminuyó drásticamente. La misma memoria anual de la Secretaría de Agricultura y Ganadería de 1981 reconocía esta evolución, aunque subestimaba su importancia.

Esta dependencia pública opinaba que la menor venta de tractores no tenía demasiada importancia para el campo y solo afectaba a los fabricantes. Mientras la Secretaría de Industria afirmaba que la desaparición de la industria del tractor era una consecuencia de la mayor "eficiencia" que la apertura de las importaciones promovía en el terreno industrial. En ninguno de los dos casos se mencionó el hecho objetivo de que se estaba produciendo una descapitalización simultánea del agro y de la industria, debido a una política desalentadora de la actividad productiva.

2.1. Los precios del sector: el manejo del tipo de cambio

La producción agraria pampeana siempre fue "tomadora de precios" en el mercado mundial, dado el carácter marginal de la oferta argentina. Desde su ingreso al circuito internacional, el precio de nuestros cereales y oleaginosas se establece en función de las cotizaciones internacionales, mediatizadas por el tipo de cambio efectivo aplicado localmente a la exportación de esos productos.

El valor en dólares de los productos exportables del agro pampeano evolucionó favorablemente en el período, aunque sus niveles reales estaban en 1980 por debajo de los picos registrados en 1974. El tipo de cambio efectivo experimentó los efectos de la manipulación de su valor en función de la política financiera implementada a partir de 1977 (la "tablita" cambiaria). En 1976-1977, se notó una recuperación coyuntural que se revirtió en los años siguientes.

3. La democracia recuperada: entre la esperanza y las crisis (1983-1989)

El restablecimiento democrático comenzado a fines de 1983 cargó con el peso de una herencia inédita en cuanto a su dramatismo. El optimismo inicial abrazó la idea de que con el giro democrático se iban a presentar oportunidades óptimas, aunque pronto quedó en claro la minimización a la hora de considerar los graves problemas estructurales, en especial los derivados de la deuda externa.

El sector agropecuario en general y la ganadería en particular no constituyeron una excepción dentro del cuadro amplio de la economía argentina. El comportamiento declinante mostrado por el sector a lo largo de toda la década de 1970 se sumó a una de las peores relaciones en términos de intercambio: la contracción del mercado interno y el fin del ciclo de subsidios por la vía de los créditos con tasas negativas, entre otros problemas. Asimismo, mientras la agricultura había dado algunos pasos muy significativos para ampliar sus fronteras productivas y conquistó nuevos mercados mundiales, las carnes vacunas debieron enfrentarse a la competencia y las restricciones de las economías europeas y tuvieron que resignar el papel preponderante dentro del mundo rural productivo a manos de las oleaginosas.

Los cambios tecnológicos, la nueva apreciación de la realidad, la superación del tradicional diagnóstico sobre el estancamiento del agro argentino y las urgencias fiscales llevaron a la modificación de las propuestas de los grandes partidos políticos –en especial el peronismo y el radicalismo, que se disputaban el triunfo electoral– respecto de la problemática agropecuaria. Los viejos postulados transformadores de los años 1970, que cubrían un amplio abanico desde la reforma agraria, los impuestos a la tierra, las gabelas sobre su renta potencial o el monopolio estatal para la exportación de los bienes, dieron paso a posturas más moderadas, de neto corte reformista.

Como bien señala Mario Lattuada (2002), los discursos se hicieron más contemplativos para con los intereses del campo, poniendo el énfasis sobre lo técnico-productivo en lugar de lo ideológico –que había primado en las décadas anteriores– y dieron paso a objetivos de corte fiscalista. El presidente Raúl Alfonsín pensaba que era necesario impulsar la producción agroganadera por la vía de las variables tecnológicas.

Hay que señalar que el programa radical para el campo estaba atravesado por fuertes ambigüedades y cruzado por tensiones internas. Por una parte, no quedaba claro cómo se compatibilizaría el estímulo a las exportaciones agrícolas merced a un tipo de cambio competitivo –pieza clave para generar recursos genuinos y atender los compromisos externos– con las ideas de aumentar la demanda interna y poner en caja a la inflación. Para ello, el propio radicalismo, que pensaba en un acuerdo político superador de estas contradicciones, debía reducir sus conflictos internos a fin de ser capaz de llevar adelante políticas de Estado coherentes.

Cuando Alfonsín produjo la renovación del primer elenco en la cartera de Hacienda, la política tuvo en cuenta los acuerdos sectoriales, pero la relación con el campo no mostró cambio alguno. Tanto el primer equipo económico, liderado por Grinspun, como el segundo, comandado por Juan Vital Sourrouille, pensaron en extraer parte del excedente producido por el sector, mediante tácticas de enfrentamiento acotado y restringido a las tasas de cambio, las retenciones sobre las exportaciones y los precios relativos. Mientras los primeros pensaban volcar esos recursos al mercado interno, los segundos preferían transferirlos al sector industrial para modernizarlo y hacerlo competitivo en función de los mercados de exportación.

Por debajo de los cuadros técnicos que conducían la gestión económica, el radicalismo se nutría de una gran cantidad de productores rurales, algunos de ellos con gran poder de negociación en la estructura partidaria y que –gracias a sus puestos legislativos– pudieron ocupar espacios importantes dentro del reparto de poder, como las Comisiones de Agricultura y Ganadería de las Cámaras parlamentarias o los puestos directivos de las Juntas Nacionales de Granos y Carnes.

Asimismo, el voto rural de la próspera zona pampeana, en especial el del interior de la provincia de Buenos Aires, Córdoba, sur de Santa Fe y Entre Ríos, había sido determinante para construir la primera victoria radical contra el peronismo en elecciones libres y limpias. Estos dos factores tenían gran injerencia a la hora de ponderar apoyos y adquirieron formas cada vez más duras tras la derrota electoral del gobierno en 1987, cuando el radicalismo archivó la búsqueda de un proyecto globalizador e innovador y viró hacia un esquema realista de concertación sectorial, con el modesto objetivo de tratar de mantenerse a flote.

En 1985, a poco de asumir, Sourrouille abandonó la política de conciliación anterior y adoptó una estrategia más agresiva; planificó una reducción del déficit público al 2,5% del PBI, incrementó las retenciones a las exportaciones, aumentó los aranceles a las importaciones y estableció nuevos impuestos transitorios.

El sector industrial fue privilegiado, mientras que los sectores agrarios se perjudicaron con el incremento de las retenciones, a lo que se agregó la caída de los precios internacionales de los bienes exportables. Como consecuencia, disminuyó el área sembrada produciendo una baja importante en el ingreso de divisas al país. Sin embargo, más allá de su apoyo a los sectores industriales, no se desatendió del todo la gestión agropecuaria. A fines de 1984, la Secretaría de Agricultura, Ganadería y Pesca, a cargo de

Lucio Reca (un cuadro técnico con pertenencia partidaria) desde diciembre de 1983, preparó el único plan sectorial de todo el período alfonsinista: el PRONAGRO. Su objetivo era el aumento del 50% de la producción agrícola para lograr un monto de 60 millones de toneladas, con el fin de volcar los cuantiosos excedentes a la exportación. Pensado especialmente como una herramienta de cuño fiscal, el programa se orientó a la región pampeana y, dentro de ella, al subsector de la agricultura. Tanto la ganadería como las economías regionales –un tema que sí había llenado buena parte de los discursos de Raúl Alfonsín durante la exitosa campaña electoral– ocuparon un papel subalterno dentro del PRONAGRO.

Los puntos centrales de la iniciativa eran el impulso a las tecnologías, algo que el gobierno había puesto en marcha a poco de asumir al implementar el subprograma de fertilizantes, en febrero de 1984, y la construcción de mecanismos estabilizadores de los precios, siempre sensibles a las fluctuaciones internacionales. Para esto debían utilizarse tres instrumentos: retenciones fluctuantes pero de tendencia reducida, el impuesto a la tierra libre de mejoras, y los precios sostén a partir de la intervención de la Junta Nacional de Granos.

Como era de esperar, el programa dividió las aguas de las corporaciones rurales. Mientras que la Federación Agraria Argentina y Coninagro, representantes de los pequeños y medianos productores, las apoyaron con mayor o menor entusiasmo según el caso, la Sociedad Rural y las Confederaciones Rurales Argentinas las criticaron duramente, con el apoyo de los comercializadores privados. De todas formas, los problemas estructurales a los que se enfrentaba el gobierno limitaron mucho la aplicación del PRONAGRO, que para 1986 había perdido toda relevancia.

Asimismo, el deterioro de los términos del intercambio colocó los precios de los productos exportables en sus peores niveles desde 1930. El campo se enfrentó a una profunda crisis de rentabilidad que hizo naufragar toda chance de obtener de él algún excedente. Por el contrario, el aumento de la conflictividad entre las corporaciones y el gobierno llevó a que en el primer semestre de 1985 se debiera adoptar una política de subsidios que incluía: 1) la vuelta de los créditos con tasas negativas; 2) reducciones impositivas; y 3) el anuncio de un plan de defensa ganadera con créditos por US$23 millones.

La preferencia del gobierno por consensuar con los sectores de la industria solo permite rescatar del programa de 1984 los objetivos impositivos para poder cumplir con los pagos de la deuda[32] (como el impuesto a la tierra libre de mejoras enviado al Congreso en abril de 1986 o el Proyecto de Ley para el Revalúo de la Hacienda), al tiempo que se archivaron las metas de los precios sostén y un tipo de cambio alto, al conspirar con una política antiinflacionaria. El propio presidente señalaba en la apertura de las sesiones ordinarias del Parlamento, el 1° de mayo de 1986, la certeza de las dificultades externas y las vacilaciones de los caminos escogidos para enfrentarlas. En esa oportunidad, Alfonsín dijo a la Asamblea Legislativa:

> También el sector de ganados y carnes sufre las consecuencias de la grave crisis de superproducción impulsada por cuantiosos subsidios. Nuestra respuesta a este problema estará en parte dada por la modificación de la Ley de Carnes, que próximamente el Poder Ejecutivo remitirá a consideración de vuestra honorabilidad, y mediante la cual la Junta

---

[32] Esta fue una de las pocas políticas constantes de las conducciones económicas argentinas durante los años 1980. Bekerman ha calculado que el pago de intereses de la deuda entre 1982 y 1986 superó anualmente el 4% del PBI. En 1985, tocó su punto más alto con el 6,9% del PBI. Un análisis puntual de esta cuestión en Bekerman, M. (1990), "El impacto fiscal del pago de la deuda externa. La experiencia argentina, 1980-1986", en *Desarrollo Económico*, vol. 29, núm. 116.

Nacional de Carnes podrá actuar con mayor intensidad en la comercialización externa e interna de nuestras carnes, atenuando el efecto de los ciclos y promoviendo un ordenado crecimiento de esta actividad madre.[33]

Mientras ninguna de esas supuestas "respuestas" alcanzó siquiera a ser enviada al Congreso para su eventual tratamiento, quedó claro que el agro ocupaba un lugar secundario entre los sectores productivos. Durante el «Plan Austral», aunque todas las variables parecían funcionar sin demasiadas crispaciones, mientras el producto bruto industrial aumentó un 12.8% desde junio de 1985, el del agro se contrajo en un 2.8%. Tras la cosecha record de 1984, los números del sector retrocedieron marcadamente y la amenaza de una nueva presión impositiva no hizo sino tensar aún más la cuerda ente el gobierno y las corporaciones.

Este clima se enrareció en 1987, cuando los precios del mercado interno se hicieron sentir. La disminución abrupta de la tasa de inflación empezó a desmoronarse en el otoño de ese año y el aumento del precio de la carne se convirtió en una de los grandes agentes de socavación, debido a su incidencia en el consumo alimenticio nacional y a su impacto directo sobre el costo de vida, ya que opera como precio de referencia del resto de los productos de la canasta familiar. Un proyecto de la Secretaría de Comercio Interior para importar carne de la Comunidad Económica Europea a precios subsidiados fue la piedra de toque que desató una escalada de conflictos que jugaron un papel decisivo en un año electoral, en el que se renovarían los gobernadores provinciales y se produciría el segundo recambio de la Cámara de Diputados, donde la UCR arriesgaba su mayoría.

---

[33] Mensajes Presidenciales a la Honorable Asamblea Legislativa, en: www.diputados.gov.ar/ Información Parlamentaria/, Documentación General, 1986, p. 32.

Los choques entre los organismos estatales no eran nada nuevo ni se restringían a la política ganadera, pero las divergencias entre el equipo económico, el cambio de actitud con respecto de las entidades agropecuarias y las trabas que encontró en el Congreso llevaron primero al abandono del PRONAGRO y, a fines de 1986, al reemplazo del secretario del área.

A diferencia de Lucio Reca, el designado Ernesto Figueras era un hombre con muchos vínculos en las corporaciones y en especial en la Sociedad Rural, de la que era socio. Rápidamente se convirtió en una especie de embajador sectorial dentro del gabinete para tratar de balancear a una conducción económica que sostenía su alianza con los industriales. Si bien Figueras era un dirigente radical con una larga trayectoria en la sección cuarta de la provincia de Buenos Aires (el centro de ese distrito), los sectores tradicionales del agro lo consideraban una persona de confianza y casi uno de los suyos.

El encumbramiento de un secretario afín con los intereses corporativos fue el punto culminante de un cambio de estrategia política por parte del gobierno, antes que un caso aislado.

Este giro fue perceptible desde mediados de 1986, cuando las escaramuzas con la CRA y la SRA se unieron al fuerte descenso de la producción de granos que, combinado con los bajos precios internacionales, condujo al colapso de las cuentas públicas. A partir de la creación del Consejo Agropecuario de Emergencia Económica, en junio de 1986, se dio una sensible rebaja de las retenciones y se bloqueó definitivamente la importación de carne, entre otras medidas importantes.

Durante la gestión de Figueras hubo más gestos amigables hacia el campo, como nuevas rebajas en las retenciones, el archivo definitivo del impuesto a la tierra libre de mejoras y una modificación del Proyecto del Ley sobre

Revalúo de Hacienda, para disminuir la recaudación potencial de la gabela desde 180 a 40 millones de australes. Además, los pasivos de los pequeños productores fueron refinanciados en términos muy favorables para los deudores y se flexibilizaron notablemente los controles y los precios máximos sobre los productos agropecuarios para el mercado interno, lo que produjo un sostenido aumento del valor de los cortes de carne vacuna.

Esta relación de armonía se combinó asimismo con un cambio en la tendencia de los términos del intercambio. A finales de 1987, los precios internacionales comenzaron a recuperar terreno y ello ofició como agente balsámico.

En abril de 1988, frente a la combinación de una cosecha escasa como resultado de los bajos precios internacionales de la campaña anterior, el gobierno decidió suspender el pago de los intereses de la deuda externa; para ello realizó negociaciones reservadas en las que supo sacar provecho de las distintas posiciones entre el Fondo Monetario Internacional y el Banco Mundial.

Con el visto bueno del FMI y el apoyo de la Unión Industrial Argentina y de la Cámara Argentina de Comercio, el gobierno lanzó un paquete de medidas que incluyó entre sus aspectos centrales una serie de acuerdos de precios con las principales empresas, salarios no regulados y el desdoblamiento del tipo de cambio. De este modo, se creó por un lado un dólar financiero –utilizado para las importaciones y el 50% de las exportaciones industriales– y un dólar comercial, destinado a ser tomado como valor de referencia para la liquidación de divisas del 50% restante de las exportaciones industriales y la totalidad de las agropecuarias, e inferior en el 20% al valor del tipo de cambio financiero.

Aunque la rentabilidad del campo se mantuvo en los valores de 1987, que habían sido calificados como aceptables aun por la Sociedad Rural, las medidas cambiarias impidieron a la economía primaria la capitalización plena del beneficio dado por el repunte de los precios internacionales, y desataron una crisis de distribución. El campo tomaba nota del alcance de la palabra presidencial ante la Asamblea Legislativa, el 1° de mayo de 1988, cuando Alfonsín declaró que el gobierno había "puesto el acento en la promoción de las exportaciones, y en particular, de las exportaciones industriales".[34]

Mientras la diversidad de intereses llevaba a la fragmentación de las agrupaciones sectoriales surgidas a mediados de los años 1980 para presionar sobre el gobierno –como el "Grupo de los Ocho", del que la SRA formaba parte junto a otras corporaciones, o el más amplio de los 17, que incluía a la CRA y Coninagro–, el plan económico se desmoronó velozmente ayudado por la recurrencia de las crisis militares. A esta situación se sumó una gran sequía iniciada a fines de 1988 y prolongada hasta inicios del año siguiente, cuya consecuencia fue la obtención de la cosecha más baja de la década y la disminución de los saldos exportables, que resultaron inferiores a los US$4.000 millones.

En ese contexto, en las elecciones de 1989 el candidato peronista Carlos Menem obtuvo la victoria. Aprovechando el desprestigio que en ese momento pesaba sobre el radicalismo, desarrolló un discurso para convencer al electorado acerca de la necesidad de encarar reformas profundas para tener "más mercado y menos Estado". Un cuasi estallido social que en muchos aspectos fue manipulado y donde el rumor jugó un papel muy importante desbordó la situación económica y social. Con un presidente electo del partido opositor, Alfonsín negoció su salida del gobierno varios

---

[34]   Mensajes Presidenciales a la Honorable Asamblea Legislativa, en: www. diputados.gov.ar/ Información Parlamentaria/, Documentación General, 1988, p. 6.

meses antes del término de su mandato. En esa vorágine final, la devaluación profunda del austral impulsó los ingresos agropecuarios, aunque la velocidad y el dramatismo de los acontecimientos no permitieron a los protagonistas poder apreciar una mejora en el estado de las cosas. La entrega anticipada del gobierno a las autoridades electas se produjo el 8 de julio de 1989.

4. Evolución de la situación agropecuaria entre 1989 y 2007. Efectos de las políticas de libre mercado

La participación creciente de la industria en la economía argentina se extendió hasta mediados de la década de 1970, momento en el que inició un retroceso permanente. En este marco general, se gestó un nuevo patrón caracterizado por el uso intensivo de los recursos naturales y el capital, con un escaso peso del factor trabajo, en el cual los agentes de mayor tamaño adquirieron un papel central.

La política neoliberal implementada en los años 1990 provocó profundas transformaciones en el proceso de reconversión de la actividad agraria, llevado a cabo por los sectores de mayor poder, que modificaron su estructura productiva y la convirtieron en la actividad económica dominante, debido a la reducción del sector industrial.

La década de 1990 implicó una profundización de la apertura económica y financiera. En este marco, se impusieron medidas de desregulación de la producción agropecuaria y del comercio interno e internacional, que transformaron a este sector en uno de los más abiertos del mundo, a saber:

- La eliminación de organismos que intervenían en el sector, como las Juntas Nacionales de Granos y de Carnes (suprimidas en 1991), encargadas de la regulación de los mercados a través de la fijación de los precios internos y de los de exportación, entre otras funciones (Barsky y Gelman, 2005).

- La concentración en la Secretaría de Agricultura, Ganadería, Pesca y Alimentación de la enunciación y control de las políticas sectoriales.
- La redistribución entre un grupo de instituciones públicas, de distintas tareas técnicas, como el desarrollo tecnológico, el control sanitario, la promoción comercial.
- La incorporación de programas públicos de reconversión empresaria y de apoyo a los sectores más vulnerables de la estructura agraria para enfrentar la situación generada por la apertura comercial.
- La implementación de iniciativas provisorias, con poca articulación entre ellos, que contaron con el financiamiento de los organismos de crédito internacionales.

Con todo, los cambios institucionales realizados no pudieron compensar las consecuencias de la política económica sobre el sector (Lattuada y Neiman, 2005). Por diversos factores, entre los que se destacó el aumento de los precios internacionales, a mediados de ese decenio la tendencia hacia la contracción se detuvo. El sector agropecuario inició un nuevo ciclo de crecimiento, pero en una situación novedosa marcada por la salvaje desregulación. El fuerte aumento de los precios de los productos agrícolas de exportación en un primer momento, y la difusión de la soja transgénica después, implicaron un significativo aumento en la rentabilidad de la producción agrícola.

Este aumento se debió mayormente a la soja, con una representación del 95,5% del incremento, avalada por el uso de semillas genéticamente modificadas, herbicidas a base de glifosato y procesos de siembra directa, que lograron un notable aumento de la rentabilidad.

Esto provocó cambios relevantes en el uso de la tierra, orientada hacia una agricultura de mayor intensidad y concentración. En la región pampeana, se verificó un incremento de las inversiones de capital que redundó en el aumento de los rendimientos y de la superficie sembrada, mientras se observó un retroceso de la actividad ganadera. Ello obligó a que a medida que las tierras tradicionalmente destinadas a la ganadería se inclinaran hacia la agricultura, excepto en los establecimientos de cierta magnitud, donde se realizaban explotaciones mixtas, aquella tuviera que ser relocalizada hacia zonas consideradas tradicionalmente marginales. En consecuencia, se generó un nuevo mapa ganadero y de producción de nuevas razas.

La política de los años 1990 para el sector agropecuario produjo una disminución de las medianas y pequeñas propiedades y una expansión de las grandes. Estas adquirieron una organización empresarial y recursos propios a través de los cuales contrataron mano de obra y diversificaron sus actividades. Se produjo además el ingreso de grandes inversores extranjeros, así como algunos locales que anteriormente no participaban de la actividad.

Para las explotaciones agropecuarias que querían mantener su rentabilidad, las medidas económicas aplicadas significaron la necesidad de elevar su escala de producción y la mejora de sus rendimientos, a los efectos de abaratar el costo de los productos y ampliar los ingresos de los productores.[35] En conclusión, la política económica neoliberal impactó sobre la estructura social agraria, de la que se excluyeron numerosas pequeñas y medianas explotaciones agropecuarias basadas en el trabajo familiar

---

[35] Créditos con tasas de interés más bajas, desregulación del sistema de trasporte por tierra, disminución de los precios de maquinarias, agroquímicos y gasoil, eliminación de las retenciones a las exportaciones.

y continuando la tendencia demográfica de disminución de la población rural.

La superficie promedio de las unidades productivas pasó de 421 a 539 hectáreas entre 1988 y 2002, lo que reflejó el proceso de concentración en los años 1990. Durante el período de las políticas liberales, además de una mayor concentración de la tierra, pequeños y medianos propietarios endeudados vendieron sus campos a grupos empresarios nacionales y extranjeros.[36]

Lo que hay que destacar es que la totalidad de este proceso de transformación se dio desde y hacia dentro del sector agropecuario, ya que no existió una participación del Estado como ejecutor de políticas públicas de mediano y largo alcance.

El colapso del Régimen de Convertibilidad a fines de 2001, la devaluación y el mantenimiento por parte de las autoridades económicas de un tipo de cambio alto supusieron un significativo incremento adicional en la rentabilidad de la producción agropecuaria. Los márgenes brutos por hectárea prácticamente se duplicaron con respecto a los vigentes con anterioridad, primero por el empuje cambiario y luego por el fuerte aumento mundial del precio de los productos primarios. La reestructuración del campo avanzaba con "viento de cola". La extraordinaria recuperación de la rentabilidad de la producción agrícola y ganadera tuvo lugar a pesar de la aplicación de retenciones

---

[36]   En relación con las extensiones de las propiedades, entre los nacionales el grupo Bunge y Born poseía 110.000 hectáreas en Buenos Aires y 150.000 en Salta, Corrientes, Chaco, Córdoba y Santa Fe. Amalia Lacroze de Fortabat tenía 140.000 Hectáreas en Buenos Aires y 80.000 en Córdoba, Santa Fe y Entre Ríos. El grupo Pérez Compac disponía de 155.000 hectáreas en Buenos Aires, Córdoba, Corrientes, Salta y Santa Fe. Entre los extranjeros, el principal propietario fue el empresario italiano Luciano Benetton, que poseía 900.000 hectáreas en la Patagonia. La multinacional Cresud, cuyo principal accionista era George Soros, tenía 468.000 hectáreas. Véase *Página12*, 5 de marzo de 2000, suplemento "Cash".

a las exportaciones. De esta forma, queda claro que la aplicación de este gravamen se sustenta en las excepcionales condiciones agroecológicas en que se desarrolla esta actividad en nuestro país, capaces de obtener tasas de rentabilidad extraordinarias.

Al mirar más de cerca la evolución del sector, se observa que lejos de ser una maldición, las retenciones no llegaron a afectar la dinámica de la inversión y el crecimiento agrario. Por el contrario, la superficie destinada a la producción de cereales y oleaginosas continuó la expansión registrada desde mediados de los años 1990 y pasó desde los 26.3 millones de hectáreas en la campaña 2000-2001, a más de 30 millones de hectáreas en 2006-2007. De todos modos, este tipo de situaciones se verifica en ciertos momentos; no siempre cabe el mismo tipo de análisis.

La mayor rentabilidad relativa de la producción agrícola y, en particular, la sojera condujo, como se ha dicho, a un persistente desplazamiento de la actividad ganadera hacia regiones consideradas tradicionalmente como marginales. Es más, desde 2006 se registraron elevados niveles de faena, tendencia que estaría indicando la presencia de una aguda fase de liquidación de *stocks* ganaderos.

Más allá de las particularidades regionales y de cada cultivo, la elevación de los niveles de rentabilidad en la producción agropecuaria se tradujo en un importante incremento del valor de la tierra, y –por ende– ha implicado una significativa ganancia patrimonial para los propietarios. La prevalencia de bajas tasas de interés en los mercados financieros local e internacional incentivó también la compra de tierras reforzando la tendencia hacia el incremento de su precio.

5. Políticas públicas para el sector ganadero: intentos bajo el peso de las coyunturas

Como hemos venido exponiendo, la República Argentina careció históricamente –a diferencia de otros países– de políticas públicas o público-sectoriales en el mediano y largo plazo para el sector ganadero. Desde los años 1950, nuestro país atravesó una notable inestabilidad política, económica y cambiaria presionada por altos índices de inflación, que solo pudo ser controlada durante breves períodos. Estos no fueron los únicos factores de importancia, pero limitaron la aplicación de políticas estructurales.

En tal sentido, las medidas tomadas para el sector por los sucesivos gobiernos no consideraron como debían la importancia y los efectos del ciclo ganadero; los programas para eliminar las epizootias no se sostuvieron en el tiempo y recién a partir de los años 1980 se impuso la decisión de contener la fiebre aftosa; tampoco el Estado desarrolló un papel activo para fortalecer y ampliar la presencia de las carnes argentinas en los mercados exteriores. Mucho menos esfuerzo puso en desarrollar programas específicos que tuvieran en cuenta la relación estrecha entre la ganadería y los sectores agrícolas, así como su ligazón indisoluble.

A diferencia de otros períodos, en los años 1990 el país trascurrió por una etapa signada por la estabilidad política, el tipo de cambio se mantuvo constante, la inflación se colocó incluso por debajo de los guarismos de los países desarrollados y se eliminaron las retenciones a las exportaciones. Sin embargo, esa reversión de las variables supuestamente condicionantes no operó en el trazado de políticas públicas sectoriales de largo aliento que se propusieran, al menos, frenar el retroceso de la ganadería en la generación de la riqueza nacional.

Como se ha dicho antes, las medidas de corte neoliberal desarticularon las antiguas instituciones reguladoras y transfirieron sus funciones a la Secretaría de Agricultura y Ganadería (SAGYP), dependiente de un Ministerio de Economía que bajo el timón de Domingo Cavallo acumuló y centralizó el poder y las decisiones como pocas veces había ocurrido en la gestión pública argentina.

De todos modos, desde comienzos de los años 1990 se empezaron a aplicar programas sanitarios más ambiciosos, cuyos resultados más destacados recién comenzaron a verse hacia fin del decenio, ya que se caracterizan por su lentitud (ver capítulo 3). A fines de la década, también se agilizaron las gestiones para ampliar la participación argentina en los mercados internacionales, en especial a través del Programa de Promoción de las Exportaciones (PROCAR). La SAGYP buscó impulsar las exportaciones de carnes aprovechando que la Argentina no fue afectada por la encefalopatía espongiforme bovina (BSE) o "mal de la vaca loca", pero el impacto público y periodístico de esta epidemia sobre los consumidores europeos limitó sus posibilidades, al contraer la demanda.

Cuando la convertibilidad empezó a revelarse como un obstáculo para mejorar la competitividad, se inició la reducción de impuestos y/o la eliminación de algunas gabelas, y se refinanciaron los pasivos. Esto se complementó con bonificaciones a los productores ganaderos; y se otorgó una baja del 25% en las tasas de interés en los préstamos para productores rurales, con la idea de aumentar las existencias, cuyo fin fue el incremento de las exportaciones y la mejora del abastecimiento para el mercado interior, para intentar reimpulsar el consumo.

La estimación que se hizo a nivel oficial del monto a prestar oscilaba entre los 150 y 200 millones de dólares, pero las complicaciones originadas en otros mercados emergentes –como las sucesivas crisis en Asia, Rusia y

Brasil– profundizaron la incertidumbre y las entidades bancarias orientaron su actividad hacia la acumulación de liquidez. Por otra parte, la lentitud de la justicia en pronunciarse sobre la recuperación de la cartera de morosos agregó otra complicación que hizo casi imposible la participación financiera en la actividad agropecuaria. La propia dependencia del financiamiento externo por parte del tesoro nacional produjo la dilución de las medidas. Asimismo, al haber neutralizado la inflación, el crédito dejó de ser una fuente tradicional de transferencia de recursos, al convertirse cualquier tasa en activa, por baja que fuera.

La especificidad de la ganadería convierte al crédito en uno de los factores de fundamental importancia, pero sujeto a grandes condicionamientos. Debe otorgarse en condiciones viables y a largo plazo, ya que tanto la recuperación productiva como la evolución de los rodeos son lentas. Así, los préstamos resultan un componente fundamental para la decisión de reconvertir las pequeñas unidades productivas hacia actividades intensivas, con la consecuente necesidad de invertir en bienes de capital y en trabajo; pero sin incentivos fuertes, es lógico que el pequeño productor abandone la tierra y migre hacia las ciudades, o bien que las entregue a un *pool* de siembra para transformarse de ganadero en rentista dejando la mayor parte de las ganancias en manos de los concentradores de tierras.

La mayor queja del sector agropecuario en las últimas décadas se ha relacionado con las altas tasas de interés cobradas por las instituciones bancarias. Durante la vigencia de la Convertibilidad, estas se mantuvieron altas respecto de las de países con mayor desarrollo y baja inflación, sin contar con los impuestos, encajes, regulaciones y costos bancarios que encarecían la tasa final efectiva de los créditos y ampliaban la brecha con los mercados centrales.

En realidad, la banca privada ha demostrado a lo largo del tiempo poco interés en participar en las actividades agrícolo-ganaderas y los bancos concentradores de la mayor parte de las operaciones han sido los estatales, en especial el Banco de la Nación y el Banco de la Provincia de Buenos Aires, sobre todo para los pequeños y medianos establecimientos.

Un aspecto a señalar son las altas tasas de morosidad, favorecidas por un sistema judicial que en forma general ha fallado a favor de la suspensión de los remates. Como ejemplo, puede observarse lo ocurrido a fines de la década de 1990, cuando el Banco de la Nación buscó sanear su cartera y anunció un programa de refinanciación de deudas, con veinte años de plazos y tasas de interés razonables para la economía argentina, que obtuvo una notable falta de éxito entre los deudores.

Como siempre, algunas iniciativas puntuales obtuvieron logros reales, pero modestos. En la provincia de Buenos Aires, dentro del Programa Ganadero Buenos Aires, fueron aprobados 170 proyectos, muchos de los cuales se pusieron en marcha con el aval del Banco Provincia. El Programa apuntaba a aumentar la producción de terneros en la cuenca deprimida del río Salado y en el Partido de Laprida, al sur del distrito, áreas constituidas por tierras deprimidas casi no utilizadas para la agricultura por su baja rentabilidad.

Más allá de las mejoras en las existencias, las cifras no dejaron de ser insuficientes para sostener las necesidades del mercado interior y adoptar una política más agresiva en el rubro exportaciones; aunque lograron frenar las oscilaciones de precios y contribuyeron a mantener contenida a la inflación. La pérdida de posiciones de la ganadería vacuna nacional respecto de la agricultura puede mensurarse en los cinco millones de hectáreas de la región pampeana transferidos de una actividad a otra durante los años 1990.

La mayor dinámica de la productividad agrícola agigantó sus ventajas frente a la lentitud del ciclo ganadero, complicado por factores climáticos o modificaciones en el comportamiento de los mercados. Las extensas sequías de los años 1995 y 1996, combinadas con el aumento de los precios agrícolas internacionales, fueron una muestra de las dificultades de la ganadería y explican buena parte de la migración de los rodeos a regiones menos favorecidas, o bien la liquidación de vientres con su consecuente retardo en la recomposición del ciclo ganadero.

Como ocurre normalmente, el déficit en el mercado se percibió un tiempo después, al achicarse las existencias, con el consiguiente aumento de los precios. La reducción de la oferta impactó también en el mercado externo; que en el año 1997 mostró una reducción de las exportaciones del 10%. De esta manera, la falta de vacunos y la caída del comercio exterior neutralizaron las expectativas derivadas por la erradicación de la fiebre aftosa. La combinación de estas particularidades, con el anclaje del peso al dólar, produjo una pérdida de competitividad para las carnes argentinas, marginadas del mercado mundial por sus altos precios. Esto reintrodujo las discusiones en torno a la necesidad de aumentar las existencias a través de una mayor productividad, la necesidad de inversión en tecnología y las impostergables modificaciones en los sectores industrial y comercializador.

Una novedad interesante fue que a fines de 1999 los mercados del Mercosur pudieron contar con una nueva posibilidad: la carne con marca "Angus". La Asociación Argentina de Angus (AAA) firmó un contrato con la empresa *Argentine Breeders and Packers,* a la que cedió la exclusividad para comercializar la marca. Esto estableció un mecanismo constituido ya en clásico para varios mercados de alimentos y destinado a efectuar operaciones con productos certificados. Se formalizó un procedimiento por el que la AAA comenzó a certificar la mercadería mediante inspecciones que verificaban si el animal cumplía las condiciones protocolares antes de la faena, y luego controlaba esa faena y sus tareas posteriores. De este modo, al acreditar una calidad óptima para la carne, se podía agregar valor en el precio final.

En consonancia con las tendencias mundiales para la comercialización, en septiembre del 1999 se inició la negociación de los contratos a futuro y opciones sobre el "Índice Novillo Argentino". Al no requerir la entrega física del producto, se pensaba que este mecanismo evitaría las grandes fluctuaciones en la cotización de la hacienda. Cada contrato cotizaba 5 toneladas de novillo fijando su precio en dólares estadounidenses y con liquidación en efectivo sobre la base de los precios de los novillos negociados en el Mercado de Liniers.

Para lograr este índice, se tuvieron en cuenta todos los novillos mestizos ingresados diariamente a Liniers, cuyo peso oscilaba entre 381 y 480 kilos, ya que este segmento representaba más del 80% de los negociados en esa plaza y más del 10% de los faenados anualmente en el país. Los contratos se negociaban electrónicamente en el Mercado a Término de Rosario y debían permitir a los distintos actores de la cadena cárnica evitar el riesgo de las oscilaciones.

En términos teóricos, era una herramienta para agregar certidumbre al mercado: los frigoríficos y distribuidores cubrían el costo de sus insumos a través de una posible alza de precios fijados por una cobertura especial; los invernadores y los *feedlots* quedaban en condiciones de fijar los precios de las ventas futuras al conocer los costos de producción y se aseguraban un margen de rentabilidad; los productores ganaderos podrían cubrir los precios de venta a partir del engorde del animal y su peso a la hora de la faena, etc. Sin embargo, la supuesta previsibilidad se enfrentó a la crisis económica de 2002 y a la incertidumbre cambiaria a partir de la "pesificación", que terminaron limitando sus supuestos beneficios. Tampoco contribuyó a bajar los costos de las operaciones de comercialización –como las comisiones– y dejó en claro los límites y riesgos especulativos de este tipo de operaciones, en especial cuando no se aseguraba la transparencia en la generación de los precios de referencia, al tomar como punto de partida un mercado como el de Liniers, privatizado y en manos de un grupo de consignatarios desde 1991.

Junto con los avances que se dieron en la lucha contra la aftosa (ver capítulo 3), con las mejoras se abrieron nuevos mercados como Malasia, Filipinas, China, Taiwán, Tailandia, Singapur, Colombia, Ecuador, Sudáfrica, Polonia, Canadá y Estados Unidos, país con el mayor peso internacional por ser un modelo de políticas sanitarias. En buena forma, la decisión norteamericana terminó con la creencia de que la aftosa era el pretexto para no comprarnos carnes, un mito agitado en muchos ámbitos de la vida política nacional a lo largo de décadas. Solo quedaron cuatro mercados renuentes a comprar carnes argentinas sin previa cocción: Japón, Corea del Sur, México e Indonesia.

El fin de los obstáculos sanitarios no significó que las carnes argentinas inundaran los mercados. Por un lado, ya se han descripto las limitaciones nacionales para ampliar la oferta en el mercado exterior; por otro, el antiguo prestigio de nuestras carnes satisfacía desde hacía décadas el paladar europeo, que compraba cortes deshuesados dentro de la cuota Hilton, pero no ocurrió algo similar en los mercados asiáticos, cuyo gusto fue forjado por la carne norteamericana, generalmente proveniente de los *feedlots*.

Otros esfuerzos sanitarios se dirigieron desde el SENASA con la meta de erradicar la brucelosis. Si bien esta enfermedad está más vinculada con el ganado porcino que con el vacuno, tiene un impacto nada desdeñable, ya que junto con la tuberculosis bovina, provocaron pérdidas estimadas hacia fines del siglo pasado, en alrededor de 120 millones de pesos/dólares anuales; además, esta enfermedad tiene el riesgo de transmisión al ser humano. En la primera euforia, tras la supuesta eliminación definitiva de la fiebre aftosa, este parecía ser el nuevo desafío de la sanidad ganadera. Los programas aspiraban a tratar de evitar el contagio de quienes, por su trabajo en el campo, estaban en contacto con los animales enfermos y al mismo tiempo reducir las pérdidas. El plan que se implementó tuvo una primera etapa finalizada en 2001, con un costo de casi 700.000 pesos.

En materia impositiva, el 1° de julio de 1998 se redujo la alícuota del Impuesto al Valor Agregado (IVA) hasta el 10,5% para los productos cárnicos y fruti-hortícolas, con el fin de reducir el alto grado de evasión alcanzado por dichos sectores sin recargar la presión fiscal sobre los consumidores. La clave de esta reducción en el IVA ganadero aspiraba a que tanto carniceros como empresarios supermercadistas tuvieran que hacerse cargo de pagar la diferencia originada por comprar la carne con un tributo del 10,5% y venderla con un IVA del 21%.

La evasión impositiva en todo el mercado de la carne –desde la compra de ganado hasta la venta de cortes al consumidor– ha resultado un fenómeno histórico en la Argentina, pero se agravó desde 1989 por el aumento de la alícuota del IVA. Las formas en las que se lleva adelante son variadas y van desde la compraventa de ganado en negro, cuya faena no se declara, hasta la subfacturación, al informar menor cantidad de kilos, precios y categorías. En 1999 se estimaba que la evasión impositiva anual correspondiente al IVA se encontraba en torno de los 380 millones de pesos, mientras la evasión previsional representaba cerca de 30 millones de pesos por año.

Las políticas agrarias del gobierno de la Alianza elegido en 1999 acentuaron los aspectos negativos de las anteriores y –al mismo tiempo– provocaron la eliminación de los aspectos compensatorios. Las dificultades generadas por aumento del déficit fiscal redujeron notablemente el presupuesto del INTA hasta niveles casi inoperables, desfinanciaron el SENASA y, al producir su debilitamiento en recursos materiales y técnicos, facilitaron su falta de efectividad ante la reaparición de fiebre aftosa.

Como en tantos aspectos de la vida política argentina, mientras el gobierno saliente había apurado los festejos suspendiendo demasiado rápido la vacunación, el entrante ni siquiera consideró que la situación pudiera tener una reversión. Demoró los controles, en especial los relacionados con la circulación del ganado en zonas fronterizas con países vecinos poseedores de ganado aftósico, como Paraguay, sindicado como la puerta de reingreso de la enfermedad.

El golpe producido por la reaparición de la aftosa fue muy duro para la actividad, en especial porque cerró abruptamente los mercados internacionales que se habían abierto poco antes. La emergencia llevó a buscar un acuerdo intersectorial y político que permitió sancionar la Ley n.° 25507, destinada a la promoción del consumo de la carne de vaca argentina.

La norma fue promulgada el 11 de diciembre de 2001, en el que sería uno de los últimos días del gobierno de Fernando de la Rúa. Producto de ella, se creaba el IPCVA (Instituto de Promoción de la Carne Vacuna Argentina), un ente de derecho público no estatal cuyo financiamiento estaría a cargo del aporte de fondos privados que debían pagar de forma conjunta los productores ganaderos y los frigoríficos de todo el país. La ley estableció que los productores efectuasen una contribución equivalente a 20 céntimos por ciento del valor índice de res vacuna en plaza de faena, y la industria, 9 céntimos por ciento de dicho valor.[37]

---

[37]   Hasta principios de 2012, esos valores por cada res eran de $1,25 por parte de los productores y $0,55 aportados por la industria cárnica, es decir, un total de $1,80 por cada animal destinado a faena.

El IPCVA es conducido por un consejo asesor integrado por las entidades representativas de los productores, miembros de las cámaras corporativas de la industria de la carne y funcionarios de la administración pública. Se fijó como misión institucional mejorar y consolidar la imagen de los productos cárnicos argentinos mediante el aprovechamiento de la historia y tradición del país en la materia y el prestigio que supo ganar en los mercados internacionales.

Para evitar pujas intersectoriales, se pensó al IPCVA como un medio para incrementar la competitividad de la cadena cárnica en su conjunto, tanto en el mercado interno como en el escenario internacional. Al constituirse, este cuerpo colegiado se propuso como objetivos:

- identificar y crear demanda para los productos cárnicos argentinos en los mercados nacionales e internacionales;
- diseñar e implementar estrategias de *marketing* para mejorar el posicionamiento de los productos cárnicos en el exterior;
- planificar y desarrollar estrategias de promoción para contribuir al mejoramiento de los niveles de consumo interno;
- aportar a la consolidación de la calidad y seguridad de las carnes argentinas contribuyendo a una mayor eficiencia de los procesos productivos e industriales.

Aunque hasta la fecha el Instituto no logró cumplir esos cometidos, se ha mantenido funcionando y es otro organismo para generar información sectorial confiable y estimular la investigación.

Tras la salida apresurada de Fernando de la Rúa de la Presidencia de la Nación, la crisis de gobernabilidad del verano de 2001-2002 llevó al abandono de la convertibilidad, lo que produjo una acelerada devaluación de la moneda respecto del dólar. Esto permitió recomponer el superávit fiscal gracias al impulso de las exportaciones, en especial, de las vinculadas al sector oleaginoso. En contraposición, el tipo de cambio alto recompuso la tasa de ganancia en el sector privado, pero hundió el valor del salario y determinó un verdadero colapso del consumo. Las nuevas reglas del juego no hicieron otra cosa que profundizar los cambios en la estructura de la rentabilidad agraria, iniciados en los años 1980, acelerando el proceso de traspaso productivo hacia la soja. El sector ganadero recuperó en 2002 su rentabilidad en valores absolutos, pero no su rentabilidad relativa (Santarcángelo y Fal, 2009).

Durante el gobierno de Néstor Kirchner, la recuperación económica se percibió con dos señales claras para la ganadería: por una parte, desde 2002 se habían comenzado a recuperar los mercados externos perdidos durante el último episodio de la fiebre aftosa (segundo semestre de 2000), con buenos precios internacionales; por otro lado, la mejora de los niveles de ingresos de los asalariados, visible desde 2003, comenzó a recomponer el consumo interno. La conjunción de ambas variables inició un proceso de puja sobre los precios que devolvió a la ganadería al primer plano de las noticias, cuando el valor de los cortes de carne bovina se constituyó en uno de los ejes que más estimulaban el aumento sostenido de la inflación.

El tradicional juego de "tira y afloja" entre mercado externo y el consumo nacional recuperó protagonismo. En estas circunstancias, el gobierno inclinó la balanza priorizando el mercado interior.

A partir de la inflación que comenzó a sentirse en 2005, el gobierno ha tenido un mayor grado de intervención ante la evolución de los precios. Se hicieron anuncios, se aumentaron las retenciones a los lácteos; se realizaron acuerdos voluntarios de precios y finalmente se suspendieron las exportaciones. De este modo, se implementaron regulaciones muy similares a los viejos controles de precios.

El problema que plantea la producción de carne vacuna tiene que ver con una respuesta definida en el tiempo. Al productor le toma 30 meses poder enviar nuevos animales al mercado; como consecuencia, el crecimiento de la demanda genera en el corto plazo una presión alcista sobre los precios, que se potencia cuando los productores retienen hembras en el campo para producir terneros. Ese año, el precio de la hacienda comercializada subió el 16,5% en relación con el anterior; mientras que lo hizo el 20,2% en mostrador. El precio de la hacienda creció a un ritmo del 1,3% mensual, mientras que al consumidor lo hizo a un ritmo del 1,5% por mes.

Con la intención de contrarrestar los efectos negativos del aumento del precio de la carne, desde marzo de 2005 a abril de 2006 el gobierno adoptó medidas de política económica. Como se ha modificado el sistema de precios, los datos recibidos por los actores del sector son confusos y esto afecta las decisiones de inversión, con lo cual se debilita el prestigio en el exterior.

Durante el año 2006, los productores respetaron los precios de referencia del mercado interno y el Gobierno comenzó a reabrir el mercado exterior, mientras se discutía un "Plan" que apuntaba a tomar medidas conjuntas para el largo plazo abandonando la política de coyuntura. Ante el aumento de los precios de la carne y del resto de los precios de la canasta básica, la Secretaría de Agricultura formó, a fines de marzo de 2005, la "Mesa de Ganados y Carne" constituida por todos los sectores de la cadena cárnica y representantes del Gobierno para establecer el "primer acuerdo de precios", con el fin de solucionar el problema generado por las políticas intervencionistas. En abril, el acuerdo dio sus resultados, al poder aprovechar que durante el otoño y el invierno hay más envíos de carne al mercado. Los cortes subieron solo el 1% mensual, pero se destacó una baja en los cortes delanteros cuyo incremento fue apenas del 0,5%. Los cortes traseros registraron un alza promedio del 1,6% mensual; todo ello dependió de la baja del precio de la hacienda en pie, que resulta el principal determinante del precio al consumidor.

Desde la Secretaría de Agricultura se pensaron varias medidas para tratar de atacar el origen del problema, que en esos momentos combinaba, junto con las causas reseñadas, el inicio de un ciclo ganadero de liquidación de vientres. Aunque solo más tarde los funcionarios se detuvieron a pensarlo, la recuperación de las existencias mostraba su agotamiento en 2005, cuando el rodeo nacional vacuno se detuvo en los 54 millones de cabezas.

El "acuerdo de precios" finalmente no tuvo los resultados esperados por el importante aumento de la demanda. Por otra parte, esta concertación es difícil de aplicar en el sector ganadero, debido a su atomización. En el trimestre julio-setiembre, la carne retomó la tendencia alcista. Como los "acuerdos" no dieron resultado, en agosto la Secretaría, a través de la Resolución n.º 645/2005, anunció que a partir de noviembre de ese año el peso mínimo de faena sería de 300 kilos por animal en pie (equivalente a 85 kg por media res faenada).

El Gobierno tenía la intención de aumentar la oferta de vacunos a través de la comercialización de animales más pesados, para descomprimir así el exceso de demanda. El problema fue que este tipo de medidas resulta de carácter estructural, más que coyuntural, lo que hizo que fuera rechazada por la mayoría de los productores pecuarios. Tal vez, en otra coyuntura y aplicada al largo plazo, hubiera tenido un mayor nivel de aceptación. El Gobierno no tuvo en cuenta el impacto en el corto plazo, ya que para aumentar el peso de los animales, estos deberían permanecer más tiempo en el campo, lo que hubiera necesitado acciones

previas respecto de las pasturas. De ello surgieron dos necesidades: contar con pasturas que pudieran hacer la recría
de los animales para invernada y modificar el modelo de
producción en *feedlot* para obtener animales más pesados.
Del lado del consumo, se requieren tiempo y recursos
para modificar las pautas culturales del mercado interior,
cuya preferencia se dirige hacia la carne proveniente de
animales más jóvenes. También se necesita inversión en
la cadena de enfriado de la industria frigorífica para que
los cortes más grandes no sean percibidos como cortes de
menor calidad; también aquí se necesitan tiempo y recursos. A medida que pasaban los días y no se conseguían los
objetivos, la Resolución fue sufriendo modificaciones a
partir de las sugerencias de la "Mesa de Ganado y Carnes".
De tal forma, la Resolución n.º 729/2005 estableció un
escalonamiento en la aplicación de la restricción, al poner
un nuevo piso de 260 kg en pie a partir del 1º de noviembre
de 2005, que se elevaría a 280 kg desde el 15 de diciembre de
ese año, para llegar a los 300 kg el 31 de enero de 2006. Como
tampoco se llegaba a la meta, la Resolución n.º 175/2006
estableció que el peso mínimo quedara fijado en 280 kg
y se eliminara así la última etapa. Estos cambios fueron
acompañados por una reclasificación de los animales más
livianos. En la primera resolución, se había prohibido la
faena de mamones y terneros (machos y hembras) por un
período de seis meses; pero en las sucesivas correcciones,
tal medida quedó sin efecto.

En noviembre entró en vigencia lo dispuesto; la faena
de animales de 260 kg en pie produjo una baja de la matanza total, compensada por el aumento del precio de los
animales. La medida tuvo un resultado positivo a nivel de
la producción, porque de haberse mantenido el anterior
peso de faena de 218 kg, la producción anual hubiera caído.
En cambio, no consiguió éxito en el control de los precios.
La restricción del envío de animales al Mercado de Liniers

durante el mes de noviembre contribuyó al aumento de las cotizaciones en todas las categorías. Tal vez haya contribuido al alza el hecho de que en noviembre de 2005 aumentaron los precios de exportación y los requerimientos fueron mayores debido al cierre de los mercados de Brasil, cuyo ganado fue atacado por un brote de fiebre aftosa. Con el objetivo de bajar los precios que empujaban la inflación, el 18 de noviembre de 2005 el Gobierno emitió la Resolución n.º 653 del Ministerio de Economía, a través de la cual se estableció un derecho de exportación del 10%, adicional a lo establecido en la Resolución n.º 11/2002 del propio ministerio, que había fijado una tasa del 5% para las mercaderías comprendidas en las posiciones arancelarias de la Nomenclatura Común del Mercosur (NCM). De manera complementaria, se tomó la decisión de eliminar el reintegro a las exportaciones de carne vacuna vigente, con una alícuota del 5%. De este modo, las exportaciones fueron alcanzadas por un derecho de exportación del 15%.

Recién en marzo de 2006, por la Resolución n.º 113 del Ministerio de Economía, se amplió el alcance de la Resolución n.º 653/2005 a las mercaderías cárnicas. Además se publicó en el Boletín Oficial la Resolución n.º 114/2006, que suspendió de forma temporal las exportaciones de carne vacuna, mostrando la dinámica que adquirió la política oficial a partir de marzo de 2006. Originalmente quedaron exceptuadas las exportaciones en el marco de los Convenios País/País y las correspondientes a la Cuota Hilton. Se exceptuaron también aquellas que al 14 de marzo de 2006 (fecha de publicación de la resolución en el BO) se encontraban amparadas por cartas de crédito irrevocables y las que estaban pagadas total o parcialmente. Al mes siguiente –abril de 2006– fueron alcanzados los cortes de la Cuota Hilton, de acuerdo con la decisión del Gobierno de controlar la papelería que la respaldaba.

El Gobierno sospechaba que se había filtrado información entre la firma de la Resolución y su publicación en el Boletín, tiempo que podrían haber utilizado los exportadores para cerrar negocios que no fueran alcanzados por la resolución. Según el documento, la medida agregó al intento de frenar el aumento de los precios al consumidor el llamado de atención a un sector al que, por su dispersión, le cuesta alcanzar consensos, aun entre los representantes de las distintas entidades.

Resulta claro que toda estimación sobre el impacto de las medidas que calculen la caída del volumen y el valor de las exportaciones resulta insuficiente, ya que afecta la credibilidad del sector productivo y la confiabilidad en la capacidad exportadora del país.

A partir del 21 de abril de 2006, el sector cárnico respondió a las medidas fijadas por la Secretaría de Comercio Interior (dirigida por Guillermo Moreno) por la Resolución n.º 1/2006, con bajas del 7,7% promedio en el precio de la hacienda en el Mercado de Liniers y con una baja del 0,6% en el precio/mostrador para el consumo interno, respecto del mes anterior (marzo).

Por el lado del consumo, se puso en marcha una campaña denominada "Corte por lo sano", cuyo objetivo fue fomentar el troceado de los cortes de forma tal que discriminara la salida de los frigoríficos de aquellos cortes destinados a exportaciones (sobre todo, a los mercados sofisticados como los de la Cuota Hilton) y los demandados por el mercado interno, siempre orientados hacia el consumo popular, como el asado. Esta modernización del sistema de comercialización del ganado y la carne bovina mediante el cuarteo de las medias reses para segmentar los distintos cortes por zona, de acuerdo con tipo de demanda predominante en cada una, no registró avance alguno ni se determinaron los fondos con los que contaría. Como ha señalado Horacio Giberti, la campaña fracasó porque los intereses creados fueron más fuertes que la decisión oficial de hacerlo.[38]

Respecto de la producción y la productividad, se formuló un plan ganadero que mostró cierta solidez en términos conceptuales. La intención fue mejorar los índices productivos de la actividad de cría, punto de partida de la cadena de valor de la carne bovina, y el aspecto donde más se evidenciaba el bajo desempeño en cuanto a su eficiencia (Rearte, 2006). Posteriormente, el SENASA puso en marcha un nuevo programa sanitario de vasto alcance, al lanzar en enero de 2007 el Plan Nacional de Contención de la Fiebre Aftósica, para dar continuidad a la lucha contra esa epizootia.

En este sentido, se establecieron dos canales para la transferencia de los fondos presupuestados, uno directo al productor a través de Aportes Económicos No Reintegrables (AENR), destinado a otorgar hasta el 70% de los créditos presupuestados y que se denominó "componente Más Terneros", y otro de apoyo a los planes llevados a cabo en las diferentes provincias, con hasta el 25% de los fondos del plan. El 5% restante se distribuiría para gastos operativos y de difusión.

El "componente Más Terneros" buscaba influir en los productores dedicados a la actividad de cría brindando beneficios a aquellos que implementasen decisiones de alto impacto productivo, relacionadas principalmente con la sanidad y reproducción del rodeo, mejoramiento de la oferta forrajera y de la infraestructura productiva. Con tal fin, se definió la necesidad de elaboración de un Plan de Desarrollo Productivo (PDP) con una duración de cuatro años, con apoyo técnico por parte del Estado Nacional, para poder acceder a los beneficios.

---

[38]   Reportaje en *Revista Voces,* primera quincena de mayo de 2007.

El rango de productores autorizado a solicitar el apoyo estatal variaba desde los poseedores de menos de 50 vacas y hasta 500. La segmentación permitiría canalizar las demandas de los que tenían hasta 50 vacas a través del Plan Social Agropecuario de Referencia (Programa Social Agropecuario, Programa de Desarrollo Rural de las Provincias del Noroeste Argentino, Programa de Desarrollo Rural de las Provincias del Noreste Argentino, etc.); los propietarios de entre 51 y 300 debían conformar grupos, a efectos de acceder a las solicitudes; y por último, los que disponían de entre 300 y 500 vacas podían hacerlo de manera grupal o individual. En los dos primeros casos (productores de hasta 300 vacas) y en el caso de los hacendados del último tercio (de 300 a 500 vacas) que hubiesen conformado grupos, podían solicitar asesoramiento técnico, tanto para la conformación de los grupos como para la planificación productiva del establecimiento (PDP y AENR). Quienes poseyeran entre 300 y 500 vacas y actuaran de manera individual solo podrían solicitar al AENR.

Los montos solicitados a través de AENR estaban determinados en relación con la cantidad de vacas de cada productor. Para los dueños de entre 51 y 100 vacas se dispuso solicitar hasta un máximo de $10.000; los propietarios de rodeos de 101 a 500 vacas podrían adicionar $25,00 por vaca, hasta el límite establecido de 500. Es decir, el límite del aporte en efectivo que realizaría la Administración a un propietario de 500 vacas era de $20.000. Los productores debían realizar inversiones asistidas con los fondos otorgados en los siguientes aspectos: sanidad y reproducción del rodeo; mejoramiento de la oferta forrajera y mejoramiento de la infraestructura productiva, incluidos en el PDP.

Para elevar el desempeño de la productividad, en el año 2006 la SAGYP desarrolló el denominado "Programa Más Carne". A través de la firma de convenios-marco con las provincias, se acordó en muchos casos la transferencia de fondos de apoyo a los programa provinciales. Los vaivenes gubernamentales llevaron a que algunas veces la Secretaría dejara de girar el monto pactado para el pago de asesores técnicos, con lo que los distritos tuvieron que hacerse cargo de su atención.

La elección del gobierno no estaba exenta de lógica. La actividad ganadera había constituido varias décadas atrás una fuente importante de divisas y empleo, pero en los inicios de esta centuria su peso sobre la balanza de pagos ya no era relevante. Su mayor importancia, mientras tanto, quedó derivada de la condición de bien salario. En este contexto, el Plan Ganadero desarrollado por la administración Kirchner optó por privilegiar el consumo interno ante la circunstancia de una oferta insuficiente.

En 2004, los motivos que ya expusimos habían logrado aumentar las exportaciones el 68% con respecto al año anterior, pero en 2005 los envíos de carnes vacunas alcanzaron el nivel de 770 mil toneladas de res con hueso y se ubicaron como las segundas más altas desde el récord de 1969 (775 mil toneladas), con una participación del 25% sobre el total producido, algo que no ocurría desde 1972. Luego, las medidas restrictivas a la exportación dictadas por el gobierno bajaron estos valores a 556 mil toneladas en 2006 y 500 mil en 2007. Por su parte, el consumo interno mantuvo un promedio de 2.26 millones de toneladas res con hueso desde 1970 a 2005 y rondaba los 2.6 millones de toneladas en 2007. Más allá de las variaciones anuales o estacionales, estos datos confirman que el 85% de la producción es consumida en el país.

Como ha planteado uno de los especialistas en el tema, las alternativas son: o bien se reduce el consumo para mantener la exportación, o bien se mantiene el consumo y se reduce la exportación (Giberti, 2006). Pero debe admitirse que actualmente los envíos de carne al mercado externo no tienen gran peso en las exportaciones totales del país. De esta forma, se reduce su incidencia en la balanza de pagos constituyendo un argumento a favor del mercado interno.

También debe considerarse la diversidad y contraposiciones existentes al interior de la cadena de producción de carnes vacunas. Si bien se pueden estimar los productores ganaderos en aproximadamente 200.000, solo el 9% (las grandes estancias) posee la mitad del ganado. Si se da carta blanca a los grandes frigoríficos para desarrollar la venta de carne en cortes, se afecta seriamente tanto a los pequeños y medianos establecimientos de faena como la estructura minorista (carnicerías). A su vez, desde siempre, los invernadores han impuesto condiciones y precios a los criadores.

Actos administrativos como la Resolución n.° 246/2007 lanzando un Plan para el Desarrollo de la Cadena de Granos y Carne pueden tener un efecto productivo, pero no siempre consideran las posibles consecuencias ambientales que pudiera acarrear la intensificación de la oferta. A las repercusiones generadas sobre todos los eslabones de la cadena (entre quienes poseen intereses contrapuestos y, en especial, aquellos sobre los que no pesan consideraciones redistributivas de índole social), se les debe anexar que el estímulo cuantitativo y con poco examen cuantitativo de la actividad podría hacer surgir tensiones ambientales y sociales, particularmente en zonas con ecosistemas frágiles, tal como pasó en la provincia de Chaco, donde disponemos de un estudio de caso (García, Dal Ponto y Longo, 2008).

Como estos autores han mostrado, las políticas públicas de regulación y promoción de la actividad ganadera resultan ineficientes si dejan al arbitrio de la decisión privada –de lógica primordialmente economicista y no social– cuestiones que hacen al bienestar de la comunidad. Al movilizar la ganadería vacuna hacia el norte del país, se ha llegado a que el 31% de la producción de carne, lana y cuero se realice en ecosistemas arbustivos y bosques proveedores de forrajes, productos alimenticios, madera y leña, a tasas de extracción superiores a la reposición natural, sin que haya planificación adecuada ni control estatal. Este tipo de consecuencias, así como las derivadas de la eliminación de pequeños productores no se contemplaron en el Plan Ganadero Nacional, aunque sí existen proyectos financiados por organismos internacionales que hacen foco en los aspectos productivos y ambientales, necesarios (pero insuficientes) para la sustentabilidad de la actividad.

Asimismo, el análisis de la potencialidad de cada región para la producción agropecuaria podría permitir mejorar los indicadores de eficiencia de esta actividad a nivel nacional, lo que implicaría una mayor oferta de carne. Uno de los problemas principales es el promedio de porcentaje de parición, que en el país es del 65%, mientras que en países con condiciones de producción menos favorable como Australia es del 75% (Giberti, 2006; Rearte, 2009).

Por otra parte, las iniciativas que reaccionan ante un hecho puntual muchas veces están llamadas a fracasar. No hay una forma de explicar el problema de las transformaciones de la estructura económica del campo sino en el marco de una política ganadera que a su vez esté inserta en una política de desarrollo nacional. Es poco racional pensar en el precio de la carne vacuna aislado, sin empezar por la cría del ganado pasando por las formas de engorde, industrialización y comercialización.

Cada una de esas etapas es susceptible de mejorar bastante su eficiencia, con lo cual se lograría diluir mucho el margen entre el precio del ganado y el de la carne, que en la Argentina muestra diferencias excesivas, si se lo compara con los indicadores de países desarrollados. Los supermercados e hipermercados son un factor relativamente nuevo, con gran poder decisorio e influencia, ya que pueden manejar los precios y concentran casi el 70% del consumo del área metropolitana de Buenos Aires y el conurbano. De la actual cadena de actores, quienes tienen mayor poder de decisión en los precios son los frigoríficos y casi en el mismo nivel, los supermercados.

Finalmente, debemos reiterar que la dieta popular, desde el punto de vista económico, surge a partir de los precios relativos. Si el argentino ha sido y sigue siendo un ávido consumidor de carne vacuna, es porque su ingesta ha sido históricamente barata respecto de otros alimentos, aspecto especialmente relacionado con su rendimiento. Cuando se quiere desviar su consumo hacia otros rubros, como el pollo o el pescado, los precios aumentan al compás de los aumentos de la carne. Pero eso también implica falta de acción del gobierno para estimular la mayor producción y aceptación de estos sustitutos.

CAPÍTULO 6. LOS ACTORES SECTORIALES: TENSIONES Y CONSENSOS EN ESCENARIOS CAMBIANTES

1. Las entidades rurales: una mirada rápida a sus pequeños mundos

Una de las tendencias que caracterizaron la representación del sector agropecuario en el período estudiado fue la cristalización de una estructura fragmentada en lo institucional, con diversos grados de superposición y una ambigua definición de las bases representadas. Estas características adquieren mayor lógica desde una perspectiva histórica con una atención centralizada en el surgimiento de cada una, especialmente las constituidas a partir del enfrentamiento con las entidades ya existentes. Es el caso de Federación Agraria Argentina (FAA), nacida en 1912, y de las diferentes confederaciones constituidas en la década de 1930, cuya culminación fue la creación de Confederaciones Rurales Argentinas (CRA) en 1942 (Lattuada, 1992).

Para el primer caso, el corte socioeconómico arrendatarios / agricultores y propietarios / ganaderos, representados por la FAA y Sociedad Rural Argentina (SRA), fue fundacional; para el segundo, fue económico-productivo; por una parte, los propietarios / criadores en las confederaciones frente a los propietarios / invernadores en la SRA. A su vez, podemos incorporar una tercera variante alternativa, como la surgida en torno de las estructuras de comercialización agropecuaria privada, que se agrupó en asociaciones de tercer grado sobre bases cooperativas y fuertemente apoyada por la acción estatal durante los gobiernos de origen electivo, como la Confederación Intercooperativa

Agropecuaria Cooperativa Limitada (Coninagro), institucionalizada en 1956.

Si bien esta perspectiva justifica la constitución de una representación fragmentada, no explica su permanencia y consolidación cuando las condiciones fundacionales fueron modificadas. En buena medida, este mosaico de voces solo se explica por la tendencia a la burocratización de sus dirigencias, las funciones cumplidas por cada entidad y los servicios brindados a sus asociados.

Los cambios productivos, económicos y sociales que tuvieron lugar en el sector agropecuario desde la mitad del siglo pasado atenuaron los enfrentamientos intrasectoriales y desdibujaron las características puras de las bases. Sin embargo, la persistencia de cierta inercia histórica y referencias reales han impedido una representación única o un frente homogéneo de los intereses del sector.

En el período histórico mencionado, muchos arrendatarios se hicieron propietarios, y ciertos propietarios –sin dejar de serlo– también arrendaron campos; los agricultores hicieron ganadería y los ganaderos, agricultura; criadores e invernadores diversificaron sus actividades y los productores en general se afiliaron a la Sociedad Rural local, a la Cooperativa de su zona y a alguna asociación agraria, ya fuera de forma indistinta o conjunta. Pero estos cambios no fueron suficientes para la unificación de los intereses del sector.

Si bien existieron acercamientos, la estructura de representación se complejizó y superpuso, en especial debido a la estrategia implementada por las entidades con el objeto de ampliar y reafirmar su representatividad a nivel nacional. Por ejemplo, la FAA y Coninagro fortalecieron su injerencia en la problemática ganadera en los años 1960, a tal punto que en 1964 ganaron la dirección de la Corporación Argentina de Productores de Carnes (CAP).

Por su parte, la SRA intervino activamente en los conflictos que en esa misma década se desarrollaron con los asalariados rurales nucleados en la Federación Argentina de Trabajadores Rurales (FATRE), originados como consecuencia del desplazamiento de la mano de obra al producirse la mecanización y el manejo a granel de las cosechas. También es producto de estos cambios la preocupación de CRA por el tema agropecuario en general, ya no solo por la cría, sino también por la incorporación de la demanda de las producciones regionales y su acercamiento a las posiciones de la SRA, hasta una confluencia casi total desde 1956.

Estas diferencias aumentan al considerar los niveles organizativos de las corporaciones: CRA y Coninagro son entidades de tercer grado, es decir que agrupan a federaciones donde se reúnen asociaciones; FAA, de segundo grado, al constituir una federación que nuclea a cooperativas de base dividida en distritos geográficos; y la SRA es una entidad de primer grado. A su vez, mientras algunas son específicamente gremiales (CRA), otras suman servicios a sus asociados (FAA y Coninagro). Para agregar diversidad, unas asociaciones representan de manera puntual a la producción (CRA, FAA, SRA), mientras otras amplían sus prestaciones a la comercialización y los servicios (Coninagro). Por último, la SRA tiene asociados que no son necesariamente propietarios o productores agropecuarios, dado que simplemente los lazos familiares permiten ser socios de la entidad.

La tendencia general de estas instituciones de expresar los intereses agropecuarios pampeanos sobre los regionales fue reforzada por acción del Estado, que ha utilizado esa multiplicidad de representación otorgando espacios diferenciales dentro del aparato administrativo y ejecutando políticas selectivas, táctica que ha contribuido a la complejidad y escasa transparencia de la estructura de representación.

Dicha estructura queda cristalizada en entidades que si bien son semejantes y posibilitan la expresión de los distintos segmentos de productores, también hacen posible su acceso diferencial al proceso de toma de decisiones de las políticas públicas. Determinados segmentos –los productores medios pampeanos, por ejemplo– cuentan con más de una institución que los representa o por lo menos disponen de más canales para hacer llegar sus intereses a los administradores públicos nacionales, mientras que otros –como los productores regionales– tienen escasas o menores posibilidades para hacerse oír en las oficinas federales.

En este caso, también las posiciones ideológicas deben ser tenidas en cuenta. Las entidades con posiciones conservadoras o liberales contaron con mayores posibilidades durante los gobiernos militares, e hicieron valer su número de asociaciones en los espacios de poder para reclamar y conseguir la intervención estatal (CRA, SRA, AACREA). En las administraciones democráticas de 1973-1976 y 1983-1989, la FAA y Coninagro tuvieron mayor recepción en los despachos oficiales, e incluso pudieron ocupar algunos espacios en los organismos públicos.

En cuanto a los distintos intentos de lograr un frente común que identifique posiciones y/o acción sobre el Estado, se debe destacar que han sido siempre coyunturales y producto de una estrategia defensiva, sin perdurar ante las fricciones internas o la desaparición del foco externo aglutinante. Un ejemplo de tal conducta fue la creación de la Comisión Coordinadora de Entidades Agropecuarias (CCEA), surgida a fines de los años 1950 e integrada por la SRA, CRA y distintas asociaciones de criadores, y que tuvo expresión hasta comienzos de los años 1960. Era un organismo que buscaba articular la estrategia de las entidades sin que estas perdieran su autonomía, actuó durante la presidencia de Arturo Frondizi contra los intentos de impulsar reformas agrarias provinciales, y se diluyó hacia los años 1970. El primer intento de bloque común apareció entre 1970 y 1973, cuando existió una Comisión de Enlace para coordinar la estrategia frente a la política agraria de la Revolución Argentina, con representación de SRA, CRA, Coninagro, FAA y CCEA.

El acceso del peronismo al poder en 1973 produjo rupturas y nuevos alineamientos de acuerdo con las mayores o menores afinidades respecto del proyecto oficial. A pesar de ello, hubo alianzas tácticas cuya expresión fueron paros conjuntos en 1975 y 1976, en algunos casos asociando a FAA y CRA, y en otros, a todas las entidades. Más allá de eso, siempre perduraron diferencias sustanciales entre ellas, tanto por las características de sus principales representados como por racionalizaciones ideológicas mantenidas por sus dirigentes, que permitían proponer desde el Estado políticas diferenciales y obtener reacciones distintas desde las organizaciones.

Finalmente, vale la pena efectuar una aclaración para cerrar este panorama sobre una estructura agraria nacional en la que coexistieron siempre diferentes actores sociales con relaciones heterogéneas entre sí. Quizá los que menos atención recibieron por parte de las políticas de Estado o de las instituciones académicas hayan sido los pequeños productores minifundistas o campesinos. El censo nacional de este sector de la economía nacional hecho en 1988 señaló que en el país existían todavía unas 420.000 explotaciones agropecuarias, de las cuales según el Programa Social Agropecuario había unas 160.000 bajo el control de productores minifundistas, es decir, el 38% del total.

El importante peso cuantitativo conservado relativamente por el sector contrastaba con su cada vez más escaso aporte a la generación del producto bruto agropecuario. Esta afirmación que resulta certera para el conjunto de la actividad económica agropecuaria podría relativizarse en los diferentes espacios regionales, donde la pequeña producción adquiere una mayor significación económica, ligada sobre todo a algunas de las principales ramas agroindustriales del país (De Dios, 1998).

2. Temas predominantes en el reclamo corporativo

Los antagonismos fundacionales fueron desplazados a un plano secundario o desaparecieron en la medida en que se producían cambios económicos y sociales en el sector. Esta situación posibilitó el acercamiento de posiciones, pero no fue suficiente para una identificación única de los intereses sectoriales.

La desaparición del sistema tradicional de arrendamientos; la conversión de un gran número de arrendatarios en propietarios y la salida del resto de esa situación; la diversificación productiva sin distinción del tamaño de las explotaciones; la significativa reducción de la mano de obra rural; la mecanización de las labores; la expansión generalizada de un modelo tecnológico homogéneo de alta productividad fueron algunas de las cuestiones coadyuvantes para que las instituciones agrarias coincidieran en un conjunto de reclamos y problemáticas de prioritaria atención.

Asimismo, los precios recibidos por el productor, su relación con los costos de los insumos, la financiación del ciclo productivo y las inversiones, la apropiación por el Estado o los restantes sectores de una parte de la renta de producción pasaron a ocupar los reclamos comunes de las organizaciones. Respecto de los precios, el problema se ha centrado en la brecha entre los precios internacionales y los internos; el reclamo principal ha sido desde siempre la eliminación de retenciones, cualquier manejo de la política cambiaria que implicara retrasos o tipos de cambio diferenciales. Ello ha puesto en segundo plano la relación existente entre el precio de los insumos y los precios recibidos por los productores. En cuanto a la financiación, la insistencia se ha sostenido en la alta disponibilidad de créditos a bajo costo. En relación con la presión fiscal, se han reiterado los pedidos de desgravaciones impositivas.

A pesar de que los cambios tecnológicos y productivos harían suponer una priorización de las peticiones relacionadas con cuestiones tales como la innovación, los costos, la provisión de insumos y maquinarias, o la adecuación de la infraestructura de almacenaje y transporte, estos temas no tuvieron una expresión pública equiparable al tema de los precios, aunque también ello se explica por su menor conflictividad en términos relativos, y la existencia de instancias estatales con participación de los productores a través de los cuales se ha facilitado su procesamiento sin mayores antagonismos.

Sin embargo, no hay que descartar una explicación que pone el foco en la supuesta visión que tienen las entidades acerca de la capacidad del agro pampeano para generar excedentes a nivel internacional, al considerar que si el Estado no interviniera en la apropiación de parte de su renta, estarían en condiciones de importar maquinarias, bienes y equipos.

Esta posibilidad descansa sobre la aparente eficiencia internacional potencial de dicha producción, y en especial en condiciones ecológicas que permiten producir con menores costos relativos. Aun después del cambio tecnológico –cuyo resultado fue un aumento significativo de los insumos en los costos de producción–, la obtención de una renta diferencial a escala internacional continuó siendo importante, aunque esta visión se morigerara por las políticas de subsidios aplicadas por Estados Unidos y la entonces Comunidad Económica Europea (CEE) a favor de sus propios productores.

Estas posiciones hicieron emerger contradicciones en cada oportunidad en que entidades como CRA debían recoger las demandas de organizaciones de segundo o primer grado representativas de productores regionales, para los que la intervención gubernamental en la fijación de precios, aranceles, condiciones de comercialización o financiamiento ha sido siempre básica.

En el caso de FAA, la ausencia estatal en estas temáticas ha estado lejos de perjudicar a su clientela. Sin embargo, al representar también a productores regionales y otros segmentos más vulnerables, se ha buscado una posición proclive a la intervención pública de carácter defensiva, como la fijación de precios sostén en origen, la refinanciación de pasivos, la implementación de programas para emergencias regionales, créditos, experimentación y extensión, o el respaldo a la comercialización a través de cooperativas.

La adscripción de las entidades a posiciones de intervención o no intervención estatal ha sido determinada principalmente por la situación del contexto internacional, y no ha dejado de producir fisuras internas. Las diferencias sobre la intervención estatal se han profundizado además en cuanto a la política impositiva. Si bien todas las entidades han considerado que la presión tributaria tiene que ser entre moderada y baja, sus posiciones se distanciaron en torno de la manera para distribuirla entre los distintos sectores; este comportamiento fue evidente desde la década de 1960.

En tal sentido, la FAA apoyó la aplicación de un Impuesto a la Renta Normal Potencial de la tierra como la sancionada en 1973 para reemplazar al Impuesto a las Ganancias; mientras que CRA y SRA rechazaron frontalmente todo impuesto sectorial diferente al tributado por otras actividades. Además del rechazo a un impuesto a la tierra, también se levantaron contra las retenciones o los tipos diferenciales de cambio. Coninagro, en cambio, se ubicó en una posición intermedia y aceptó el impuesto a la tierra libre de mejoras, siempre y cuando no fuese demasiado gravoso para los productores, reemplazara a todos los otros, y en lo posible no resultara progresivo y personalizado. En forma inversa, la FAA aceptó y apoyó que fueran progresivos y personalizados, mientras que las CRA y la SRA repudiaron estas posiciones y nunca abandonaron la posición favorable a la proporcionalidad de la contribución.

En definitiva, este tema fue tradicionalmente conflictivo en la relación CRA-SRA con el Estado, y si bien FAA y Coninagro a veces los han apoyado a nivel institucional, el pago de impuestos no ha sido atractivo para sus bases.

En cuanto a las políticas regulatorias, si bien los argumentos de intervención estatal en relación con la colonización y los arrendamientos pasaron a segundo plano, la posición de la FAA –a diferencia de otras entidades– ha sido tradicionalmente favorable a ese accionar. A su vez, Coninagro recorrió un arco a través del cual desplazó progresivamente sus posiciones, desde aquellas más proclives a la intervención y cercanas a FAA, a posiciones liberales más cercanas a CRA y SRA. Sin embargo, sus posturas buscaron ser un paso intermedio entre los extremos del espectro corporativo del sector. Esto quedó demostrado en 1975, cuando FAA y Ligas Agrarias apoyaron el Anteproyecto de Ley Agraria, SRA y CRA lo rechazaron, y Coninagro se abstuvo. En cambio, el tema de la comercialización ha sido –y todavía lo es– central a la entidad.

3. Articulaciones e inserciones de las entidades con otras corporaciones

Una particularidad de las entidades agropecuarias fue tomar parte en frentes con otras organizaciones

empresarias, pero también aquí la participación fue fragmentada. A modo de ejemplificación, podemos señalar que
en su momento CCEA, CRA y SRA formaron parte de en
la Asociación Coordinadora de Instituciones Empresarias
Libres (ACIEL), y la FAA se incorporó a la Confederación
General Económica (CGE).

Tanto la ACIEL (organizada en 1959) como la Asociación
Permanente de Entidades Gremiales Empresarias (APEGE),
fundada en 1975, se constituyeron en coyunturas históricas
en las cuales los intereses básicos de sus integrantes atrave-
saban un grado de amenaza considerable en un momento
en que su capacidad de participación o injerencia en la
política era reducida. La orientación liberal determinó el
curso de acción de ACIEL y APEGE, donde convergían los
principales intereses económicos nacionales y extranjeros,
tanto de la industria (Unión Industrial Argentina), financieros (Asociación de Bancos Argentinos), comercio (Cámara
Argentina de Comercio) y agropecuarios (SRA y CRA). La
CGE, por el contrario, era proclive a la intervención estatal
en economía y a estimular escenarios de concertación con
diferentes sectores, como el empresariado nacional, los
sindicatos y los partidos políticos.

Los intereses representados por las entidades agrarias
no eran totalmente compatibles con las restantes corporaciones, en particular con las industriales, que tanto
en su vertiente de corte transnacional como vernácula
tenían sus principales intereses en el mercado interno. El
problema constante fue entonces que casi siempre estos
frentes empresarios –en mayor o menor grado– estuvieron
recorridos por una fisura interna expresada entre los intereses industriales y los agropecuarios. Esta cesura no se
hizo evidente mientras los acuerdos operaron sobre marcos
generales, por ejemplo, la interpelación de los empresarios
al Estado o los sectores obreros, pero cuando los temas
adquirieron mayor especificidad e implicaron avances y

concesiones para sus integrantes, las tensiones y brechas se hicieron manifiestas.

4. Las entidades y la sociedad política: tendencias generales y trayectos particulares

A la amplia variedad y oferta problemática que hemos recorrido en los apartados anteriores, le sumaremos ahora un análisis algo más pormenorizado de las relaciones mantenidas entre las principales entidades rurales, como actores sociales definidos, y la sociedad política, a lo largo del período 1973-2007. En primer lugar, es necesario tipificar los vínculos entre las asociaciones y el Estado, que se pueden agrupar en cuatro categorías o comportamientos:

1) La participación de miembros de las entidades en casi todos los gabinetes gubernamentales, con especial control sobre la cartera correspondiente.
2) La participación o colonización en diversos espacios del aparato estatal que se constituyeron con participación mixta, como las juntas especializadas.
3) Las relaciones con los partidos políticos y los diferentes sistemas de gobierno.
4) La conducta asumida ante las experiencias de concertación propiciadas por el Estado.

En todos los gobiernos de facto o democráticos condicionados –como los de Guido o Frondizi–, los miembros de las entidades agropecuarias tuvieron una participación masiva. Por el contrario, como había acontecido entre 1943 y 1955 y en el gobierno del radical Arturo Illia, este protagonismo oficial fue reducido durante la experiencia peronista de los años 1970, momento en el cual casi la totalidad del equipo económico provenía de la CGE.

Si bien en estos últimos períodos la injerencia corporativa en la toma de decisiones se realizó por canales indirectos, otro espacio para incidir en el proceso de determinación de rumbos se dio en la constitución progresiva de una compleja red de espacios públicos (consejos, comisiones, organismos mixtos) vinculados al sector, con una relativa autonomía, y en los que pudieron incorporarse institucionalmente los representantes de las entidades más importantes.

Desde el surgimiento del peronismo, la relación de las entidades rurales con los partidos políticos fue por lo general externa y secundaria. Mientras la FAA fue más proclive al acercamiento a los partidos populares, SRA y CRA mantuvieron estrecha correspondencia ideológica con los partidos liberales y conservadores; de todos modos, todas las asociaciones manifestaron sus reparos por el predominio de los intereses urbanos dentro de la agenda política y se mantuvieron en una posición que declaró irrenunciable la representación directa y sin mediadores de los intereses del sector, al considerar a la intermediación partidaria como poseedora de un sesgo negativo para el agro.

Esto no fue un impedimento para intentar acercamientos que han sido eficaces en acciones defensivas. Así, cabe destacar la actuación conjunta de SRA, CRA y los partidos liberal-conservadores contra los intentos de colonización de tierras y reformas agrarias provinciales en 1960, y contra las medidas sectoriales de 1973-1974.

Por otra parte, se ha tendido a relacionar el accionar de las entidades y la participación de alguna de ellas en la desestabilización de los gobiernos democráticos y se ha estigmatizado su apoyo a los golpes de Estado. Sin embargo, existen ciertas particularidades que complejizan la situación. De un lado, deben señalarse las afinidades ideológicas de CRA y SRA con la mayoría de los gobiernos de facto; basta para probarlo la amplia participación de sus miembros en los gabinetes de dichos regímenes.

Pero también existieron experiencias –como la Revolución Argentina– en la que a pesar de participar miembros de las entidades rurales en los equipos gubernamentales y compartir la filosofía y los planes de gobierno, modificaron su actitud cuando la política económica perjudicó al sector; no dudaron en poner sobre la mesa las renuncias de sus funcionarios, la denuncia pública y un activo enfrentamiento que condujo a la formación del primer frente agropecuario en el que participaron las cuatro entidades principales.

Asimismo, si bien las CRA y la SRA presionaron públicamente a los gobiernos constitucionales, no lo hicieron de manera explícita ante administraciones democráticas fuertes, mientras estas mantuvieron un amplio consenso popular; a saber, en los años 1970 no se opusieron a Juan Domingo Perón, sino a su viuda.

La FAA, mientras tanto, se ha mostrado más predispuesta a apoyar gobiernos populares y sostuvo mayores niveles de enfrentamiento con los de facto, pero aun así, en el caso del Proceso esto se expresó solo cuando las políticas económicas le resultaron perjudiciales. En relación con los gobiernos constitucionales, su reacción se inscribió en la misma línea, como lo muestra la experiencia 1973-1976: participó activamente en los programas de concertación, integró a la CGE y apoyó el plan económico durante los primeros tiempos. Pero a mediano plazo, cuando la política económica sectorial no fue considerada lo suficientemente rentable, retiró su apoyo, renunció a la CGE; y en los últimos tramos del gobierno realizó paros agropecuarios junto con CRA, mientras expresaba la necesidad de un cambio en la conducción nacional.

Hechas estas aclaraciones generales, es pertinente revisar con mayor detalle la compleja trama de relaciones

que se fue dando a través del recorrido histórico, sobre
todo prestando atención a los nudos cronológicos más
destacados, dentro de la siguiente segmentación:
a) los años de plomo: el tercer gobierno peronista y el
   Proceso (1973-1983);
b) la restauración democrática (1983-1989);
c) los años de la "convertibilidad" (1989-2001);
d) el tiempo de la devaluación y el crecimiento (2002-2007).

4.1. Los años de plomo: de los gritos al susurro (1973-1983)

Como se dijo antes, uno de los momentos de mayor
tensión dentro de las instituciones corporativas rurales, y
de muchas de ellas con el Estado, se produjo durante la
gestión del peronismo entre 1973 y 1976.

De acuerdo con Lattuada (1986), la prórroga hasta
diciembre de 1974 de las ejecuciones judiciales no despertó mayores conflictos. Si bien esta afirmación atiende
correctamente el plano general, puede señalarse la voz
discordante de la SRA. En el tradicional mensaje al agro con
motivo de la Exposición Nacional de Ganadería, Agricultura
e Industria de 1973, esta institución planteó su disenso con
la prórroga legal de los arrendamientos rurales, al impugnar
la extensión de los contratos mediante la intervención estatal en mutuos celebrados entre privados. La figura misma
del arrendamiento era sostenida con esta aclaración:

> Por el contrario es necesario generar confianza en esta
> Institución pública, porque ha sido y debe seguir siendo un
> importante escalón en el ascenso social dentro del ámbito
> agropecuario, que se caracteriza por ser abierto y de gran
> movilidad social, a tal punto que el 3% de la Pampa Húmeda
> cambia anualmente de dueño, configurando una estadística
> sin precedentes en el mundo.[39]

---

[39]   *Anales de la Sociedad Rural Argentina*, septiembre-octubre de 1973, p.
       36.

Por su parte, la FAA poseía una posición divergente con SRA. Sin embargo, en el contexto previo a la difusión del Anteproyecto de Ley Agraria, la Federación alertó por la ausencia de una acción colonizadora eficaz, así como por la falta de los créditos a otorgarse de acuerdo con las leyes 20.518 y 20.543, destinadas a facilitar el acceso a la propiedad rural.[40] Pese a estas dificultades, en 1975 expresó que "son muchos" los productores inscriptos en los registros del Consejo Agrario Nacional para acceder a una unidad económica según lo establece esta ley.[41]

En el mismo sentido, pueden revisarse las reacciones ante el establecimiento de un sistema crediticio preferencial para adquirir tierras por parte de aparceros o arrendatarios. Si bien no se generaron ruidos significativos, no todas las entidades fijaron la misma posición ante esta medida. En una clara orientación libremercadista, la SRA señalaba que una Ley General de Contratos Agrarios debía brindar acceso irrestricto al trabajador a la tierra, mientras "las leyes en apariencia híper-protectoras, destruyen en definitiva al pequeño productor y le empujan al trabajo asalariado, al provocar una automática restricción de la oferta de tierra".[42] La FAA, a su vez, reelaboró este proyecto de ley y, junto con cinco más, los elevó al Poder Ejecutivo.

La SRA planteó su preocupación por las leyes aprobadas para carnes y granos, por considerar que las iniciativas exageraban el intervencionismo estatal. Al año siguiente, la entidad reiteró sus críticas. El cuestionamiento de la política de comercialización agropecuaria del gobierno peronista también forma parte de la prédica de la Confederación de Asociaciones Rurales de Buenos Aires

---

[40] Federación Agraria Argentina, *Memoria y Balance 1973-1974*, passim.
[41] Federación Agraria Argentina, *Memoria y Balance 1974-1975*, p. 85.
[42] *Anales de la Sociedad Rural Argentina*, mayo de 1974, p. 44.

y La Pampa (CARBAP), la organización de segundo grado más importante dentro del las CRA.

En agosto de 1973, Jorge Aguado, prosecretario de esa entidad, declaró la guerra al gobierno peronista que había asumido la presidencia pocos meses antes. Dentro de la administración, sus dardos se dirigieron en particular hacia el equipo que el ministro de Economía, José Ber Gelbard, había puesto al frente de la Secretaría de Agricultura. Desde este departamento, se había impulsado un paquete de medidas que provocó el rechazo de la entidad. Entre las más cuestionadas se encontraban las leyes sobre la comercialización de granos y carne y la Ley n.º 20.538, que establecía un impuesto a la renta normal potencial de la tierra, pero nunca llegó a aplicarse. Si bien CARBAP rechazó esta normativa, la medida más cuestionada por la entidad fue la Ley Agraria (Sáenz Cerbino, 2008).

Para superar la situación en el campo, la entidad propuso la liberalización de todos los precios de la cadena de comercialización ganadera y la búsqueda de compradores externos para las carnes argentinas. Al año siguiente, luego de la renuncia del equipo económico de Gelbard, CARBAP dirigió una carta al nuevo ministro, Alfredo Gómez Morales, en la que afirmaba la existencia de una "política anticampo".

Por su parte, la FAA presentó un punto de vista diametralmente opuesto a los sostenidos por SRA y CARBAP. Aunque estas posturas se hicieron públicas en la "XXVI Asamblea Anual de la Federación Argentina de Cooperativas Agrarias" –rama cooperativa de FAA– realizada en 1974, sobre el problema de los precios de la producción agropecuaria, el punto de vista de FAA tendió a acercarse al de SRA y CARBAP.

Esta última fue una de las primeras entidades en activar contra la política agraria del gobierno, y claramente fue la más belicosa. En septiembre de 1973 se negó a firmar un Acta de Compromiso entre los productores agropecuarios y la Secretaría de Agricultura. En los meses siguientes, se ocupó de denunciar, en cada oportunidad que tuvo, "las amenazas contra la propiedad", el creciente "intervencionismo estatal" con sus "tendencias monopólicas" y el "intervencionismo estatal socializante".

Desde 1973, CARBAP impulsó la conformación de un frente único agrario contra la política del gobierno. Uno de sus hitos fue la asamblea del 5 de octubre de 1974 en la ciudad de Chacabuco. Además de CARBAP, en ella participaron la SRA y la Confederación de Asociaciones Rurales del Litoral. Según ha relatado Jorge Aguado, entonces presidente de CARBAP, allí comenzaron las gestiones que dieron lugar a la conformación del Comité de Acción Agropecuaria en 1975. Incluso el giro derechista del gobierno peronista no implicó cambio alguno, a punto tal que la alianza agraria dio un paso más en su ofensiva al conformar el Comité de Acción Agropecuaria en febrero del 1975, integrado por CRA, SRA y Coninagro.

En julio de 1975, el presidente de CARBAP denunció que el país se encontraba en medio de una crisis general que comprometía la "convivencia civilizada entre argentinos" y "la estabilidad de las instituciones", y que ello ya no era producto de los errores de funcionarios aislados, sino de la filosofía económica del gobierno. El discurso llamó a los productores agrarios a luchar por el restablecimiento del orden, en un contexto institucional en el que el llamado tenía claras implicancias golpistas.

Un mes más tarde –en un tono claramente amenazador– reclamó la adopción de una lista de diez medidas "mínimas, imprescindibles y no negociables". En caso de no cumplirse, recurrirían nuevamente a la acción directa. Tras haber llamado a los productores a participar en todos los órdenes de la vida política nacional el 11 de octubre, el 24 de ese mes comenzó el cuarto paro comercial agrario, que se extendió por diecinueve días. Según Aguado, no se trataba solo de la defensa de intereses sectoriales, porque lo que estaba en juego era la "destrucción de la nacionalidad y del ser argentino", puesto en riesgo por la incapacidad del gobierno. También sostuvo que estaba surgiendo "el verdadero espíritu nacional que permitirá eliminar las antinomias entre argentinos".

Poco tiempo después, en el "XXV Congreso Anual de CARBAP" celebrado en Junín, insistió con veladas referencias al inminente golpe de Estado. Esta solución a la crisis fue expresada con claridad en el reportaje concedido por Jorge Aguado a *Correo de la Semana* durante la primavera de 1975.[43] En diciembre de 1975, y en continuidad con la misma línea de su discurso anterior, el titular de CARBAP amenazó al gobierno con impulsar la "resistencia civil" y la desobediencia fiscal. En un escenario de diálogo de sordos, el 16 de febrero de 1976 las entidades agrarias adhirieron al *lockout* impulsado por APEGE, cuyo objetivo fue, según sus propias palabras, luchar "por la restauración del orden y la seguridad".

Con el devenir de los acontecimientos, CRA y FAA se transformaron en la punta de lanza de los productores en su enfrentamiento con el gobierno. Esas entidades presentaron en 1975 un documento exigiendo a Isabel Perón el "derecho a la participación de las entidades gremiales representativas del agro en el estudio y elaboración de la política económica nacional". Por entonces, el problema no eran las retenciones, sino las Juntas Nacionales a través de las cuales el Estado fijaba precios máximos a las producciones. Esta intervención era vista como una herejía por parte de los productores que reclamaban desgravaciones impositivas para estimular la retención de vientres y el aumento de la producción, créditos blandos y la aplicación de medidas cambiarias para posibilitar la exportación

---

[43]   *Correo de la Semana*, 28 de noviembre de 1975.

de la producción agropecuaria en general y ganadera en particular (Krakowiak, 2008). En esta ocasión, la Sociedad Rural apoyó la protesta desde un estratégico segundo plano.

En el diagnóstico de la crisis argentina compartido por las Fuerzas Armadas y los dirigentes conservadores que los acompañaban en 1976, el "disciplinamiento" de los sectores sociales debía incluir también a muchos empresarios. Si las medidas económicas tenían que producir una apertura de la economía, una precondición para su éxito era neutralizar las presiones sectoriales que tradicionalmente se corporizaban en demandas al Estado por parte de los empresarios. Así, durante los años de gestión de Martínez de Hoz, la capacidad de las asociaciones para influir sobre medidas que los afectaban como productores fue mucho menor a la que mantuvieron durante otras dictaduras.

Algunos de los grupos afectados por la política económica consideraron los costos como parte necesaria en una etapa de ajuste y correctivos destinada a ser superada; para ellos, había que apoyar las reformas y esperar. Cualquier reclamo debía ser focalizado, sin poner en cuestión el fondo de las políticas del gobierno. Aquellas organizaciones que durante el gobierno de "Isabel" habían estado ligadas a la APEGE dieron su apoyo activo a la dictadura y se mantuvieron incondicionales aun cuando surgieron algunos reclamos puntuales. En realidad, no fueron otra cosa que luchas internas entre los distintos sectores de la economía por la transferencia de recursos.

El empresariado se distanció del gobierno militar cuando se planteó la sucesión de Videla y el reemplazo de Martínez de Hoz. En ese momento, la incertidumbre sobre el rumbo de la economía los empujó a reorganizarse y presionar para ampliar su participación en las decisiones estatales. Surgió entonces la "Comisión Interempresaria", cuyo núcleo eran la Sociedad Rural, la Bolsa de Comercio, la UIA y ADEBA, que se habían identificado ideológica y políticamente con la dictadura.

A lo largo del Proceso, los militares recogieron mayormente las reivindicaciones de los grandes propietarios del campo. Sin embargo, en la medida en que la política económica abandonó los planteos iniciales –ya en 1978–, la SRA inició sus críticas a la política impositiva y las regulaciones cambiarias. Ante la posibilidad de que organizaran protestas contra ellas, el gobierno les advirtió que no toleraría la pretensión de condicionar sus actos.

De todas maneras, estos disensos no inhibieron el apoyo que los principales grupos empresarios dieron a la política represiva del gobierno, como lo prueba la actitud de la SRA, el Rotary Club de Buenos Aires, el Centro de Exportadores de Cereales, el Consejo Publicitario Argentino y otras instituciones que en 1979 repudiaron la visita de la Comisión Interamericana de Derechos Humanos de la OEA al país. La adhesión de los grandes productores agropecuarios al régimen fue tan sólida que en 1980, cuando eran notorias las diferencias entre los militares sobre la continuidad del régimen, la entidad defendió la permanencia de la dictadura.

Menos complacientes, en cambio, fueron las restantes entidades rurales, como la CARBAP y la CRA, mientras que la Federación Agraria desaprobó de manera total la política económica. Pero sus objeciones no tuvieron ni punto de comparación con las resonantes voces que se habían levantado entre 1973 y 1976. Quienes formulaban críticas, al menos hasta 1981, lo hacían apenas susurrando, mientras no eran pocos lo que, como Jorge Aguado, aceptaban gustosos de los militares las más altas investiduras públicas, como el Ministerio de Agricultura y Ganadería en la presidencia de Viola o el cargo de gobernador de la provincia de Buenos Aires en los tiempos de Eduardo Fortunato Galtieri.

4.2. La restauración democrática: crisis de rentabilidad y crisis de distribución (1983-1989)

En la restauración democrática, los intereses del campo, y en especial los de la pampa húmeda, se hallaron ante la seguridad de que las propuestas de los partidos con chances a obtener el poder estaban solo orientadas a la extracción de un segmento del excedente sectorial, y que para ello usarían medios basados en la negociación. Comparado con lo declamado en las décadas anteriores, la amenaza había disminuido de manera sensible (Nun y Lattuada, 1991).

Durante la campaña, las organizaciones mantuvieron un tono expectante mientras trataban de reforzar sus contactos con las fuerzas políticas, en especial con el justicialismo y los radicales, quienes tenían las mejores chances para obtener el triunfo. A medida que las actividades proselitistas tomaban impulso, el interés ganó también el favor de los partidos que buscaban el voto del campo.

En ese contexto, las entidades fueron invitadas por las autoridades de la UCR a una reunión de equipos técnicos a celebrarse entre los días 4 y 7 de octubre de 1983, bajo el título de "Encuentro sobre la emergencia nacional". La FAA era privilegiada en esta relación, ya que Humberto Volando –su presidente– participaba de una de las mesas de discusión. La SRA argumentó que la ausencia de su presidente le impedía evaluar el convite, pero *La Nación* hablaba de conversaciones conducidas por el vicepresidente ruralista Guillermo Alchourón, de quien se señalaba una "militancia en el radicalismo [...] pública y notoria" y que, en su carácter de candidato a presidente de la SRA, había dirigido la preparación de un paquete de medidas sectoriales para los primeros 200 días del futuro gobierno.[44]

---

[44] *La Nación*, 1º de octubre de 1983.

Las corporaciones también marcaban su posición mediante declaraciones y editoriales. En una nota del suplemento rural del diario de los Mitre, publicada el primer sábado del mes en que tendrían lugar las elecciones, Jorge Moronta, de CARBAP, trazaba un cuadro de la situación ganadera con críticas al proceso por haber privilegiado al sector financiero a partir de 1979 y destacaba la recomposición del rodeo ganadero, que se acercaba entonces a los 57 millones de cabezas. Sin ambages, ofrecía dos cursos de acción a los próximos gobernantes, al advertirles acerca de su "responsabilidad de seguir utilizando la carne como elemento político y de consumo barato para mantener bajos salarios, o utilizar los recursos que permitan aumentar su exportación para ayudar a mejorar el nivel de vida de la población y la economía del país".[45]

Igualmente, era claro que la cuestión agraria –y mucho menos la ganadera– no eran las principales preocupaciones de candidatos desvelados por la construcción de una democracia duradera bajo los condicionamientos extremos supuestos por la inflación, el endeudamiento, la violación de los derechos humanos, el aislamiento internacional, la desinversión, los escándalos de corrupción, la derrota de Malvinas y otros "presentes griegos" que la dictadura dejaba tras de sí. En un cuadro comparativo de las principales propuestas de las plataformas de las agrupaciones participantes en los comicios, *La Nación* exhibía en las casillas de política agropecuaria del peronismo y el radicalismo formulaciones más que austeras. Para el justicialismo, los ejes centrales eran el impuesto a la tierra inexplotada y la mejora de la rentabilidad; la UCR, por su parte, planteaba evitar un sistema de precios y retenciones regresivo

---

[45]   *La Nación,* 2 de octubre de 1983.

y estimular una política impositiva para favorecer a los productores buenos y eficientes.[46]

Por otro lado, mientras las urnas se iban alistando, los bajos precios de la hacienda y la crisis de las exportaciones seguían golpeando tanto a los productores como al sector frigorífico. El desinterés de una administración que solo tenía en mente la retirada llevó a poner en riesgo las fuertes exportaciones previstas a Israel y Egipto, cuyos mercados podían perderse por el incumplimiento argentino. Ante funcionarios "procesistas" de ganadería, de la Junta de Carnes y el Banco Central con los días contados, una recién constituida Mesa de Ganados y Carnes presentó un pedido de último momento para eliminar las retenciones, solucionar la situación financiera de los frigoríficos y mejorar el régimen impositivo.

Tras el triunfo radical, las corporaciones esperaron la conformación del equipo económico, en especial la determinación de los cargos de la Secretaría de Agricultura, Ganadería y Pesca, así como la elección del presidente de la Junta Nacional de Carnes. En ese contexto, la designación del ingeniero Lucio Reca fue bien recibida en general, ya que este profesional había desempeñado tareas en el área durante el último tramo de la Revolución Argentina y en el mismo cargo que se le confiaba durante la turbulenta etapa comprendida entre julio de 1975 y febrero de 1976, y era un viejo conocido de las organizaciones y un estudioso del tema.[47]

Desde el inicio de las actividades electorales, había quedado más o menos claro que una futura administración radical privilegiaría el desarrollo de la agricultura por sus mejores posibilidades de generar recursos para las escuálidas arcas estatales. Esa tendencia fue confirmada

---

[46]   *La Nación,* 13 de octubre de 1983.
[47]   *La Nación,* 15 de noviembre de 1983.

a mediados de noviembre por Bernardo Grinspun, la persona elegida por Raúl Alfonsín para ocupar el Ministerio de Economía, quien al asistir al cierre del "XXXII Congreso de CARBAP", expresó: "No se abandonará a la ganadería, actividad que, por otra parte, será apoyada en cuanto a su difusión en las zonas marginales". En la misma ocasión, el ingeniero Reca, por su parte, determinó los nada modestos objetivos que se ponía el gobierno en materia ganadera. Sin explicar cómo lograría esas metas, propuso el "aumento de las exportaciones, aumento del consumo y crecimiento del *stock*".[48]

Si bien, como se comentó más arriba, los planteos más atrevidos como reforma agraria o expropiaciones habían sido archivados, la cuestión del impuesto sobre la renta potencial de la tierra sobrevolaba nuevamente el horizonte de las decisiones políticas. En una clara muestra de las distintas concepciones ideológicas en el interior de las gremiales rurales, así como de sus disímiles posiciones respecto de la administración electa, Humberto Volando manifestó su apoyo a la iniciativa mientras el presidente de las CRA, el correntino Raúl Romero Feris, rechazó de plano tal iniciativa y acusó a su par de la FAA de ser "más papista que el Papa".[49]

De todos modos, para llevar mayor tranquilidad a la SRA y la CRA, el 1° de diciembre el presidente electo y su designado secretario de agricultura se encontraron en una reunión de poco más de una hora. En ella se abordaron la coordinación de actividades, en especial las relacionadas con el problema de la exportación de carnes, que se enfrentaba a una sistemática pérdida de mercados (como las de Israel y Egipto), y también tocaron el problema de la producción lechera.

---

[48]   *La Nación,* 20 de noviembre de 1983.
[49]   *La Nación,* 28 de noviembre de 1983.

Una semana más tarde, cuando Raúl Alfonsín se convirtió en Presidente de la Nación, todas esas formulaciones respecto de la ganadería cobraron entidad bajo una sencilla enunciación de principios generales. En su discurso ante la Asamblea Legislativa, el flamante mandatario declamó la intención de incrementar las exportaciones y abastecer el mercado interno mediante la combinación de los "aspectos financieros y tecnológicos y de infraestructura necesarios para aumentar esa productividad sectorial", al tiempo que se comprometió a prestar "particular atención a la atenuación del ciclo ganadero".[50]

Una vez pasada la luna de miel, el sector ganadero comenzó a criticar a una gestión que en sus vanos intentos por contener el fenómeno inflacionario había generado una depresión del precio del ganado –y por consecuencia, del de la carne– hasta sus niveles históricos más bajos. En la agonía del ministerio de Grinspun, la SRA levantaba la voz y *La Nación* se hacía eco de las quejas al poner en la tapa de su edición del 16 de febrero de 1985 el siguiente título: "La Rural pide cambios en la política ganadera". En la nota, la entidad llamaba a modificar el rumbo de la traza sectorial que tendía a "implementar medidas que salvaguarden el consumo a expensas de la exportación y del productor".

Más tensión se generaba por desesperadas iniciativas antiinflacionarias que buscaban controlar el precio de la carne facultando a la SAGYP a comprar directamente en el mercado interno y externo. La SRA y las CRA dieron su más enfática condena. El jefe de esta última entidad dijo que era "una aventura comercial que perjudicará a productores y consumidores, incrementará el gasto público, agravará el proceso inflacionario y generará una burocracia parasitaria".[51]

---

[50]   *La Nación,* 11 de diciembre de 1983.
[51]   *La Nación,* 16 de febrero de 1985.

Unos días más tarde, el presidente relevó de sus funciones al ministro Grinspun y designó a Juan Vital Sourrouille,
pero el recambio no modificó al funcionariado de la SAGYP,
ya que Lucio Reca y la mayoría de sus colaboradores resultaron confirmados en sus cargos. Sobre el nuevo responsable
de la economía nacional, todas las asociaciones resaltaban
su formación académica, aunque en las más conservadoras
había reparos acerca de algunas de sus ideas. Eduardo de
Zavalía, de la Sociedad Rural, expresó esa doble posición
al elogiar los méritos profesionales del nuevo ministro al
tiempo que advertía "observaciones sobre el plan económico que presentó en su momento" y, en especial, acerca
del papel dado a la inversión pública y la presión tributaria
que debía sostenerlo. Aun quienes estaban más cerca del
gobierno –Humberto Volando, por ejemplo– matizaban el
apoyo con reclamo de cambios.[52]

La situación era tan espinosa que desde el mismo
momento de la toma de sus cargos, Sourrouille y su equipo se enfrentaron a la movilización de los productores
agropecuarios. Apenas los nuevos moradores del Palacio
de Hacienda llevaban una semana en sus sitios cuando *La
Nación* pintaba el 23 de febrero un cuadro oscuro sobre el
agro, a punto tal de comparar el descontento del verano
de 1985 con la situación que había originado los paros
del campo en la década de 1970. En esas circunstancias,
el secretario Reca llegó incluso a reunirse de improviso
la noche del 25 de febrero de 1985 con los presidentes de
SRA, CRA y Coninagro para pedirle mesura y paciencia.[53]

Durante todo febrero y marzo hubo asambleas, reuniones y encuentros de dirigentes corporativos en localidades de la pampa húmeda, tan masivas como asiduas.
El potencial conflicto se alimentaba además de episodios

---

[52]   *La Nación,* 19 de febrero de 1985.
[53]   *La Nación,* 26 de febrero de 1985.

análogos en las economías regionales, como los viñateros, productores de caña de azúcar, algodoneros. Los reclamos coincidían en la solicitud de los precios sostén y la persistencia de la crisis de rentabilidad. En marzo de 1985, la CRA protestó con sus bases frente a la propia Casa Rosada y realizó un paro agropecuario apoyado por la SRA. La FAA y Coninagro hicieron suyo el reclamo, pero rechazaron los métodos y se mantuvieron en posición dialoguista.

Entretanto, el nuevo gabinete económico peleaba como podía contra precios desbocados, mientras preparaba un plan de largo alcance para atacar de raíz al mal inflacionario. Como para dar algún tipo de respuesta sectorial, el gobierno anunció el 6 de junio de 1985 una serie de medidas para la recuperación ganadera, expresada en la Resolución n.° 459/1985 del Ministerio de Economía. En esta normativa se hablaba de un "Programa de Defensa de la Ganadería" que tendría como ejes la cesión de préstamos para la retención de vientres y créditos para comprar novillos y terneros. El mismo día, incluso, la Cámara de Diputados dio media sanción a una ley para la desgravación impositiva de las hembras bovinas.[54]

Este plan ganadero de coyuntura fue saludado por el sector: "Los dirigentes del agro coincidieron en que en las actuales circunstancias, las líneas de crédito otorgadas responden a sus expectativas", remarcaba *La Nación*, mientras se enfatizaba la buena receptividad respecto de la decisión de dar créditos para compra de novillos terminados privilegiando la acción privada. Estos aspectos juzgados positivos se contrastaban con otros sobre los que se formulaban críticas, como la breve temporalidad del plan –120 días de vigencia– y las facultades dadas a la Junta Nacional de Carnes para intervenir regulando las existencias mediante la compra de ganado para destinar

---

[54]   *La Nación,* 6 de junio de 1985.

al mercado interno o externo. También se atacaba el poco estímulo a la exportación, aspecto compartido a su vez por las cámaras de la industria frigorífica.[55]

Para la SRA, el plan de coyuntura no era suficiente. Su presidente, Guillermo Alchourón, pedía "continuar con el análisis y puesta en vigencia de nuevos incentivos, entre los cuales la derogación del impuesto al revalúo de la hacienda debe ocupar un lugar inmediato y prioritario". Más cerca del gobierno, Valentín Levisman (Coninagro) y Humberto Volando (FAA) mostraron señales de apoyo, pero el último –que ya había iniciado su despegue de la gestión radical– calificó a las iniciativas de "insuficientes y tardías para evitar la liquidación de vientres y promover la ganadería". También los frigoríficos pusieron reparos, tanto por la falta de claridad sobre el funcionamiento y cancelación de la ayuda financiera como por el cortoplacismo.[56]

Como hemos dicho, el giro en la política de alianzas sectoriales del equipo económico y las tratativas que este llevaba adelante con los organismos internacionales de créditos para descomprimir el frente de la deuda externa radicalizaron el discurso de la Federación Agraria, aliado del gobierno en su primera etapa. Bajo el título de "Severa crítica de la FAA a la política económica", se transcribía la denuncia efectuada por Volando sobre el supuesto sometimiento del Palacio de Hacienda a los dictados del Fondo Monetario Internacional y la orientación de los recursos para atender los pagos de los servicios de la deuda.[57]

Tras el lanzamiento del Plan Austral, la SRA pasó a liderar las posiciones más duras contra el gobierno, al que acusaba de sostener una posición industrialista. Fuera del respaldo de Coninagro, el elenco radical cosechaba el

---

[55]   *La Nación,* 8 de junio de 1985.
[56]   *La Nación,* 9 de junio de 1985.
[57]   *La Nación,* 14 de junio de 1985.

moderado apoyo con reservas de las CRA, que saludaban el combate contra la subida de los precios pero cuestionaban la reinstauración de las retenciones y señalaban las contradicciones entre el proyecto de Reca y el nuevo programa antiinflacionario. La situación se agudizó al adoptarse medidas para fomentar las exportaciones industriales en 1986. En esa oportunidad, las cuatro entidades recriminaron a la administración radical que subsidiara las exportaciones industriales mientras gravaba con retenciones a las agropecuarias.

El deterioro de las relaciones entre el gobierno y las entidades afectó incluso a las que se habían mostrado más propensas al entendimiento, como la FAA, que pasó del sabotaje frente a las medidas de fuerza sectoriales a una posición marcadamente crítica para con la gestión presidencial. Al inicio de ese trayecto, la FAA había integrado el Frente Agrario Nacional y la Mesa del Empresariado Nacional, junto con organizaciones de empresarios pequeños y medianos del interior del país. Ese ámbito expresó su compromiso con el sistema democrático, la defensa del mercado interno y la intervención estatal en la economía, pero no alcanzó a influir en las decisiones públicas. Cuando el gobierno pasó a una estrategia de alianzas selectivas que no la incluía, la FAA inició su viraje hacia la vereda opositora.

Algo similar aconteció con Coninagro, que en los primeros años del gobierno radical había obtenido importantes concesiones, como el gerenciamiento de los frigoríficos estatales, la implementación por parte del Banco Nación de una política de quitas sobre las deudas refinanciadas para las cooperativas, y la participación activa de algunas grandes empresas de este tipo en el papel de proveedores estatales de planes sociales de gran alcance, cuya máxima expresión fue el Programa Alimentario Nacional (PAN) y del que el grupo Sancor era uno de sus principales abastecedores.

De todos modos –con sus tres paros y las cuantiosas asambleas realizadas–, el liderazgo opositor del universo rural lo tuvieron la SRA y la CRA, que pudieron capitalizar la confrontación demostrando hasta dónde, en un contexto de crisis de rentabilidad, consolidaban su poder representativo. En este sentido, la SRA y la CRA convirtieron al campo en el segundo gran eje de oposición de Raúl Alfonsín, después del sindicalismo peronista organizado; aunque ni siquiera estos se permitieron gestos de irreverencia contra el presidente como el tratamiento recibido por el primer mandatario durante la exposición rural de 1988, cuando tras ser continuamente silbado mientras daba su discurso, el Jefe de Estado fue insólitamente replicado por Guillermo Alchourón, presidente de la Sociedad Rural.

En esos tiempos de crisis de los rendimientos, los reclamos corporativos estuvieron prioritariamente destinados al alivio de la situación. La confrontación no estuvo dada por medidas estatales perjudiciales para el sector, sino por la ausencia de paliativos para sobrellevar la crisis y compensar los bajos precios internacionales. Así, se buscaba aliviar la presión impositiva, refinanciar deudas, estimular las economías regionales, utilizar los subsidios por la vía de los créditos blandos o sostener los valores de los productos.

Luego de un breve período de buena convivencia entre el gobierno y el agro –desde fines de 1986 hasta mediados de 1988, etapa en la que incluso el dirigente radical ruralista de Bragado Ernesto Figueras reemplazó a Lucio Reca como Secretario de Agricultura–, el escenario de crisis de distribución abierto con el alza de los precios internacionales y el "Plan Primavera" logró unificar a las corporaciones en un reclamo conjunto, manifestado en una declaración formulada el 13 de agosto de 1988, bajo el título de "No a la discriminación". Allí declararon el estado de asamblea permanente y sostuvieron que el nuevo intento del Palacio de Hacienda se basaba en el despojo de los productores agropecuarios y los consumidores (Lattuada, 2002).

El marcado eclipse del gobierno radical y el previsible triunfo del peronismo terminaron de encolumnar a las entidades del campo en la oposición. Mientras algunas de las asociaciones volvieron su vista hacia un justicialismo del que nunca se habían alejado demasiado, otras –como la SRA y las CRA– se acercaron hacia opciones conservadoras capaces de enfrentar a un desafío electoral con cierto éxito, como la UCeDé de Álvaro Alsogaray, una agrupación partidaria que le posibilitó a Jorge Aguado ser diputado nacional por la provincia de Buenos Aires. Sin quererlo, y muy probablemente sin sospecharlo siquiera, muchos miembros de cada uno de esos sectores terminarían convergiendo en el "menemismo", el nuevo espacio de construcción política surgido del triunfo electoral peronista de 1989.

4.3. Los años de la convertibilidad: del apoyo a la crítica (1989-2001)

Luego de la estabilización de la economía, en 1991, la relación entre el gobierno y los actores sectoriales del campo atravesó un período de relativa calma. Más allá de las diferencias entre los grupos, hasta 1994 no se presentaron conflictos como los que habían jalonado las décadas anteriores. Aunque el gobierno en general y la política del ministro Domingo Cavallo en particular recibían objeciones, durante ese lapso la situación transcurrió entre el apoyo entusiasta brindado por la SRA, el menos fervoroso de las CRA, y la visión más crítica de la FAA y Coninagro.

Ese clima de convivencia empezó lentamente a tensarse a partir de 1996, en coincidencia lógica con las primeras señales nítidas de las complicaciones económicas. Uno de los aspectos iniciales del disenso lo marcó el inicio de la pérdida de la competitividad que surgía del aumento de los costos articulado con el anclaje del tipo de cambio. El incremento del gasoil empezó a prender luces amarillas entre los productores y se trasladó a la relación con un gobierno que no tenía interés ideológico ni voluntad política para intervenir sobre el control del precio de este hidrocarburo.

Durante 1997, el clima no se enrareció demasiado. Si por una parte las entidades del campo saludaban en agosto la declaración gubernamental de impulsar la constitución de un instituto mixto dedicado a la promoción de la carne vacuna –inspirado en organizaciones de ese tipo ya existentes en Estados Unidos y Oceanía–; por otra se alarmaban en noviembre ante los primeros globos de ensayo de Cavallo para instalar la necesidad de privatizar el Banco Nación. La posible salida del principal financista y acreedor de los productores rurales de la órbita pública generaba un manto de temor para la cada vez mayor cantidad de agricultores y ganaderos acosados por la mora de sus pasivos.

La situación avanzó hacia la confrontación el año siguiente, cuando las necesidades cada vez más apremiantes de caja por parte del Ministerio de Hacienda llevaron al oficialismo –que por primera vez desde 1989 había sido derrotado en una elección– a anunciar una reforma fiscal y emprender un combate contra la evasión impositiva del sector agropecuario. Luego de muchos años, en julio de 1998 la CRA lanzó una huelga que fue apoyada por la FAA, seguida con atención por Coninagro y rechazada por la SRA. Como resultado de ello, en septiembre los ruralista consiguieron la llegada de Gumersindo Alonso a la SAGYP, un funcionario que obtuvo el apoyo unánime de las cuatro grandes entidades.

Con este nombramiento, el gobierno logró asimismo recomponer su relación con el campo. El primer objetivo de la administración fue impedir la constitución de un frente entre ellas –o al menos entre varias de ellas, porque nada indicaba que la Sociedad Rural acompañara a las otras–, y entre fines de 1998 y marzo de 1999 el presidente Menem se reunió con cada una de las asociaciones en forma separada. Mientras el Jefe de Estado y el equipo económico trataban de calmar los reclamos con promesas sectoriales, neutralizaban un conflicto de mayor rango y exponían las diferencias entre las gremiales del campo, no solo separadas por sus ideas, sino también por circunstancias económicas, al golpear la crisis más fuerte sobre el sector ganadero que en la agricultura.

Embretadas en las necesidades de sus propias clientelas y separadas por sus distintas posiciones ideológicas y políticas, el disgusto con el gobierno no pudo canalizarse tan fácil. En el otoño de 1999, por ejemplo, las asociaciones de base de varios partidos de la provincia de Buenos Aires vinculadas con las CRA no vacilaron en recibir con silbidos a los dirigentes de las otras entidades que habían decidido presentarse en las asambleas. La puja llevó a la SRA a tomar la posta de los reclamos y lanzar un paro, cuyo resultado fue la renuncia del secretario Alonso, quien no dudó en enfrentar al ministro Roque Fernández al justificar la validez de los pedidos de los ruralistas.

Mientras el clima electoral también hacía lo suyo, el enfrentamiento con el titular de Economía derivó en una huelga patronal conjunta de la SRA y las CRA el 19 de abril, que no contó con el apoyo de FAA y Coninagro, lo que marcaba la clara división en el escenario. De todos modos, las CRA endurecieron sus posiciones y a principios de junio efectuaron una protesta que incluyó la novedosa realización de piquetes de ruralistas que se manifestaban junto a las rutas y llegaban incluso a amenazar a los transportistas que intentaban llevar hacienda al Mercado de Liniers.

Los preocupantes números de la economía y el aumento de la presión fiscal operaron sellando temporalmente algunas de las grietas entre los dirigentes del campo, que acordaron (a excepción desde ya de la SRA) en convocar a la Marcha Federal Agropecuaria, en julio de 1999. Largas caravanas que venían desde todos los puntos del país, pero que eran más sólidas en sus columnas bonaerenses, convergieron en la Plaza de Mayo para instalar a los productores rurales en el corazón de la *city* porteña.

Mientras tanto, el país se encaminaba hacia la elección presidencial, y tanto los candidatos como las entidades agrarias hacían sus juegos y alianzas. La movida más atrevida la formuló el entonces presidente de las CRA, el santafesino Marcelo Muniagurria, quien casi inesperadamente dejó la conducción de esa organización para aceptar acompañar a Carlos Reutemann en la fórmula que disputaría (con éxito) la gobernación provincial. Fue desde Coninagro, cuya conducción estaba más cerca de Alianza, desde donde llovieron las críticas más fuertes.

La nominación de Antonio Berhongaray como Secretario de Agricultura y Ganadería en el gabinete del triunfante Fernando de la Rúa abrió un compás de optimismo y unidad entre las entidades. Los principales dirigentes se mostraron muy satisfechos con la designación, porque veían en el político pampeano a uno de los suyos, que reunía capacidad técnica para gestionar iniciativas públicas y una llegada directa al presidente, con posibilidades de hacer valer sus influencias. Más entusiasta o expectante, el nivel de apoyo a Berhongaray fue tan unánime como para llevar a *La Nación* a publicar que "pocas veces en el año, las cuatro entidades agropecuarias coincidieron en la decisión".[58]

La corta luna de miel con el gobierno aliancista empezó a desvanecerse en marzo de 2000, cuando los medios periodísticos advertían sobre un posible paro del campo ante la inexistencia de respuestas a los problemas sectoriales, en especial la refinanciación de los pasivos bancarios, la

---

[58]   *La Nación*, 30 de noviembre de 1999.

disminución de la presión fiscal, el subsidio al precio de los combustibles y reclamos puntuales como los del sector lechero. Una reunión de las cuatro instituciones con el presidente en abril de ese año trajo apenas una especie de tregua ganada a fuerza de promesas y reuniones con funcionarios de la SAGYP y del Ministerio de Economía.

En agosto, la reaparición de la fiebre aftosa acabó con una relación rápidamente desgastada. Al conocerse la decisión estadounidense de cerrar el mercado de carne vacuna a los cortes argentinos, los dirigentes vinculados a la ganadería no ahorraron epítetos para calificar al gobierno. El presidente de la CRA, Miguel Cabanellas, denunció "la ineficiencia estatal y la corrupción de unos pocos, que permitieron el rebrote aftósico en el país". Con tono apocalíptico, decía en la ciudad de Rafaela: "[...] se ha colocado al hombre de campo al borde de la pérdida de su dignidad, de su estilo de vida, y a merced de algunos políticos y funcionarios de turno".[59]

Unos días más tarde, CRA, FAA y Coninagro llevaban adelante un paro que, al combinarse además con una huelga de camioneros –el sindicato del líder de una de las facciones en que se había dividido el sindicalismo peronista–, amenazaba el suministro de alimentos en los grandes centros urbanos del país. La complicada situación de la economía nacional golpeaba al tambaleante gobierno aliancista, sacudido en pocos meses por la dimisión del vicepresidente –que había denunciado un caso de corrupción en el Congreso Nacional, minimizado por el presidente que intentó promover a los ministros sospechados de comprar leyes–, y la salida del José Luis Machinea del Palacio de Hacienda.

De poco servían las manifestaciones de apoyo que CRA, SRA y Coninagro daban al nombramiento de Ricardo

---

[59]   *La Nación*, 22 de agosto de 2000.

López Murphy como ministro de Economía. Las críticas de la FAA contra esta designación apenas tuvieron tiempo de ser leídas debido al fugaz paso del funcionario por su despacho. El rápido hundimiento de la administración de De la Rúa llevaba a las instituciones a trazar alianzas a futuro ante la certeza de que difícilmente la situación se prolongara por mucho tiempo.

Así, la CRA se acercó a otras corporaciones para formar lo que se llamó el "Grupo Productivo". Junto a la Asociación de Bancos de la Argentina, la Unión Industrial, la Cámara Argentina de la Construcción y el sector sindical peronista de derecha conocido comúnmente como "Los gordos", la CRA se posicionó para influir en la caótica transición que terminó trayendo a la Casa Rosada a Eduardo Duhalde y poniendo punto final a la convertibilidad.

Las entidades del campo saludaron la devaluación, que las ponía en mejor posición competitiva a nivel internacional en un momento de precios mundiales relativamente buenos, pero acompañaban a buena parte de la ciudadanía en el reclamo para no dolarizar las deudas, mientras la mayoría de los productores había llegado a diciembre de 2001 con pasivos importantes. La pesificación asimétrica de depósitos y deudas fue una ayuda, pero la veloz devaluación del peso contra el dólar había resuelto la situación de la mayoría de los productores al cabo de un par de cosechas.

Sin embargo, no todas eran rosas. El gobierno, necesitado de divisas para apagar el incendio social que había estallado en el verano de 2001-2002, reinstaló el impuesto a las exportaciones. Por primera vez en mucho tiempo, todas las gremiales coincidieron al suscribir en forma conjunta un comunicado contra las retenciones a las exportaciones agropecuarias el 22 de febrero de 2002. A partir de allí, y hasta la elección de Néstor Kirchner como presidente, las entidades se expresaron sobre el problema del endeudamiento, solicitaron la suspensión de los remates por hipotecas adeudadas y pidieron reiteradamente la consideración del ajuste por inflación para disminuir la tributación.

Al conformarse en 2004 un escenario de crecimiento económico, expansión de la colocación de oleaginosas en China, recuperación del consumo interior y reapertura de los mercados mundiales de carnes, los productores aprendieron a sobrellevar el peso de las retenciones, o al menos a convivir con ellas.

Esa buena relación solo se vio alterada por algunas cuestiones puntuales como la refinanciación de los pasivos del sector. La oferta de Felisa Miceli –la entonces presidenta del Banco Nación– de reprogramar las deudas de los productores a una tasa del 18,75% y un plazo de 8 años fue considerada insuficiente por los ruralistas para solucionar el problema de los créditos pendientes de pago. Para el presidente de CRA, Benito Legeren, el gobierno daba un trato preferencial y facilidades crediticias a la industria, mientras "nos quitan 2.500 millones de dólares por retenciones a las exportaciones y no nos reconocen el esfuerzo".[60] La oferta de la entidad crediticia estaba lejos de las pretensiones que una semana antes había formulado la propia CRA y la FAA. En aquella oportunidad, los voceros de estas entidades propusieron al presidente Kirchner una quita del 75% en los pasivos, en concordancia con la reducción que el gobierno había efectuado a los tenedores de bonos argentinos afectados por la cesación de pagos de fines de 2001.

Fuera de estos entredichos y de otros de menor cuantía, como el preocupante y sostenido aumento del gasoil o la oposición de los ganaderos del norte a un intento de regionalizar la sanidad animal para acelerar la recuperación

---

[60]   *La Nación,* 1° de marzo de 2004.

del mercado estadounidense, las expectativas para 2005 eran halagüeñas. En las tradicionales notas de balance y esperanzas que realizan los diarios a fin de año, Legeren hablaba de resultados positivos, pero calificaba solo como "regular" a la situación de la ganadería. Además de las promesas no cumplidas o demoradas, este dirigente declaraba: "Lo peor del año fue que no hubo decisiones que nos permitieran estar tranquilos sobre la política ganadera del gobierno".[61]

La serenidad se perdió definitivamente cuando al precio de la carne comenzó a convertirse en un tema importante dentro del problema de la inflación. Las asociaciones de productores comenzaron a subir el tono de las críticas ante los ensayos gubernamentales para frenar la tendencia alcista en los valores de los cortes vacunos. El recorte de las exportaciones y el aumento del peso de los animales remitidos a faena comenzaron a ser vistos como las herramientas para disciplinar esta variable tan sensible del costo de vida nacional.

Ya antes de implementarse las medidas, el malestar generado por los rumores llevaba a *La Nación* a editorializar sobre un supuesto "final del sueño", pero cuando a fines de agosto de 2005 se hizo pública la prohibición de sacrificar ganado con menos de 300 kilos de peso a partir de noviembre de ese año, tanto la SRA como la CRA, Coninagro y las cámaras de consignatarios de hacienda reaccionaron duramente ante el anuncio. La CARBAP –la más influyente asociación agremiada en las CRA– emitió un comunicado calificando a la medida como un "verdadero atentado a la libertad de comercio", al tiempo que subía la voz recordando el pasado de Lavagna como "controlador de precios del ministro de Economía José Ber Gelbard".[62] En

---

[61] *La Nación*, 2 de enero de 2005.
[62] *La Nación*, 26 de agosto de 2005.

contraposición, la industria frigorífica y los engordadores de hacienda a corral respaldaban la decisión ministerial.

El fracaso de los planes para contener la suba de precios llevó a una nueva batería de medidas ya entrada la primavera, cuando el 18 de noviembre de 2005 el responsable del Palacio de Hacienda, Roberto Lavagna, decidió elevar las retenciones a las exportaciones de carnes vacunas del 5 al 15%. A pesar de que se flexibilizaban las limitaciones a la faena de ganado liviano y se difería para el otoño siguiente el aumento del piso de matanza de 300 kilos, el malhumor ganadero ganó intensidad. Tanto la SRA como la CRA coincidieron en el efecto desalentador sobre la inversión, acusaron al gobierno de poseer objetivos cortoplacistas, pusieron en duda el éxito de la iniciativa y reclamaron programas para favorecer la producción.[63]

Las quejas se incrementaron en marzo de 2006, cuando el gobierno inició una política de prohibición de las exportaciones. Los productores bonaerenses agremiados en la CRA iniciaron una radicalización de sus discursos y prácticas que se expresó en manifestaciones en varios puntos del interior. La culminación de esas movilizaciones fue una concentración en Trenque Lauquen el 2 de abril siguiente, a la que asistieron 8.000 personas. Asimismo, esta institución fue la más firme en rechazar los acuerdos de precios timoneados por la Secretaría de Comercio Interior y acompañado –al menos testimonialmente– por los frigoríficos y la industria cárnica, al punto que su vicepresidente, Néstor Roulet, no vaciló en criticar la política intervencionista y advertir que podía llevar a una situación dictatorial, al tiempo que abogaba por no volver "a aquellas épocas en las que se vivía con miedo".[64]

---

[63]   *La Nación,* 19 de noviembre de 2005.
[64]   *La Nación,* 6 de mayo de 2006.

La dureza del gobierno y el escaso cuidado de algunos de sus exponentes para distinguir diversidades dentro del complejo mosaico rural, así como la tendencia de sus voceros más locuaces para proferir epítetos contra algunas de las instituciones y sus dirigentes, lejos de ayudar a calmar las aguas terminó galvanizando a los representantes del campo y aceleró un proceso de unidad entre las gremiales que pocas veces se había visto. Así, la FAA, cuya conducción había apoyado a Kirchner casi sin reservas y en soledad dentro del mundo agrario desde el mismo inicio de la gestión, cambió su postura ante la presión de sus bases. La convocatoria a asambleas de productores en el inicio del invierno de 2006 marcó un vuelco en la relación, que ya no se volvería a recomponer.

Mucho más filosa era la actitud de las centrales de tradición opositora. En coincidencia con la apertura de la exposición rural de ese año, la CRA lanzó un paro patronal de cuatro días que recibió el apoyo de la SRA. El gobierno prefirió cambiar la táctica y replicó lanzando su "Plan Ganadero", que en general fue bien recibido por las asociaciones, sobre todo en sus aspectos técnicos. Tras meses de escaramuzas, se abrió una pequeña tregua que permitió incluso alcanzar acuerdos como los de la baja de las retenciones a los lácteos, sellado a fines de agosto.

Sin embargo, los problemas de fondo seguían sin resolverse y la tensión en los precios sin contenerse. Ya con Felisa Miceli en el Ministerio de Economía, los nuevos intentos para bloquear las exportaciones y la renovación de la presión impositiva llevaron a la CRA y a la SRA a lanzar una nueva huelga, esta vez por 8 días. La situación terminó de desgastar al secretario de Agricultura, Miguel Campos, quien fue reemplazado por el santacruceño y productor ovino Javier de Urquiza a mediados de febrero de 2007.

El optimismo por el ascenso del nuevo funcionario (había sido subsecretario de Ganadería en la gestión de

Campos) duró muy poco. El ambiente de diálogo en los días de la asunción y en las semanas siguientes se disipó con la llegada del otoño. En abril de 2007, la CRA se volvió a movilizar con una nueva medida de fuerza, esta vez de 15 días. El avance del calendario electoral nacional y la categórica derrota del oficialismo en la elección para Jefe de Gobierno de la Capital Federal, en junio, crisparon los ánimos como para llevar a que la CRA convocara a sus afiliados en particular y a los productores rurales en general a "usar los votos [...] para castigar al gobierno".[65]

Aunque la FAA pareció ver con simpatía el triunfo de Cristina Fernández en las elecciones presidenciales, el entonces tímido respaldo se convirtió en furia cuando pocos días antes de asumir la Jefa de Estado, en noviembre de 2007, su esposo decretó una nueva suba en las retenciones a los granos. Las cuatro entidades anunciaban su mala predisposición para el gobierno entrante –que por otro lado apenas se distinguía del saliente–, y a pesar de algún elogio aislado hacia el designado ministro de Economía Martín Lousteau, eran malos los augurios sobre la relación entre el gobierno y el campo.

Durante la exposición rural de 2006, y ya camino hacia el enfrentamiento abierto, la ausencia de representantes del gobierno en el palco oficial de la SRA llevó al entonces presidente de esa institución, Luciano Miguens, a llamar al estrado a sus colegas de CRA y Coninagro que habían asistido al acto. Era la primera vez en 120 años de historia de la Rural que se dejaba inaugurada la muestra en compañía de dirigentes gremiales de otras entidades. Poco más de un año después, la falta de pericia del gobierno conseguiría sentar a esa misma mesa también a la FAA. Si en los tradicionales brindis de diciembre de 2006 *La Nación* calificaba a la relación entre las autoridades públicas y las entidades

---

[65]   *La Nación,* 24 de septiembre de 2007.

agropecuarias como compuesta de "palabras duras y gestos amables",[66] la etapa de confrontación que se abría no iba a dejar lugar a guiños que permitiesen morigerar ya no las críticas, sino los insultos.

5. Una perspectiva del período en el interior de las entidades

Los cambios experimentados hacia fines del siglo pasado en el mercado agrícola mundial, las vicisitudes políticas de la Argentina de las últimas dos décadas y las modificaciones tecnológicas tuvieron un reflejo sobre la gestión empresarial e impactaron doblemente en los sujetos sociales involucrados. Por una parte, se dieron mutaciones en el interior de las organizaciones representativas; y por otra, implicaron distintas estrategias en la relación con el Estado y con las corporaciones internacionales.

Una de las características que recorre todo el período analizado es la separación cada vez más diferenciada entre las instituciones dedicadas a la cuestiones técnicas relacionadas con la actividad, como AACREA y todas las puntuales de cada tipo de cultivo o subsector agro-ganadero, con bajo perfil ideológico y escasa participación partidaria; y las organizaciones corporativas que representan los reclamos o las posturas políticas de los productores.

A su vez, y a grandes rasgos, estas últimas podían dividirse en dos ramas: de un lado, las específicas de un tipo de producción, en general poseedoras de una importancia relativa y menor poder de presión y/o negociación, como la Unión General de Tamberos y otras exclusivas de tipos de producción regionales; y las cuatro principales entidades gremiales (SRA, CRA, FAA y Coninagro)

---

[66]   *La Nación,* 9 de diciembre de 2006.

marcadas por diferencias ideológicas y de características de los representados.

Estas cuatro grandes asociaciones del mundo rural privilegiaron claramente lo político por sobre lo técnico. El actual presidente de la SRA reconocía en 2006 que esta era una de las mayores falencias de la entidad, al sostener que su institución había "abandonado lo tecnológico, más de lo que debiera" (Muro de Nadal, 2007). Biocalti solo excluía de este soslayo a la genética vacuna, que se mantenía todavía como un tema muy bien tratado por la entidad, pero enfatizaba en el bache importante en cuestiones como la alimentación vacuna, el manejo de pasturas y las mejoras en la alimentación en general.

En buena medida, el desplazamiento hacia el eje político trató de compensar el impacto generado por los cambios tecnológicos y de organización de las explotaciones. El tradicional discurso de una institución como la FAA, que normalmente había expresado a pequeños propietarios, arrendatarios y colonos, se fue vaciando de contenido conforme estos grupos se disiparon en su existencia como clase en la pampa húmeda.

Algo similar pudo observarse con Coninagro, la asociación con una histórica mayor representatividad en el ámbito del cooperativismo agrícola y lechero. La modificación de los criterios empresariales para competir, la globalización de la economía y el papel cada vez más importante de las finanzas en el universo agropecuario, desarticularon las viejas cooperativas basadas en el concepto de solidaridad. Los grupos que sobrevivieron al modelo de apertura económica –como la Asociación de Cooperativas Argentinas (ACA) y Sancor– son empresas capitalistas que sostuvieron la voz "cooperativa" en sus denominaciones, pero cuyos manejo, representación y gestión responden a la búsqueda del beneficio. Tal comunidad de intereses con la industria ha sido un importante condicionamiento en el comportamiento de Coninagro con respecto a los poderes económicos y políticos.

En cambio, la CRA y la SRA han mantenido cierto parentesco de filosofía e intereses, fuera de las diferencias en los métodos, la estructura y el tamaño promedio de los representados. De las cuatro, ambas son las más vinculadas con el mundo de la ganadería vacuna, pero la gran distinción entre estas dos entidades pasa por la forma de asociación y la toma de decisiones consecuente.

Las CRA son una confederación de 3° grado que nuclea 13 confederaciones regionales de segundo grado con un sistema muy representativo, donde la opinión del socio grande y del chico pesa de igual modo en las decisiones. Esta cuestión explica en parte la mayor vehemencia en los reclamos, porque los productores no siempre están cerca de la decisión y hay menos reparos y mayor presión de las bases para pedir soluciones tajantes, sin medir las consecuencias. La SRA, en cambio, ha desarrollado una mayor centralización en sus decisiones concentrando la última palabra en una "mesa chica" que rara vez es cuestionada por los socios.

A pesar de su carácter conservador, las transformaciones también afectaron a la SRA. El ascenso de Hugo Biolcati testimonia la llegada al plano superior de la conducción de alguien que no perteneció desde siempre al ámbito exclusivamente agropecuario, ni compartió su infancia y juventud con los dirigentes de la Sociedad Rural, sino que se desempeñó buena parte de su vida en la industria láctea y recién en el segundo lustro de la década de 1980 se dedicó al campo, desde donde se acercó a la Asociación de Holando.

La llegada del sector lácteo a la dirigencia de la SRA se produjo en los años 1980, a raíz de la crisis ganadera y de sus mercados de exportación, que produjo la migración de muchos asociados hacia la lechería y la agricultura, con el consiguiente ingreso de estas problemáticas en la agenda de la Sociedad Rural. Guillermo Alchourón materializó esta tendencia y mostró el avance del grupo de los lecheros. En ese contexto, otro productor de leche y vicepresidente de la entidad, Eduardo de Zavalía, introdujo a Biolcati como colaborador del Comité de Lechería de la institución. De allí escaló posiciones pasando por la dirección de la revista *Anales*, la comisión directiva, la vicepresidencia y la presidencia.

Uno de los aspectos que más preocupó a este nuevo grupo dirigente de la SRA fue la imagen tradicional de la institución, para dejar atrás una visión definida por los mitos e influencias del pasado. En los últimos 20 años, la SRA buscó nuevas formas de expresarse y la ampliación de sus bases de representación con la meta de llegar con su discurso a todo el país, para lo que se crearon los delegados regionales, sin mandatos vinculantes, pero habilitados para hacer sugerencias y recomendaciones.

Según Pierri (2007), el estancamiento de la ganadería, los avances tecnológicos en el agro, la modificaciones del mercado mundial de granos y de carnes, el corrimiento de la frontera agrícola, la crisis económica argentina de 2001 y el incremento de los precios de los productos primarios a comienzos del presente siglo son hechos que deberían haber generado vientos de cambio en el tipo de asociado, en el tamaño de las explotaciones o en el estilo de reclamo en las entidades agrarias.

Aunque la crisis del sistema de dirigentes e instituciones desatada durante el 2001 no afectó a las entidades rurales de un modo muy profundo, surgieron con más fuerza movimientos que empezaron vinculados con el "que se vayan todos", partícipes de la democracia directa, grupos autoconvocados que en algunas ocasiones evolucionaron hacia nuevas entidades específicas, como fue el caso de los tamberos. Aparecieron también algunas entidades ganaderas nuevas, con cierto peso en las decisiones generales y un perfil distinto al de la SRA o la CRA, y hasta con cierto resentimiento hacia las 4 entidades principales.

Una de las lecciones más fuertes dejadas por la crisis es el repliegue del liberalismo a ultranza que caracterizó a las asociaciones más conservadoras. En buena medida, y como sostiene Palomino (1994), el agotamiento de la expansión agraria pampeana, en las décadas de 1930 y 1940, coincidió con el crecimiento de la actividad reguladora del Estado y condujo a la SRA a condenar a este como responsable del estancamiento posterior.

La postura tradicional se ha moderado por la imposición de una realidad internacional perjudicial y para la que no encuentran más salida que la apelación a alguna forma de protección estatal. En la entrevista citada, Biolcati sostenía que otrora la SRA creía que el liberalismo era la panacea. En cambio, últimamente se reconoce la imposibilidad de resolver los desequilibrios entre el mercado mundial y el interno sin algo de intervención estatal: "El liberalismo no soluciona eso [...] conocimos la debilidad del productor frente a los monopolios internacionales; es una locura porque queda completamente indefenso" (Muro de Nadal, 2007).

Estos condicionamientos han llevado también a que las entidades dedicaran mayor espacio y preocupación por los acontecimientos de los mercados internacionales. Aunque hoy día parezca difícil de creer, asociaciones como la Sociedad Rural advirtieron tardíamente las consecuencias derivadas de la Política Agrícola Común y el ingreso de Gran Bretaña a la CEE. Tal vez las amenazas fueron mejor percibidas por agrupaciones especializadas, como el Centro de la Industria Lechera, pero no hubo entonces una alarma institucional en la SRA.

Algo parecido aconteció con la falta de acompañamiento por parte de la entidad a sus asociados en torno de la tecnificación y modernización experimentadas en el agro en los años 1990. Las SRA puede atribuir sus falencias a la concentración de la atención en el sector ganadero, que no sufrió tantos adelantos técnicos. De la misma manera se subvaloró el aporte que podían generar los organismos oficiales de promoción de estudios y avances tecnológicos, como el INTA.

La vieja oposición a estos organismos públicos ha girado hacia el lamento por el territorio cedido a manos de las grandes corporaciones privadas que controlan el redituable universo de las semillas transgénicas, como Monsanto, por ejemplo. Mientras se evoca con nostalgia la falta de desarrollo de emprendimientos estatales para abrir puertas alternativas a esta dependencia de los productores con respecto de las firmas que monopolizan el mercado, no ha llegado aún la hora de la autocrítica sectorial sobre el modo en que las asociaciones tradicionales vieron el surgimiento de estas agencias públicas y en cuánto influyeron para impedir su eficacia.

Finalmente, ha sido cambiante la posición de las gremiales sobre la cuestión impositiva. Entre 2002 y 2006, mientras la situación cambiaria era muy favorable, hubo por momentos una modificación en las posturas históricas. Entidades como la Sociedad Rural hablaban de desear que el impuesto volviera en servicios y mostraban una novedosa adaptación en su discurso respecto de los tributos. El poco impacto del impuesto inmobiliario y el de ganancias en tiempos de precios altos no representaba un problema y hubo hasta una cierta aceptación del *statu quo* sobre las retenciones, en especial sobre los granos, aunque nunca en la leche y carne, rubros en los que el reclamo siempre se mantuvo. Como sabemos y hemos dejado planteado, sobre el final de nuestro período de estudio se cerró esa etapa de tolerancia.

CONCLUSIONES

La ganadería vacuna, entre la transición y la crisis (1955-1974)

Los grandes cambios desatados a partir de la aparición de las técnicas de enfriado impulsaron las ventas de carne vacuna hacia destinos europeos, hasta potenciar su participación en el 30% del total de las exportaciones argentinas. La importancia del sector y su consistencia política se midieron en episodios que –como el pacto Roca-Runciman– pusieron al comercio de carnes bovinas como prioridad central de los sistemas de intercambio. Como es sabido, la Segunda Guerra Mundial, el hundimiento del proyecto conservador en 1943 y la irrupción del justicialismo sustituyeron este panorama por otro en el que el mercado interno pasó al lugar central de las decisiones.

Más allá de las contingencias, particularidades y vaivenes del sector ganadero a partir de las consecuencias de la crisis económica de los años 1930 y la etapa del primer peronismo, al mirar en larga perspectiva, se puede destacar que entre 1937 y 1960 las existencias de vacunos habían crecido en 10 millones de cabezas, cubriendo casi toda la superficie transferida a esta actividad por la agricultura y la cría de caballos en esas tres décadas, ya que los ovinos y porcinos no registraron incrementos de importancia.

El dato sobresaliente de los lustros comprendidos en el título de este apartado fue la disminución del Reino Unido como el principal destino de las carnes nacionales. Tras haber absorbido la casi totalidad de las exportaciones argentinas durante 1940-1944, la recepción inglesa bajó al 73% en 1950-1954, y al 34% del total en el quinquenio 1965-1969. Así, los grandes frigoríficos tradicionales –que hacia 1950 faenaban el 49% del total– habían descendido su participación al 20% para 1970, desplazados por frigoríficos pequeños y medianos de origen nacional, que ostentaban el 45%, y por mataderos y otras plantas menores, cuya capacidad cubría el 35% restante.

El tramo temporal transcurre en una época de cambios en la estructura del comercio mundial en general y de carnes en particular. La novedad principal remitió al giro dado por Gran Bretaña en su política de abastecimiento de carnes a nivel global, con el fin de privilegiar su producción interior. Al mismo tiempo, Estados Unidos aumentó su participación en la compra de carnes en el mercado internacional hasta transformarse en el protagonista y cambiar las reglas de juego a partir de la aplicación –en forma cada vez más severa– de las barreras sanitarias, en especial referidas a la fiebre aftosa, para el mercado de carnes frescas.

El retiro del Reino Unido como comprador privilegiado y los otros cambios producidos en el comercio internacional dieron inicio a un proceso de diversificación de mercados, de industrias y diversos tipos de productos, que tuvo una notable incidencia sobre la industria cárnica instalada en el país. Entre los años 1956 y 1960, se fueron desplazando los frigoríficos centrales de abasto de los centros urbanos demasiado poblados, lo que promovió modificaciones paulatinas pero radicales en la industria procesadora de carnes.

En tal sentido, los grandes establecimientos de capital extranjero, especialmente los ligados a las exportaciones a Gran Bretaña, perdían posiciones estratégicas frente a los más pequeños ubicados en Capital Federal y el Gran Buenos Aires, así como contra los mataderos. El desarrollo de las nuevas tecnologías, en especial el "supercongelado", era llevado a cabo por un nuevo tipo de plantas, más pequeñas, con mano de obra más calificada, y permitió diversificar el destino de los diferentes cortes hacia distintas demandas nacionales e internacionales. La anterior pequeña concentración en un grupo reducido de establecimientos dio paso al surgimiento de un centenar de nuevos frigoríficos y desplazó las técnicas monopólicas hacia otros nichos de la actividad.

La viejas empresas solo mantuvieron su importancia por el costo social que significaba desmantelar sus enormes plantillas de trabajadores. El resultado fue una intervención estatal no destinada a la reconversión productiva, sino al mantenimiento de estructuras obsoletas que se hundieron lentamente hasta la década de 1980.

La fiebre aftosa fue un condicionante importante en el desarrollo de la ganadería vacuna argentina desde fines de la década de 1920. Su permanencia fue uno de los principales problemas que contribuyó al estancamiento, retroceso y decadencia de la capacidad exportadora del complejo cárnico, que pasó de abastecer el 62% del comercio mundial en 1924-1928 a porcentajes cada vez menores cuya culminación fueron cifras porcentuales de un dígito para la década de 1990.

El mercado británico impuso además una legislación cada vez más restrictiva y llevó a la necesidad de impulsar la venta de carnes cocidas de menor calidad y precio. La concepción política sobre el problema persistió y postergó la toma de medidas estructurales para la solución de la epizootia, mientras que nuestro país era cada vez más marginado y discriminado en los mercados mundiales.

Aunque la recuperación económica de Europa occidental en la segunda posguerra trajo inicialmente buenas noticias para la Argentina –al permitir compensar el permanente retroceso del mercado británico–, a fines de la década de 1950, los países de la Comunidad Económica Europea

(CEE) empezaron a definir políticas de desarrollo de la producción agraria, con el objetivo de aumentar la producción y evitar la fuga de divisas por la vía de las importaciones. Para fines de los años 1960 –mientras ya empezaban a dar frutos los primeros planes de estímulo para el incremento de las cabañas–, la adopción de medidas de sanidad animal cada vez más rígidas (sobre todo referidas a la fiebre aftosa) y el manejo arbitrario de las barreras arancelarias para con las importaciones de naciones del llamado tercer mundo condujeron a hacer cada vez más difíciles los intercambios en condiciones de paridad.

Fuera de pequeñas mejorías por la vía de la firma de tratados bilaterales entre la Argentina y la Comunidad, y puntuales problemas estacionales en las existencias europeas que obligaron a aumentar los volúmenes de intercambio (como en 1972), a principios de los años 1970, la situación empeoró con el ingreso en la CEE de Irlanda y Dinamarca, países con producción bovina significativa. La crisis desatada a partir de 1973 coronó esas dificultades, al llevar a una política de contención de las importaciones para atender el mayor costo del precio del petróleo. Cuando en 1974 el Mercado Común logró autoabastecerse, algunos Estados miembros salieron de forma agresiva y subsidiada a la búsqueda de terceros mercados para colocar sus excedentes –y de paso generar el ingreso de divisas ante las dolencias de sus tesorerías–, lo que convirtió al bloque europeo occidental en virtual competidor de nuestro país como exportador de carnes.

La Política Agrícola Comunitaria (PAC) combinó una estrategia proteccionista con medidas de sanidad veterinaria que suprimieron la importación de carnes vacunas con hueso desde países con presencia de aftosa, prohibieron la importación de menudencias sin previa cocción, negaron el ingreso a todas las carnes ovinas sin hueso, excepto aquellas provenientes de la Patagonia y vetaron la importación de carnes porcinas.

Sus incentivos internos hicieron crecer los rodeos comunitarios. Entre 1970 y 1984, por ejemplo, las existencias bovinas aumentaron el 9%, pero la producción de carne se incrementó en más del 27%, mostrando la eficiencia en el manejo de los planteles, el aumento de peso promedio para faena y un mejor nivel sanitario. También debe considerarse la contribución de los nuevos miembros de la Comunidad, cuyas cabañas sumaban el 28% de la existencia total, calculada en casi 73 millones de cabezas en 1970 y que se acercaba a los 80 millones para 1984.

Como vimos, los cambios en la demanda influyeron también sobre el tipo de ganado apetecido. El viejo novillo pesado exportado por la Argentina fue reemplazado por uno más moderno, productor de carne casi magra, en consonancia con las preocupaciones dietéticas y médicas. Los cambios en el sistema productivo, la redefinición del tipo de vacunos buscado por el mercado y la incorporación de algunas áreas marginales a la ganadería introdujeron mayor complejidad a un mundo que históricamente había estado dividido solo en un puñado de grandes bandos, como los criadores, los invernadores y los frigoríficos.

Si durante los años 1940 –bajo el empuje del mercado interno– el universo de actores había incorporado o jerarquizado a nuevos protagonistas, del tipo de los consignatarios, los frigoríficos chicos para el abasto de las ciudades, los mataderos, las asociaciones de comerciantes minoristas, los fabricantes de chacinados, etc.; los años 1960 mostraron la consolidación de estos sectores al tiempo que las nuevas plantas para la producción de carnes con valor agregado destinadas a la exportación comenzaron a tener un papel central. Junto con el ascenso de estas nuevas estrellas –y en parte fuertemente vinculadas a ello–, surgieron instituciones de apoyo técnico, formación de cuadros, enseñanza y difusión de las nuevas prácticas tecnológicas, como los grupos CREA.

A partir de 1974, fue el mercado interno el que absorbió el 80% de las cabezas faenadas, sostenido por un consumo por persona largamente superior a los 70 kilos anuales, a pesar del aumento comparativo de los precios de los alimentos en la Argentina con respecto a otros países de América.

La persistencia estructural del consumo de carnes vacunas en la dieta argentina, sumada al problema de los ciclos ganaderos, llevó también a hacer malabares para responder a esa especie de laberinto conformado por el desafío de exportar más, mantener los precios internos contenidos y evitar la disminución de los rodeos. Las medidas que se aplicaron en estos casos fueron la veda y un tipo de cambio muy superior a la paridad real, lo que permitió, por ejemplo, que 1972 fuera un año récord para las exportaciones de productos vacunos. En estos años, otro elemento para tener en cuenta fue el mayor peso de los animales faenados para el mercado externo. La prohibición de la faena fue, con todo, una de las medidas más veces instrumentadas y sus resultados aún hoy son controvertidos, más allá de la realidad constatada en el aumento de las existencias vacunas, sobre todo si miramos el largo plazo comprendido entre 1947 y 1977.

Asimismo, también deben señalarse algunas iniciativas complementarias de tipo estructural, como la creación e impulso del INTA, para favorecer la difusión de mejores técnicas de producción. Aunque pueden señalarse logros puntuales –como el "Proyecto Balcarce", en lo referente al combate a la aftosa–, no pasaron de paliativos puntuales o sectoriales, cuyo alcance temporal y espacial no pudo traducirse en una renovación completa de las formas productivas o en una optimización del procesamiento. De todos modos, un somero examen del funcionamiento de los sistemas de producción y faena más allá de la llanura pampeana mostraba la fuerte pervivencia de formas obsoletas y la escasa penetración de los cambios.

Por otro lado, el hundimiento de algunos sectores anticuados no significó una reconversión y un reemplazo de las estructuras atrasadas por otras más dinámicas. Los grandes frigoríficos mantuvieron ciertos niveles de presión sobre los gobiernos y el colapso de su sector fue transferido a las finanzas estatales mediante subsidios, préstamos blandos y otras intervenciones gubernamentales destinadas al mantenimiento de plantas deficitarias en aras de cuidar puestos de trabajo. Estas ayudas se combinaron muchas veces con prácticas de corrupción, evasión de impuestos o giro de divisas a paraísos fiscales, dado que algunas de las viejas plantas habían sido transferidas a sus acreedores, empresas financieras cuyo objetivos nada tenían que ver con la producción y menos con la inversión.

Finalmente, las presiones sectoriales también influyeron en las medidas y normativas gubernamentales. En 1972, cuando se puso en marcha una ley federal de carnes y se instrumentó un digesto sanitario, buena parte de los productores y los pequeños procesadores de provincias alzaron sus gritos contra una iniciativa que, según decían algunos protagonistas de la polémica, tenía como única meta favorecer a los exportadores.

De cualquier manera y por sobre todas las cosas, debe considerarse que en el período 1955-1974 nuestro país atravesó una era política particularmente turbulenta, cuyas características fueron la inestabilidad, la debilidad de los gobiernos, el hundimiento del proyecto que aspiraba a una semidemocracia sin peronismo y el fracaso no menos estruendoso de las administraciones militares pensadas a sí mismas con capacidad para tutelar el juego partidario nacional o para refundar la nación sobre bases que pretendían ser autoritarias pero económicamente modernizantes.

La vuelta del justicialismo al poder en 1973, con el traslado del poder a un gobierno surgido de una clara victoria electoral, pero cargado de tensiones internas cada vez más violentas entre sectores progresistas y conservadores –liberadas de todo reparo tras la muerte de Perón el 1° de julio de 1974–, cerró un segmento marcado por las convulsiones y las contradicciones, cuyos efectos lógicos fueron las dificultades cada vez mayores para fijar políticas de mediano o largo plazo.

Rumbos erráticos en dictadura y democracia (1974-1989)

Durante el período 1974-1989, las vicisitudes políticas combinadas con las crisis económicas, tanto mundiales como vernáculas, profundizaron la tendencia a priorizar la necesidad de atender a la coyuntura por sobre cualquier otra decisión. En este sentido, se agudizó el contraste entre la Argentina y el grupo cada vez más grande de otros países con intervención activa en el comercio exterior de carnes vacunas.

Nuestro país continuó carente de políticas sectoriales articuladas con capacidad para operar en el mediano y largo plazo. Una muestra de ello fue el modesto avance en la lucha para erradicar la fiebre aftosa a lo largo de esta década y media, sobre todo si tenemos en cuenta que al ser uno de los problemas más nocivos para las carnes argentinas en el mercado exterior, contribuyó a la retracción en la participación mundial en este rubro.

Sin embargo, no todos los problemas se originaron en condicionantes externos. A diferencia de lo ocurrido en el circuito Pacífico (libre de aftosa), especialmente Australia, Nueva Zelanda y Estados Unidos –que a pesar de competir entre ellos lograron aumentar su participación en el comercio de carnes–, en la Argentina la inestabilidad económica y política, y su permanente y fuerte tendencia inflacionaria, fueron factores internos también limitantes para la aplicación de políticas activas. No obstante, dichos factores no parecen haber sido los únicos.

En el caso de la actividad ganadera, los sucesivos gobiernos no ponderaron de forma correcta la importancia de una política agroganadera equilibrada y complementaria de las tendencias industrialistas; por lo tanto, en el ámbito pecuario no evaluaron como corresponde los efectos del ciclo ganadero, ni los programas sostenidos en el tiempo para eliminar las enfermedades endémicas; tampoco asumieron un compromiso serio en el fortalecimiento de políticas que instalasen la presencia de las carnes argentinas en los mercados internacionales.

De la misma forma, no se tuvo en cuenta el planeamiento y la ejecución de programas específicos para el desarrollo ganadero, complementados con el crecimiento y la transformación agrícola. Así, se dejaron libradas al azar y a la mayor rentabilidad de los distintos períodos la toma de decisiones sobre lo que se debía hacer teniendo que afrontar permanentemente el desequilibrio de la producción y de los precios.

En definitiva, los problemas mostrados por el comportamiento argentino de las exportaciones cárnicas han sido principalmente de orden interno, por ejemplo:

1) la resolución de la oferta de ganado a mediano plazo, ya que se constata una tendencia a la caída de la faena, acompañada por cierta reducción de las existencias;

2) el problema sanitario, especialmente la fiebre aftosa, sobre la cual no se habían encontrado soluciones definitivas para 1989, aunque se habían realizado avances;

3) el atraso estructural de la industria y la propia estructura de la industria exportadora;

4) la producción ganadera argentina no logró en el período 1973-1989 superar su retraso tecnológico y mantuvo
un bajo nivel de productividad, relacionado con la
falta de inversiones, asociada a la inseguridad sobre
los futuros niveles de rentabilidad;

5) la falta de planificación a mediano y largo plazo, en
especial en aquellas zonas de actividades combinadas
con la agricultura donde los cultivos de granos y soja
empezaron a mostrarse más seguros en el corto plazo
y, por eso, preferibles a las posibilidades de conjugar
las inversiones ganaderas, los precios de los mercados nacional e internacionales, y las dificultades que
conlleva el ciclo ganadero.

Si la acción estatal profundizó la tendencia de atención
de lo inmediato relevada desde larga data, el comportamiento de los actores corporativos del campo respecto a
las gestiones gubernamentales no fue demasiado diferente
al observado desde los años 1940.

Más allá de las diferencias de intereses y los matices
dentro de cada una de las entidades que se han señalado en el capítulo 6, fue apoyada sin objeciones de fondo
toda propuesta favorable para la producción que poseyera
carácter técnico con bajo nivel de ideologización; o que
tomara la forma de una ayuda ante circunstancias como
las crisis de la rentabilidad o la caída de los precios. En este
sentido, las entidades sectoriales respaldaron los subsidios,
los programas de fertilizantes, el estímulo crediticio o la
refinanciación de pasivos.

Por el contrario, las iniciativas que pusieron su lente
sobre la propiedad de la tierra o buscaron efectuar modificaciones estructurales en los mecanismos de asignación
de recursos o sobre la apropiación de excedentes, fueron
bloqueadas de manera casi unánime o sin que los gobiernos que las intentaron lograran apoyos decisivos por

parte de alguna de las asociaciones. Los proyectos sobre imposiciones a la tierra libre de mejoras, la regulación de los contratos agrarios, los intentos provinciales de colonización o los planes para regular la rentabilidad mediante la intervención estatal ilustran la resistencia –exitosa, en virtud de que estas iniciativas fueron abandonadas o no se ejecutaron plenamente– de los colectivos de productores agroganaderos frente a los gobiernos del período.

Finalmente, aquellas medidas de carácter coyuntural que operaron sobre la transferencia de recursos –como la política cambiaria y las retenciones a las exportaciones– fueron objeto de discusiones típicas de la puja distributiva entre el Estado y los actores privados.

Esta fue la arena donde se obtuvieron concesiones mayores o menores según el papel jugado por las entidades en la política de alianzas momentáneas de las distintas administraciones que condujeron al país durante esos años, una época breve en términos de las cronologías históricas, pero de una densidad dramática como ninguna en nuestra existencia nacional. Un tiempo en que hasta los momentos de esperanzas estuvieron cargados de perturbaciones.

La ganadería y sus actores en los tiempos de la soja (1989-2007)

El proceso de expansión de la agricultura y retroceso relativo de la ganadería vacuna que había empezado a esbozarse a fines de la década de 1970 se aceleró durante las últimas dos décadas. Empujada por cambios tecnológicos y una demanda muy sostenida, la producción de soja se convirtió en la locomotora de la rentabilidad agropecuaria.

Nicolás Arceo et ál. (2008) analizó los cuatro principales cultivos de exportación en la región pampeana durante el período 1993-2009. Desde los años 1990, según este

investigador, a la suba en la productividad que se venía
dando desde los años 1970 se le adicionó el aumento en
la superficie sembrada, para generar el mayor incremento de la producción agrícola en 80 años. Se pasó de 19.6
millones de hectáreas sembradas en 1993-1994, a 32.6
millones en 2007-2008, pero este aumento está explicado
por la soja en el 95%.

En términos patrimoniales, la tierra multiplicó su
precio en dólares y muchos propietarios abandonaron la
producción para arrendar su campo a los *pools* de siembra
y vivir de rentas. El campo revirtió la histórica circulación
centrífuga de los flujos de inversión para convertirse en
demandante de capitales. Mientras tanto, el proceso de
conversión productiva a la soja extendió la frontera agropecuaria hasta alcanzar zonas insospechadas. Así, la superficie
cultivada en las zonas áridas se incrementó desde 1988 a
2002 de manera significativa, con un aumento del 66% de
la superficie sembrada, casi exclusivamente dedicada a
esta oleaginosa.

La tendencia agrícola se ha dirigido a la sustitución de
los remanentes del bosque. El formidable avance del área
sojera se desarrolló a expensas de otros cultivos, del monte
nativo y de la ganadería. La tendencia al monocultivo no
es sustentable ni desde el punto de vista ecológico ni desde el económico. Desde el punto de vista económico, se
conoce que la falta de diversidad productiva es de elevado
riesgo. El fenómeno de la sobreexigencia de los recursos
naturales y la tendencia hegemónica de la soja se puede
incrementar con el escenario de crisis internacional, en el
que la rentabilidad de esta producción implica un efecto
de desplazamiento sobre otras siembras y probablemente
se exacerbaría con retenciones bajas.

En el contexto de expansión de la producción agropecuaria y de elevados niveles de rentabilidad desde la
devaluación del peso en 2002, puede señalarse la vuelta

de las cíclicas crisis de distribución, en las cuales la discusión –tras abandonar el problemas de la rentabilidad–, gira centralmente en torno de las retenciones y cuestiona de manera frontal la apropiación directa del excedente agropecuario por parte del Estado a través de los impuestos a las exportaciones, y en forma indirecta por parte de la sociedad, a través del precio de los alimentos.

El conflicto evidencia también algunos elementos que parecen no haber sido tenidos en cuenta muchas veces por las autoridades, como en la aplicación de las medidas de 2008. El sector agropecuario presenta distintas realidades como consecuencia de las diferencias regionales y, principalmente, de las escalas de producción. Incluso el modelo vigente tiende a fragmentar aun más las condiciones del agro, concentra con fuerza la producción –y también la propiedad– y desplaza algunos cultivos hacia zonas marginales cuya rentabilidad es mucho menor, aunque –no hay que olvidarlo– antes fuera nula o negativa.

Estos contrastes se han profundizado en los últimos años como consecuencia de la expansión de la agricultura extensiva. El *lockout* patronal de 2008 demostró que el sostenimiento de una moneda devaluada y la aplicación de retenciones a las exportaciones no constituyen por sí solos una política de desarrollo agropecuario. Más allá de estas medidas, sigue su curso la total desregulación del sector iniciada en la década de 1990 y continúa la ausencia o la escasez de medidas específicas de promoción.

A la vez, se produjo un crecimiento del margen de rentabilidad durante la posconvertibilidad en relación con la década de 1990. Sin embargo, como los precios en dólares de valor constante desde el año 2002 hasta el 2007 no volvieron a los niveles de 1991-1999, el alza en los márgenes se debió a la política cambiaria. Luego del aumento espectacular de los precios, producto de la burbuja financiera, y su posterior retroceso, la situación particular

de cada cultivo es dispar. Por un lado, los precios evolucionaron en forma distinta, mejor para la soja y el girasol y
más débilmente para el maíz y el trigo. Además, los precios
de los insumos utilizados en la soja cayeron, arrastrados
por la baja relativa en el petróleo, pero –por citar un caso
opuesto– para los insumos del trigo el descenso no fue tal.

La consecuencia del proceso de baja en la rentabilidad
en los cultivos indicados, tanto por la evolución dispar
de los precios e insumos como en buena medida por la
tremenda sequía, es la caída en la superficie sembrada y
el avance de la soja sobre otros cultivos. Por primera vez
desde 1997-1998, la superficie sembrada en 2008-2009
cayó el 6,9%, aunque la soja aumentó el 2,8%. El resto de
los cultivos promedian una baja del 20%.

Como señala Daniel Rearte (2010), este fenómeno no
es exclusivamente argentino. Una mirada más amplia sobre
todo el Cono Sur indica que el potencial de crecimiento de
la producción de carne en los países de América del Sur es
alto, pero se encuentra condicionado por las características
geográficas productivas que cada país posee. Mientras
Brasil o Paraguay pueden planificar un incremento de la
producción de carne a través de la expansión de las fronteras ganaderas y de sus cabañas vacunas, en la Argentina
y Uruguay el aumento de la ganadería tendrá que venir
indefectiblemente de la mano de una mayor productividad.

Los cambios territoriales ocurridos en la región pro-
vocados por el crecimiento de otras actividades agrícolas
no son coyunturales, sino transformaciones históricas
del sector agropecuario y forestal. Cultivos como la soja
(Argentina, Uruguay, Paraguay), la caña de azúcar con destino a la producción de etanol (Colombia, Brasil, Paraguay),
la palma aceitera (en Ecuador), el arroz (Uruguay, NEA de
la Argentina, sur de Brasil), o la misma actividad forestal
(Uruguay, Argentina) son acciones en pleno crecimiento

y que tienen en la ganadería un claro competidor por el recurso de la tierra.

En este sentido, para Rearte se está definiendo una nueva geografía productiva, y la ganadería –como parte de ella– está encontrando su lugar, sobre el cual deberá ajustar su estrategia para el crecimiento. La complementariedad con los cultivos agrícolas y la forestación tal vez sean indispensables para lograrlo.

En el caso argentino, hasta 2007 y a pesar del avance agrícola, la cantidad de cabezas de ganado no varió de forma significativa. Sin embargo, este tipo de explotaciones fueron desplazadas de zonas tradicionales de cría e invernada a zonas más marginales, con poca disponibilidad forrajera. El pastoreo selectivo de especies comestibles por parte del ganado puede hacer que estos campos se deterioren aun más, ya sea en términos de la producción de forraje y/o de biodiversidad.

En contraste con la agricultura, la ganadería vacuna siguió perdiendo terreno en términos relativos. El país se ha mantenido desde fines de los años 1980 como el quinto productor mundial, pero como exportador retrocedió a la séptima posición, luego de haber sido el cuarto o quinto exportador mundial durante los primeros años de la década de 1990 y el sexto en 2000.

La pampa húmeda sigue albergando al 60% del rodeo, pero distribuida en una menor superficie. O sea: la ganadería nacional se ha mantenido porque se intensificó. Esto es muy evidente en la invernada, donde los índices de productividad son muy superiores a los de años atrás; la suplementación con silo de maíz y concentrado y la inclusión de cortos períodos de encierre a corral permitieron aumentar la carga y consecuentemente, la productividad por hectárea. La expansión del *feedlot* explica en buena medida estos guarismos.

La cría, aunque en menor escala, también ha experimentado aumentos de carga y mejoras en sus parámetros productivos, ya que se comprueba un desplazamiento de hacienda hacia las regiones netamente ganaderas. La cuenca del Salado, que tradicionalmente albergaba el 20% del *stock* de la región, había subido su participación hasta el 22% para el año 2007. En esta cuenca, la tasa de destete promedia el 70 o 75%, o sea que ha mejorado en más de 10 puntos los valores que durante décadas caracterizaron a la región, pero aún es baja y factible de mejorar.

Si bien la producción de carne estará condicionada al número de vientres, es la tasa de procreo la que en definitiva definirá su tasa de extracción. En este sentido, es en el Noreste Argentino (NEA) donde el tamaño de las existencias pierde relevancia al analizar su productividad, aunque no hay dudas de que esta región se presenta con un gran potencial para incrementar su producción de terneros. Idéntico cuadro de ineficiencia se da en el Noroeste Argentino (NOA) y en la Región semiárida, que en conjunto contienen otro 20% del rodeo nacional.

El paso del 48% del destete actual en el NEA al 70%, significaría un incremento superior al millón de terneros. Lo mismo ocurriría con un incremento de 10 puntos en la cuenca del Salado, es decir, que lo que faltan no son las vacas, sino los terneros dejados de producir por las vacas existentes. Estudios técnicos consideran que si se lograsen estos incrementos de productividad, se lograrían cerca de 16 millones de terneros al año, con un alza de la tasa de extracción nacional de 24,5 a 29%. En definitiva, bajo ese punto de vista el real enemigo de la ganadería argentina no sería la soja, sino la baja tasa de extracción de nuestro rodeo (Rearte, 2007).

De acuerdo con lo expresado por Horacio Giberti (2006), en la Argentina por cada 100 vacas nacen 65 terneros. Visto en términos comerciales, 35 vacas comieron pasto y no sirvieron como instrumentos de producción. Australia, con condiciones mucho menos favorables tiene un porcentaje de parición de alrededor del 75%. Poco se ha avanzado en la mejora del porcentaje de parición, a pesar de que ella puede ser una política de corto plazo, sostenida con un buen programa de inseminación artificial y una fuerte atención en la cuestión de las pasturas, pues permiten el crecimiento de los animales y el mantenimiento de su vigor. Tanto las pasturas como la sanidad están muy vinculadas con el porcentaje de parición, porque una vaca hambrienta no entra en celo y no sirve como elemento reproductor.

En estas condiciones, la oferta normal de ganado difícilmente alcanza a satisfacer la demanda real de carnes vacunas y mucho menos, la potencial. Esas necesidades se componen del consumo interno y la exportación. Con niveles de producción estacionados, hay solo tres alternativas: reducir el consumo interno y la exportación, bajar el consumo para mantener la exportación, o sostener el consumo y achicar las exportaciones.

En tal rompecabezas se cuelan también los ciclos ganaderos, que generan como consecuencia el exceso de carne o su falta. Pero en las décadas pasadas, la situación era muy distinta. En ese entonces, los envíos de carnes al exterior representaban una parte muy importante del total de las exportaciones argentinas y el consumo interno era alto. Desde el inicio del actual siglo, la supresión o el aumento de las exportaciones cárnicas en el 30 o 40% no incide mayormente en la balanza de pagos. Además, hay una gran masa de población con un bajo poder adquisitivo.

La complejidad de la ganadería obliga a ponderar en su juicio justo todas las partes integrantes del sistema, dado que –al existir incluso intereses contradictorios dentro de la cadena– las decisiones que favorecen a un grupo pueden perjudicar a otro. Cada quien tiene distintas concepciones sobre los aspectos significativos para su actividad. Así, para el criador son importantes la fertilidad del rodeo, la cantidad y el peso de los terneros destetados por hembra servida, la longevidad de los vientres, aptitud reproductiva de los toros, etc. Para los invernadores, en cambio, lo más saliente resulta el aumento del peso vivo, la velocidad del crecimiento y la capacidad de conversión alimenticia hasta que se llega al peso habitual en el mercado; la relación debe ser: mayor peso vivo con el mínimo gasto. La industria frigorífica considera como calidad el mayor rinde para dicho tipo de animal; mucho músculo, poco hueso y un grado de grasa correcto.

El ingreso de divisas no solo depende del volumen de carne exportable, sino también del precio obtenido en las ventas. Con la aftosa controlada (por otra parte, si ello no ocurre, habrá que resignar en forma definitiva cualquier protagonismo de nuestras carnes en el mercado mundial), es probable que aparezcan plazas comerciales interesantes con precios superiores a los actuales. Pero estos mercados, además de la variable sanitaria, exigen tipos específicos de carnes, lo que significaría la toma de decisiones de fondo con gran asunción de riesgo por parte de los inversionistas y/o un gran esfuerzo de las agencias públicas. Los ascendentes mercados asiáticos, por poner un ejemplo, requieren un tipo de carne con gran proporción de grasas, llamada comúnmente "marmolada", para cuya producción debieran usarse planteles de razas con escasa o nula difusión entre nuestros rodeos.

La Argentina tiene la ventaja de mantener el 80% de su producción por pastoreo, un sistema que permite la obtención de una carne libre de enfermedades como la encefalopatía espongiforme bovina (BSE), y es reconocida internacionalmente por su calidad y alto valor nutracéutico (contenido de nutrientes con efectos beneficiosos para la salud humana), que justamente es lo priorizado por el mercado de alimentos. Por otro lado, todavía se puede contar con granos de cereales a precio relativamente bajo, lo que asegura competitividad también en la producción de carne sobre la base de granos para mercados que así lo demanden.

Pero en las últimas décadas, la Argentina ha ido perdiendo competitividad, si se lo considera tanto para el total de las carnes como para los dos grupos más importantes (carnes frescas, enfriadas y congeladas, y carnes preparadas). La comparación de los precios internacionales indica una disminución de la competitividad argentina desde mediados de la década de 1980. Durante la convertibilidad, los precios de nuestra carne bovina se ubicaron por sobre los de nuestros principales competidores. Con la devaluación del peso, se consiguió una recomposición, pero no por mejoras estructurales ni por políticas de estímulo público, sino por el manejo de la variable cambiaria. Luego, la presencia desde 2004 de una importante inflación en dólares licuó buena parte de esa ventaja competitiva.

Entre otros asuntos, esas vicisitudes impactan sobre negocios selectos, del tipo de las asignaciones de partidas dentro de la "Cuota Hilton", nicho en que la Argentina es el país con mayor porción. Como por otra parte un eventual más amplio volumen disponible asimismo puede deprimir los precios de este segmento *premiun*, también eliminaría progresivamente el sobreprecio asociado al cupo. En este contexto, mientras el acuerdo entre la Unión Europea y Estados Unidos busca establecer que la ampliación de su cuota no pague arancel (a diferencia del derecho del 20% que abona el resto de los países participantes), las potenciales ventajas serán capitalizadas por los exportadores norteamericanos (Biolatto, 2000).

En el aspecto doméstico, por otra parte, los enfrentamientos internos permitieron en más de una ocasión que se retuvieran dentro del país muchas toneladas de "Cuota Hilton" sin expedir, como en 2008 cuando el precio internacional alcanzó un nivel máximo. Esto hizo perder la oportunidad de generar divisas extras por un total de

US$50 millones y se complementó con envíos excedentarios destinados a cumplir con el cupo establecido por la UE y superar la parálisis, lo que repercutió negativamente sobre el precio promedio percibido. Al mismo tiempo, la Argentina no ha podido aprovechar la oportunidad de exportar 1.000 toneladas más, oportunamente negociadas y acordadas como compensación por el ingreso de Bulgaria y Rumania a la Unión, debido a la falta de acuerdo con la comunidad en lo referente a otros productos agropecuarios.

Como hemos analizado, las políticas públicas de largo aliento más importantes entre 1989 y 2007 tuvieron que ver con la lucha contra la aftosa, cuyo resultado fue un logro tan significativo como efímero, producto de haber asumido el éxito con demasiada rapidez. Aunque luego se recuperó el rumbo en la materia y no se vivieron posteriores sobresaltos epidémicos, no deja de ser paradójico que la Argentina haya podido encontrar el camino definitivo para terminar con una epizootia que la postergó en la puja por los mercados mundiales, en un momento en el que ya había perdido gravitación en ellos.

Con la recuperación que siguió al crítico inicio de siglo y la declinación de la participación ganadera en la generación de riqueza por exportaciones, el gobierno de Néstor Kirchner focalizó su accionar para el sector en la búsqueda del control de los precios en el mercado interno, un sitio donde los cortes bovinos mantienen una fuerte incidencia en un contexto de presión inflacionaria.

La evolución del consumo de carne vacuna en el presente siglo ha sido irregular. La fuerte caída registrada en 2010 (de 11 kg por habitante respecto al año anterior, y de 6 respecto al promedio del período) hizo perder al país la primacía de consumo mundial a manos de Uruguay, y sería indicio del comienzo de un nuevo período de retención de vientres, con el consiguiente encarecimiento de los precios. El cuadro siguiente muestra tal situación.

Cuadro C.1. Consumo anual por persona, expresado en kilos por habitante

Año	Kilos de carne vacuna
2001	63
2002	59
2003	60
2004	63
2005	61
2006	64
2007	68
2008	68
2009	68
2010	57
Promedio de la década	**63**

Fuente: Ministerio de Agricultura, Ganadería y Pesca (2011).

Esta caída en el consumo que se registra en 2010 no coincide con el de otras carnes, que se mantuvo constante. Así, el de carne porcina varió de los 7,67 kilos por persona en 2008 a 8,12 en 2010; por su parte, el de pollos y ovinos se mantuvo en 33,4 kilos por habitante para los primeros y 1,6 para los segundos entre 2009 y 2010 (Ministerio de Agricultura, Ganadería y Pesca, 2011).

El desarrollo de los actores sociales representativos del mundo rural en los últimos veinte años ha sido cambiante en por lo menos tres aspectos. En primer lugar, por las profundas transformaciones que se dieron en la producción agropecuaria, tanto en los aspectos tecnológicos como en los organizativos y gerenciales de la actividad. El apogeo de la soja y otras oleaginosas no solo marginó a la ganadería, también hizo surgir primero y consolidó luego a los *pools* de siembra, un actor ubicuo de base financiera y sin los anclajes tradicionales de las entidades rurales, más allá de las relaciones que pudiera tramar con ellas y con los hombres de campo.

En segundo término, lo señalado en el párrafo anterior terminó de desplazar a las cuatro grandes asociaciones hacia el campo de la política. Entre 1989 y 2007, tanto la Sociedad Rural (SRA), las Confederaciones Rurales (CRA), la Federación Agraria (FAA) como Coninagro priorizaron este aspecto por sobre el técnico y aparecieron principalmente en los medios de comunicación como voceros de sus representados en la cosa pública.

Se mantuvo por cierto esa relación compleja con el Estado, caracterizada por el acompañamiento de las iniciativas con bajo perfil ideológico (la lucha contra la aftosa, por ejemplo), el reclamo de intervención ante las situaciones de crisis de rentabilidad o las crisis del sector (la desgravación impositiva, los planes de competitividad o la refinanciación de pasivos), y el rechazo liso y llano contra las medidas tendientes a transferir ingresos hacia otros sectores por vía distributiva (como la retenciones a las exportaciones). Aunque este último aspecto fue apenas moderado por los efectos altamente positivos de la política cambiaria y hasta hubo cierta aceptación, en 2006 pudo advertirse el límite del campo ante tal situación.

En tercer lugar, en el interior de las entidades tuvieron lugar realineamientos producidos por los cambios estructurales y las convulsiones económicas y políticas de la Argentina. En la SRA hubo una cierta renovación de los cuadros dirigentes. Los ganaderos tradicionales cedieron lugar a gente surgida del subsector lechero o incluso con antecedentes en la industria. La intención de mostrar nuevas caras y nuevos métodos ha sido, con todo, más fuerte que la percepción pública sobre estos supuestos cambios.

La CRA, por su carácter confederal de tercer grado y las dificultades de su conducción central para contener a las bases, ha mostrado bastante dinámica para instalarse como la voz más crítica de la última década. Su protagonismo en el enfrentamiento del campo con la gestión de

Kirchner expuso esa vitalidad, más allá de las defecciones sufridas en su cúpula por el repentino vuelco a la política de alguno de sus conductores (como ya había acontecido con el santafesino Marcelo Muniagurria, en 1999) o las sorpresivas muertes de dos de sus presidentes en ejercicio, Juan Bautista Corea, en 2000, y Benito Legeren, en 2005.

La FAA y Coninagro han sufrido problemas en el interior por distintos motivos. En primer lugar, por la difuminación social de los grupos que históricamente representaban, y segundo término, por los severos cambios organizativos en el mundo de las empresas cooperativas. Todas fueron además atravesadas, primero, por el colapso de las instituciones ocurrido en el verano de 2001; y luego, por el auge agropecuario en la recuperación económica del país. Si la crisis del "que se vayan todos" hizo aparecer movimientos nuevos, de carácter horizontal, particular y hasta con resentimientos para con las cuatro grandes entidades, el enfrentamiento con el gobierno por las retenciones a las exportaciones les devolvió protagonismo hasta el punto de llenar el espacio dejado vacante por oposición política en marzo de 2008.

En resumen, durante los últimos años la producción agroalimentaria del país se ha tecnificado y le ha posibilitado hacer frente a la crisis económica de fines del año 2001. Si bien la crisis de fines del 2008 y comienzos del 2009 ha planteado un interrogante respecto de la demanda internacional con la consecuente caída en los precios internacionales de las *commodities*, la certeza de que el mundo seguirá consumiendo alimentos continúa proveyendo en los exportadores argentinos la llama vital de las ganancias seguras, mientras posterga *sine die* el inicio de discusiones de fondo sobre el problema del desarrollo.

POST SCRÍPTUM. PREGUNTAS E INTERROGANTES EN TIEMPO PRESENTE

Esta investigación fue proyectada hasta 2007, por consiguiente, los acontecimientos ocurridos en años posteriores no fueron especialmente contemplados. Sin embargo, como consideramos que ciertos hechos tienen relevancia para lo planteado, los incluimos en este breve *post scríptum*.

La crisis económico-financiera que se desató en 2008 a nivel internacional afectó las economías nacionales, en razón de la dependencia e interrelaciones con el resto del mundo. A ello hay que agregar, en el ámbito local, el estallido del "conflicto con el campo" que enfrentó a los productores y a algunos sectores de la sociedad argentina con el gobierno nacional, a partir de la decisión de este último de aumentar las retenciones a las exportaciones de los productos agrícolas, a través de la célebre "Resolución 125".

Si bien este último problema no afectó la producción vacuna en especial, ya que en ese año se iniciaba un nuevo ciclo reproductivo (como se ve en el gráfico 1), la ganadería fue alcanzada por una grave sequía y por el descenso de los precios internos de la carne.

Gráfico P.1. Evolución de las existencias bovinas en millones de cabezas

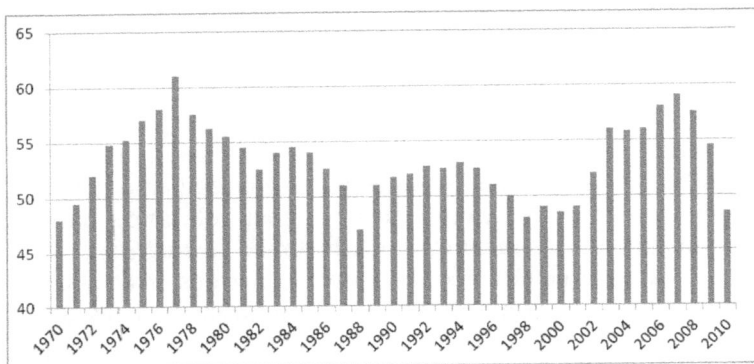

Fuente: Ganados y Carnes. Anuario 2010, p. 23.
Ministerio de Agricultura, Ganadería y Pesca, Buenos Aires,
2011.

De acuerdo con Rearte (2010), la ganadería vacuna
argentina estaba sobredimensionada desde el año 2005
respecto de sus posibilidades, con un número cercano a 58
millones de cabezas de ganado. Este superávit de hacienda
se había producido tanto por la reducción de la superficie
ganadera frente al área sembrada como por el crecimiento
del número de cabezas que se había verificado desde 1994.
Tal contradicción de crecimiento del *stock,* acompañado
por una disminución del espacio físico dedicado a la ganadería, fue una consecuencia del excelente momento
económico por el que atravesaba la actividad. A partir
del primer cierre momentáneo de las exportaciones, en
2006, y su continuidad en los años siguientes, se produjo
una persistente liquidación de animales; ya que si bien el
sector vacuno todavía mostraba un saldo favorable, no se
podía comparar con los rindes ofrecidos por la soja.

A todo ello habría que agregar la aparición en el mercado de nuevos productos derivados de la biotecnología, que en el futuro podrían ampliar las posibilidades de la agricultura en zonas no tradicionales, con el consiguiente achicamiento de la disponibilidad de tierras para la ganadería. De este modo, se estaría produciendo un doble proceso: la liquidación de las explotaciones más pequeñas, y la concentración de explotaciones agropecuarias de mayor dimensión dedicadas a la cría bovina a gran escala operando con producciones mixtas. Incluso, este paradigma podría actuar como transformador de fenómenos sociales, tales como migraciones y/o marginalidad social.

La política gubernamental para mantener los precios del mercado interno consistió en cerrar las exportaciones, incluido un importante tonelaje de los cortes de la Cuota Hilton, lo que privó a los productores ganaderos del beneficio de los altos precios disponibles en el mercado internacional en los años 2007-2008. Estas medidas produjeron un marcado desinterés hacia la actividad ganadera y un giro hacia la producción agrícola en aquellos que pudieron hacerlo, con especial preferencia por la soja, cuya ganancia resulta mucho más alta, los costos menores y más veloz la realización de beneficios.

Sin embargo, como se mencionó más arriba, la causa más importante que llevó a deprimir la cabaña vacuna fue la sequía del bienio 2008-2009, una de las peores sufridas por el campo argentino en las últimas décadas. El fenómeno afectó amplias regiones ganaderas en casi todo el país, pero golpeó con más fuerza las zonas con menores recursos hídricos. La provincias de La Pampa, Chaco, la zona norte de Santa Fe y Corrientes fueron las que más pérdidas mostraron, cuando justamente eran las que en los últimos 14 años exhibieron un crecimiento sostenido del número de cabezas, con un "40; 52,9; 29,2 y 34,3% respectivamente, o sea las de mayor sobrecarga de hacienda" (Rearte, 2010).

Para este autor, las áreas que no tenían sobredimensionada la carga por hectárea como Salta, donde creció el número de cabezas, y Misiones –con un incremento de su *stock* del 100%– no sufrieron las consecuencias mencionadas. Estos últimos distritos habían dedicado mayor superficie a la ganadería a través del desmonte o la creación de sistemas silvo-pastoriles. En zonas como la cuenca del Salado (centro de la provincia de Buenos Aires), si bien las pérdidas se hicieron notar, la dimensión fue menor, ya que el número de cabezas había crecido en proporciones más bajas.

En líneas generales, el cálculo de las pérdidas se cifra en torno a los 800 mil bovinos; a ello hay que sumarle los problemas generados por la sequía sobre el plantel de hembras, que provocó la baja de la tasa de preñez. Este hecho se sintió en 2009, con una reducción de cerca de 3.800.000 terneros. Los datos generales aportados por la Sociedad Rural Argentina para 2010 mencionan la pérdida del 20% del rodeo general. Semejante disminución hace que hasta el día de hoy se sigan manteniendo los problemas en la producción de carnes.

En 2009, no solo pudo observarse que el consumo seguía en los valores tradicionales, sino que la faena alcanzaba valores máximos, con un aumento de la producción menor al valor de matanza, lo que estaría indicando la liquidación acelerada, especialmente de animales jóvenes y de vacas, hecho que se mantuvo en 2010.

El fin de los sacrificios parecía haberse detenido en ese año, pero una nueva sequía durante los últimos meses de 2011, aunque de menor intensidad, volvió a generar dificultades. De acuerdo con la Cámara Argentina de *Feedlot*, en abril de 2010 –al aplicarse la suspensión de los subsidios a los establecimientos de engorde a corral– se habría registrado cierta merma; los niveles de ocupación de los corrales se estabilizaron alrededor del 60%; menos del

20% mostrado el año anterior, aunque ciertas diferencias
fueron compensadas por el aumento de las cotizaciones de
la hacienda. La consecuencia directa de la baja producción
de ganado vacuno fue el importante incremento de los
precios de la carne para el mercado interior.

Rearte sostiene que a nivel de la ganadería se está produciendo un cambio estructural más que uno coyuntural.
Plantea que en esta oportunidad no se estaría observando
un ciclo tradicional de liquidación [menor producción →
incremento de precios → retención → mayor producción
→ caída de precios], sino que lo que estaría ocurriendo es
"un reordenamiento productivo de la actividad ganadera",
basado en el hecho de que la reducción del área dedicada
al sector pecuario sería definitiva: no se volvería a recuperar
después de dedicarse a la actividad agrícola. Esto último
obligaría a pensar que la sustentabilidad de la actividad
estará atada solo a una mayor eficiencia.

Como se mencionó en el capítulo 2, uno de los problemas que conlleva la actividad agrícola-ganadera es que
tanto la agricultura como la ganadería compiten por el
mismo medio de producción: la tierra. Esta situación ha
generado un aumento en sus valores, ha reacomodado los
distintos tipos de producción, con la pérdida de la primacía
de la ganadería vacuna frente a los rendimientos agrícolas.
Además, la falta de justificación económica para mantener
pasturas destinadas al engorde ha llevado a disminuir el
uso de los sistemas pastoriles puros, complementados
con el uso de forrajes. También la terminación en *feedlots*,
que reduce la superficie y el tiempo de invernada de los
animales, ha tenido un importante crecimiento en los
últimos años.

Otro de los problemas que ha atravesado la Argentina
desde el ciclo comercial 2007-2008 fue el incumplimiento
de la totalidad del cupo correspondiente a la Cuota Hilton.
Para el 30 de junio de 2008, fecha de cierre del ejercicio

comercial, se dejó de exportar el 7% del total de las 28.000 toneladas comprometidas. Según consigna un matutino de la ciudad de Buenos Aires, hasta el 24 de junio de 2008 solo se había embarcado el 93% de la asignación argentina, dejando afuera cerca de 2.000 toneladas de carne vacuna, por un valor aproximado de US$40 millones. Si bien eran probables algunos embarques en los últimos días, el trabajo exigido para llevarlos a cabo anticipaba el incumplimiento del cupo, según datos aportados por la Oficina Nacional de Control Comercial Agropecuario (ONNCA).[67]

Tanto los frigoríficos como algunos funcionarios afectados por el problema culparon de la situación al conflicto que estalló en el otoño de 2008 entre el gobierno y el campo. Se señaló en especial el impacto de los cortes de rutas que, aparentemente, habrían impedido la llegada a tiempo de los novillos a las plantas procesadoras; aunque también se responsabilizó a la ONCCA y a la Secretaría de Comercio Interior por el atraso sufrido en la entrega de los Permisos de Exportación (ROE), un hecho que había precedido al enfrentamiento.

Se dispuso entonces que aquellos frigoríficos con imposibilidad para cumplir con los plazos pasaran su remanente a otros que sí pudieran hacerlo. Sin embargo, hasta la fecha estipulada para el cierre no se podrían embarcar más de 200 ó 300 toneladas de cortes *premiun*, que en ese entonces cotizaba en el mercado internacional a US$20.000 la tonelada. Ante la protesta de los sectores exportadores, la ONCCA respondió que solicitaría a la Unión Europea (UE) la extensión del plazo de entrega, o bien que se agregaran las 2.000 toneladas faltantes al ejercicio comercial 2008-2009. Dado que la UE había ampliado el cupo en 1.000 toneladas adicionales algunos meses antes como mecanismo de compensación por la incorporación de nuevos países

[67]   *Diario Perfil*, 25 de junio de 2008.

miembros en el bloque, resultaba difícil que aceptara la propuesta argentina.

A partir de entonces, el incumplimiento del cupo se ha mantenido con variaciones hasta la actualidad. Se calcula que el ejercicio 2011-2012 será el cuarto período consecutivo en el que no se aprovecha la capacidad exportadora asignada por la Cuota. Las cifras oficiales al mes de febrero de 2012 corresponden al 22% del total de los embarques, lo que haría poco probable la posibilidad de faenar, preparar y embarcar hasta el 30 de junio el 78% restante, ya que se necesitaría enviar al sacrificio a 1.500.000 animales, es decir, al 75% de los novillos disponibles.

La Unidad de Coordinación y Evaluación de Subsidios al Consumo Interno (UCESCI), organismo que reemplazó a la ONCCA, tiene en la actualidad un retraso de 7 meses en la distribución. Durante el mes de enero de 2012, se llevó a cabo un "cuestionado concurso público" del que todavía no se conocen los resultados. Según la información proporcionada por Néstor Roulet, Presidente de la Confederación de Asociaciones Rurales de la Tercera Zona (CARTEZ), en el ejercicio 2008-2009 quedaron 2.000 toneladas sin exportar; al año siguiente, 9.180 toneladas; y en 2010-2011, quedó un remanente de 1.879 toneladas que al no enviarse, se perdieron. Para Roulet, las posibilidades del ejercicio 2011-2012 rondarían las 20.000 toneladas, con cerca de 9.000 sin exportar, lo que generaría una pérdida de casi US$120 millones para el país.[68]

Consecuentemente con los problemas que atraviesan la producción y la exportación de carnes, a las que se agrega el descenso del consumo en el mercado interior, uno de los sectores más afectados es el de los frigoríficos. La caída del *stock* ganadero a partir de 2008 resultó en un principio beneficiosa para las plantas procesadoras. El problema se

---

[68]   *Clarín*, 13 de febrero de 2012.

debió a la sobreoferta; por lo tanto, pasados los primeros meses la situación se revirtió. En el corto plazo fue imposible reconstruirlo, por la falta de materia prima. En realidad, los problemas se habían iniciado antes de la sequía; en 2006, el gobierno de Néstor Kirchner comenzó a intervenir en el mercado de la carne y los productores aumentaron la oferta para la matanza. Desde 2008, los faenadores solicitaron al gobierno que se liberara el mercado de hacienda y se garantizaran los precios del mercado interno, a través de "subsidios" otorgados a la industria frigorífica. En estas circunstancias, todas las cámaras que agrupan al sector llegaron a conclusiones similares, a saber:

1) La Argentina debería en el futuro aumentar la producción de carne vacuna si quiere mantener el consumo por persona en los 70 kilos anuales; ello obligaría a pasar de 3 a 4 millones de toneladas para el año 2017.

2) El país debería recuperar su participación en el mercado internacional, aunque reconocían que los productores habían sido desalentados por el control de los precios efectuado por el gobierno y, por lo tanto, se hallaban más dispuestos a pasarse al cultivo de la soja.

Estas razones llevaron a los frigoríficos a pedir al gobierno que dejara de controlar los precios recibidos por los productores ganaderos; o bien, de persistir en dicha política, que se aplicaran "compensaciones" a las empresas del sector, de manera similar a lo que se venía haciendo con los molinos de trigo.[69]

En 2009, la Cámara de la Industria de la Carne (CICCRA) avaló los pronósticos realizados respecto de las dificultades que atravesaría el sector para abastecer de carne a la población a partir de 2010. Además vaticinó un fuerte incremento de los precios, que podría hacer caer el consumo a una cifra que oscilaría entre los 55 y los 50

---

[69]   *Clarín,* 16 de enero de 2008.

kilos anuales por habitante. En ese momento, circuló un documento interno de la entonces Secretaría de Agricultura y Ganadería donde se admitía por primera vez la posibilidad de importar carne en la Argentina, además de dejar de exportar si los argentinos persistían en un consumo que rondara los 70 kilos anuales *per cápita*.[70]

En la actualidad, la mayoría de los frigoríficos opera a pérdida. De acuerdo con los análisis realizados, el beneficio obtenido entre la venta de la media res, las menudencias, el cuero y los restos del animal no llega a cubrir los salarios, la operación de las plantas, la logística y el pago de los impuestos. A ello se agrega la caída de los precios internacionales del cuero que acompaña a la crisis mundial.

La industria frigorífica es un sector que trabaja con poco valor agregado, que por sí misma no genera altos beneficios. Algunas plantas proponen pasar de la venta de la media res al *box beef* (cortes envasados al vacío) para el consumo masivo, con el fin de agregar valor y obtener mayores ganancias. Sin embargo, solo los supermercados venden este tipo de cortes, mientras las carnicerías –que comercializan el grueso de la carne para el mercado interior– no quieren abandonar la media res. No solo los comerciantes minoristas, sino también los consumidores prefieren elegir los cortes despostados en el mostrador. De todos modos, se calcula que una vez trozada y envasada, la carne valdría el 20% más.

Si bien la producción ganadera atraviesa ciclos, en los últimos años primó la fase negativa por efecto de las contingencias climatológicas, pero también por la aplicación de determinadas políticas oficiales. Los frigoríficos tradicionalmente estuvieron divididos en exportadores y proveedores del mercado interno, pero muchos de los primeros fueron obligados, debido al control de los cupos

---

[70]   *Clarín*, 16 de mayo de 2009.

exportables, a dedicarse al mercado de consumo. Según los datos aportados por el Instituto de Promoción de la Carne Vacuna Argentina, en los últimos años las exportaciones cayeron el 64%.

En el mes de marzo de 2012, los trabajadores de la industria de la carne, golpeados por los bajos salarios y el aumento del desempleo, bloquearon durante dos días la entrada de ganado al Mercado de Liniers. Reclamaban medidas gubernamentales en un momento en el en que las plantas estaban trabajando del 40 al 50% de capacidad ociosa. Temían que se repitiera el problema de los años anteriores, cuando el descenso de la actividad afectó a importantes empresas como la brasileña JBS, dueña del frigorífico Swift-Armour en la Argentina, Finexcor, de la estadounidense Cargill, y a plantas nacionales como las del grupo santafecino Mattievich.[71]

Según CICCRA, entre 2009 y 2011 la faena de animales cayó más del 30%, lo que disminuyó la oferta de carne al público casi en la misma proporción. De acuerdo con cálculos de la Sociedad Rural Argentina, los precios de la carne aumentaron en mostrador el 260%, provocando un descenso del consumo del 18,8%. En paralelo, cayeron las exportaciones en un porcentaje aproximado del 63%; en opinión del presidente de SRA, esta baja está ligada al freno de las exportaciones y al incumplimiento de los cupos de la Cuota Hilton. La República Argentina pasó de tener el 11% del comercio exterior de carnes al 3%, superada incluso en la participación mundial en ese rubro por Uruguay y Paraguay.

Las autoridades reconocen que entre 2011 y 2012 se perderían alrededor de 14.000 puestos de trabajo en la industria frigorífica (al momento de escribir estas líneas, las cifras oficiales daban 13.200 unidades perdidas de un total

---

[71] *La Nación,* 29 de enero de 2012.

de 32.000). Durante los dos últimos años, cerraron 120 de las 550 plantas procesadoras, sintiéndose más los efectos de la crisis en aquellos que operaban para las exportaciones. El cierre de los frigoríficos afectó regiones de todo el país, no solo las ubicadas en la pampa húmeda, sino también en la periferia. En las plantas con problemas, pero que todavía no han cerrado, se aplica la garantía horaria a los trabajadores, a quienes una parte de sus salarios les es pagada por el Estado Nacional a través de subsidios otorgados por la Secretaría de Comercio Interior. Esta compensación se abona desde 2010 a frigoríficos consumeros y exportadores, por el equivalente a 60 horas mensuales de trabajo a cada obrero, por el lapso de seis meses.[72]

En ese contexto de dificultades, en mayo de 2010 el Poder Ejecutivo Nacional dictó el Decreto n.º 703/2010. Esta norma dispone que dada la facultad del gobierno para tomar medidas en cuestiones de empleo basándose en la Ley de Emergencia Ocupacional, se creaba un "programa destinado exclusivamente a asegurar la preservación de los puestos de trabajo del sector de la industria frigorífica de la carne bovina y por un plazo que permita articular medidas para el crecimiento y sostenimiento de los mismos". Con este fin, las autoridades pueden exigir que las empresas garanticen 140 horas por mes de trabajo.[73] Como la situación no ha mejorado, los subsidios se han prorrogado hasta la actualidad.

El último conflicto serio por el que atravesó la industria fue el cierre del Frigorífico Swift, en la ciudad santafecina de Venado Tuerto. Desde diciembre de 2011 no faenaba ganado, ya que sus directivos –pertenecientes al grupo brasileño JBS Friboi– decidieron cerrar la planta una vez que se venciera la garantía horaria, dado el poco margen

---

[72]   *Diario Norte de Resistencia* (provincia del Chaco), 1º de febrero de 2012.
[73]   *Boletín Oficial de la República Argentina*, 21 de mayo de 2010.

de ganancia que dejaba. La empresa prefirió concentrar su actividad en la unidad productiva de Villa Gobernador Gálvez. La fecha prevista fue 10 de febrero de 2012, pero las negociaciones se prolongaron hasta el mes de marzo logrando que el 90% de los 512 asalariados se acogieran al retiro voluntario.[74]

---

[74]   *La Capital de Rosario,* 24 de marzo de 2012.

BIBLIOGRAFÍA

ANALES DE LEGISLACIÓN ARGENTINA (varios años), Buenos Aires, La Ley.

ARCEO, Enrique (2003), *Argentina en la periferia próspera. Renta internacional, dominación oligárquica y modo de acumulación*, Buenos Aires, Universidad Nacional de Quilmes-Flacso-IDEP.

ARCEO, Nicolás y GONZÁLEZ, Mariana (2008), "La transformación del modelo rural en Argentina", en *Le Monde Diplomatique*, Edición Cono Sur, núm. 107.

AROSKIND, Ricardo (2003), "El país del desarrollo posible", en JAMES, Daniel (director), *Violencia, proscripción y autoritarismo (1955-1976)*, Tomo IX de la Nueva Historia Argentina, Buenos Aires, Sudamericana.

AZCUY AMEGHINO, Eduardo (2005), "Crisis y estancamiento del comercio exterior argentino de las carnes vacunas", en *Ciclos en la historia, la economía y la sociedad*, núm. 29.

AZCUY AMEGHINO, Eduardo (2007), *La carne vacuna argentina. Historia actualidad y problemas de una agroindustria tradicional*, Buenos Aires, Imago Mundi.

AZCUY AMEGHINO, Eduardo; GRESORES, Gabriela y MARTÍNEZ DOUGNAC, Gabriela (2006), "Cadena agroalimentaria de la carne vacuna", en *Realidad Económica*, núm. 222.

AZPIAZU, Daniel y NOTHCEFF, Hugo (1994), *El desarrollo ausente. Restricciones al desarrollo, neoconservadurismo y elite económica en la Argentina. Ensayos de Economía Política*, Buenos Aires, Flacso (Tesis).

BARSKY, Osvaldo y GELMAN, Jorge (2005), *Historia del agro argentino. Desde la conquista hasta fines del siglo XX,* Buenos Aires, Grijalbo-Mondadori.

BARSKY, Osvaldo; LATTUADA, Mario y LLOVET, Ignacio (1987), "Las grandes empresas agropecuarias de la región pampeana", SAGYP, mimeo.

BASUALDO, Eduardo (2004), "Burguesía nacional, capital extranjero y oligarquía pampeana", en *Realidad Económica,* núm. 201.

BASUALDO, Eduardo (2006), *Estudios de historia económica. Desde mediados del siglo XX a la actualidad,* Buenos Aires, Flacso-Siglo Veintiuno.

BASUALDO, Eduardo y ARCEO, Nicolás (2006), "Evolución y situación actual del ciclo ganadero en la Argentina", en *Realidad Económica,* núm. 221.

BASUALDO, Eduardo y ARCEO, Nicolás (2009), *Características estructurales de las alianzas sociales en el conflicto por las retenciones móviles,* Buenos Aires, Universidad Nacional de Quilmes y *Página 12.*

BASUALDO, Eduardo y KHAVISSE, Miguel (1993), *El nuevo poder terrateniente,* Buenos Aires, Planeta.

BAVERA, Guillermo A. (2005), "Calidad de la carne", en *Cursos de producción bovina de carne,* Córdoba, Universidad Nacional de Río Cuarto.

BIOLATTO, Darío (2000), "Índice de novillo argentino: utilización en *feedlots*", Bolsa de Comercio de Rosario. Departamento de Capacitación y Desarrollo. Disponible en línea: www.bcr.com.ar, capacit@bcr.com.ar.

BISANG, Roberto (2003), *La apertura económica, innovación y estructura productiva: la aplicación de biotecnología en la producción agrícola pampeana argentina,* Buenos Aires, Universidad Nacional de General Sarmiento.

BISANG, Roberto (2008), "El desarrollo agropecuario en la últimas décadas: ¿volver a creer?", en KOSACOFF,

Bernardo (editor). *Crisis, recuperación y nuevos dilemas. La economía argentina 2002-2007*, Buenos Aires, CEPAL.

BISANG, Roberto; SANTÁNGELO, Federico; ANLLÓ, Guillermo y CAMPI, Mercedes (2007), *Mecanismos de formación de precios en las principales subcircuitos de la cadena de ganados y carne vacunas en la Argentina*, Buenos Aires, CEPAL-IPCVA.

BISANG, Roberto; ANLLÓ, Guillermo y CAMPI, Mercedes (2008), "Una revolución (no tan) silenciosa. Claves para repensar el agro en Argentina", en *Desarrollo Económico*, vol. 48, núm. 190-191.

BOCCO, Arnaldo y LATTUADA, Mario (1989), "Agricultura pampeana 1989. Mercado, precios relativos y ganancia", en *Realidad Económica*, núm. 88.

BONANSEA, José y LEMA, Daniel (2006), "La asignación de la 'Cuota Hilton' en Argentina: un análisis económico", ponencia presentada en la XXXVII Reunión Anual de la Asociación Argentina de Economía Agraria, Villa Giardino, provincia de Córdoba.

BOYER, Robert (1989), *La teoría de la regulación: un análisis crítico*, Buenos Aires, SECYT-CEIL / CONICET-CNRS, Hvmanitas.

BRAUN, Oscar y JOY, Leonard (1981), "Un modelo de estancamiento económico. Estudio de caso sobre la economía argentina", en *Desarrollo Económico*, vol. 20, núm. 80.

BULAT, Tomás (1990), "Distribución del excedente agrícola en la región pampeana en la década del 80", Buenos Aires, mimeo.

CAMPERO, Carlos (2002), *Pérdida ocasionadas por las enfermedades venéreas de los bovinos*, Buenos Aires, INTA Balcarce.

CASTRO, Jorge (2000), *La gran década. Del abismo al crecimiento*, Buenos Aires, Sudamericana.

CAVALLO, Domingo (2008), *Estanflación,* Buenos Aires, Sudamericana.

CAVÁNDOLI, Humberto Eduardo (1982), "La producción de carne vacuna en los últimos años", en HELMAN, M., *Ganadería tropical,* Buenos Aires, El Ateneo, 1° ed. 1977.

CHARVA, Patricia (2007), *Los ciclos ganaderos en Argentina y Uruguay. 1970-2005,* Buenos Aires, CENDA.

CIRIO, Félix (1988), "Situación del sector ante la crisis", en AA.VV., *La agricultura pampeana. Transformaciones productivas y sociales,* Buenos Aires, Fondo de Cultura Económica / IICA / CISEA.

COLOMÉ, Rinaldo (2008), "Sobre política agraria argentina en el período 1933-2007", en *Revista de Economía y Estadística,* vol. XLVI, núm. 1.

CONSEJO EDITORIAL (1981), "Situación agropecuaria nacional: balance de cinco años de deterioro", *Revista Vísperas,* núm. 6.

CORBERA, Manuel (1987), "El papel de la política agraria común en la evolución de la agricultura familiar", en *Anales de Geografía de la Universidad Complutense,* núm. 7, Madrid, Editorial de la Universidad Complutense.

CORTÉS CONDE, Roberto (1998), *Progreso y Declinación de la Economía Argentina,* Buenos Aires, Fondo de Cultura Económica.

COSCIA, Adolfo (1983), *Segunda Revolución Agrícola en la región pampeana,* Buenos Aires, CADIA.

CUCCIA, Luis (1983), *El ciclo ganadero y la economía Argentina,* Santiago de Chile, CEPAL.

CUCCIA, Luis (1988), *Tendencias y fluctuaciones del sector agropecuario pampeano,* Buenos Aires, CEPAL, documento de trabajo núm. 29.

DE DIOS, Rubén (1998), "Políticas para la pequeña producción", en *Realidad Económica,* núm. 158.

DE LAS CARRERAS, Alberto (1988), *Mitos y realidades sobre las carnes en la Argentina,* Buenos Aires, Centro de Consignatarios-Dirección de Hacienda.

DE LAS CARRERAS, Alberto (2005), *El despertar ganadero. El mundo, una gran oportunidad,* Buenos Aires, Siglo Veintiuno.

DE RIZ, Liliana (1986), *Retorno y derrumbe. El último gobierno peronista,* Buenos Aires, Hyspamérica.

DEPARTAMENTO DE ESTUDIOS AGRARIOS DEL INSTITUTO ARGENTINO PARA EL DESARROLLO ECONÓMICO (1972), "Polémica: industria frigorífica moderna. ¿Para quién la producción?", en *Realidad Económica,* núm. 11.

DI TELLA, Guido (1986), *Perón-Perón. 1973-1976,* Buenos Aires, Hyspamérica.

DOBAÑO, Palmira y LEWKOWICZ, Mariana (2004), *Cuatro décadas de historia argentina (1966-2001),* Buenos Aires, Proyecto Editorial.

DUJOVNE ORTIZ, Alicia (2008), "Non sancto", en *Página 12,* 29 de junio.

EMBAJADA DE LA REPÚBLICA ARGENTINA ANTE LAS COMUNIDADES EUROPEAS, CONSEJERÍA AGRÍCOLA (1986), *La producción y el comercio exterior de carne vacuna en la CEE,* Bruselas.

ERREA, Miguel (1982), "Perspectivas para la producción de carnes en el norte argentino", en HELMAN, M., *Ganadería tropical,* Buenos Aires, El Ateneo, 1º ed. 1977.

FERRER, Aldo (2004), *La Economía argentina. Desde sus orígenes hasta principios del siglo XXI,* Buenos Aires, Fondo de Cultura Económica.

FIGARI, Guillermo Miguel (1980), "América Latina y la Comunidad Económica Europea. Su problemática", en *Revista de Instituciones Europeas,* vol. 7, núm. 1.

FLAMMINI, María Alejandra (2001), "Algunas reflexiones sobre los cambios económicos-sociales del agro pampeano en el siglo XX", en *Mundo Agrario*, núm. 2, Centro de Estudios Históricos Rurales, Facultad de Humanidades y Ciencias e la Educación de la Universidad Nacional de La Plata.

FLICHMAN, Guillermo (1986), *La renta del suelo y el desarrollo agrario argentino*, Buenos Aires, Siglo Veintiuno.

GARCÍA, Juan Esteban; DAL PONTO, Silvina y LONGO, Lucía (2008), "Políticas ganaderas nacionales y su impacto en la provincia argentina de Chaco", en *Apuntes Agropecuarios*, núm. 7, Facultad de Agronomía, Universidad de Buenos Aires.

GARCÍA, Susana; RÍOS, Fabiana y PÉREZ, Adrián (2005), "Cuota Hilton: violaciones, irregularidades e impunidad en el manejo de su distribución", Buenos Aires, Centro para la transparencia en la Gestión Pública y Privada Lisandro de la Torre, Fundación Hanna Arendt.

GARCÍA LÓPEZ, R. y MOYANO WALQUER, F. (1973), *Estudio de una política anticíclica para la ganadería vacuna*, Buenos Aires, mimeo.

GERCHUNOF, Pablo y LLACH, Lucas (2003), *El ciclo de la ilusión al desencanto. Un siglo de políticas económicas argentina*, Buenos Aires, Ariel.

GEYMONAT, Ana; DONADONI, Mónica y CAGNOLO, Elena (2004), "Transformaciones agrarias: el cambio en el uso del suelo en la provincia de Córdoba a partir de 1970", ponencia presentada en las XIX Jornadas de Historia Económica, San Martín de los Ande, Neuquén.

GIBERTI, Horacio (1986), *Historia Económica de la Ganadería Argentina*, Buenos Aires, Hyspamérica.

GIBERTI, Horacio (2006), "Carnes, ¿consumo o exportación?", en *Realidad Económica*, núm. 219.

GIBERTI, Horacio (2007), "Existe una oligarquía ganadera", en *Realidad Económica*, núm. 231.

GIRBAL BLACHA, Noemí (2001), *Estado, sociedad y economía*, Buenos Aires, Universidad Nacional de Quilmes.

GONZÁLEZ, María del Carmen y PAGLIETINI, Liliana (1984), "El crédito al sector vacunos durante la década del 70", en *Realidad Económica*, núm. 56.

GRESORES, Gabriela (2002), "Monopolios y política: el caso Swift-Deltec", en *Realidad Económica*, núm. 191.

INSTITUTO DE PROMOCIÓN DE LA CARNE VACUNA ARGENTINA (2006a), *El consumo de carne vacuna en Argentina*, Buenos Aires, documento de trabajo núm. 2.

INSTITUTO DE PROMOCIÓN DE LA CARNE VACUNA ARGENTINA (2006b), *Mercado de carne vacuna en la Argentina. Estado de situación y perspectivas*, Buenos Aires, Programa de estudios de Economía Aplicada de la Universidad Católica Argentina, Cuadernillo Técnico núm. 2.

INSTITUTO NACIONAL DE ESTADÍSTICA Y CENSO (2003), *Censo Nacional Agropecuario 1988-2002*, Buenos Aires, INDEC.

JAMES, Daniel (2003), *Violencia, proscripción y autoritarismo (1955-1976)*, Tomo IX de la *Nueva Historia Argentina*, Buenos Aires, Sudamericana.

KOSACOFF, Bernardo y RAMOS, Adrián (2001), *Cambios contemporáneos en la estructura industrial argentina (1975-2000)*, Buenos Aires, Universidad Nacional de Quilmes.

KRAKOWIAK, Fernando (2008), "El *lockout* agrario de 1975: días de *Dejá-vu*", en *Página 12*, 30 de marzo de 2008.

LATTUADA, Mario (1988), *Política agraria y partidos políticos, 1946-1983*, Buenos Aires, CEAL.

LATTUADA, Mario (1992), "Notas sobre las corporaciones agropecuarias y Estado: tendencias históricas y cursos de acción posibles en la experiencia democrática contemporánea", en *Estudios Sociales*, núm. 2.

LATTUADA, Mario (1997), "El sector agropecuario argentino hacia fines del milenio. Transición e incertidumbres", en *Agroalimentaria*, núm. 4.

LATTUADA, Mario (2002), *La política agraria radical en el marco de la transición democrática argentina (1983-1989)*, Rosario, Universidad Nacional de Rosario.

LATTUADA, Mario y NEIMAN, Guillermo (2005), *El campo argentino. Crecimiento con exclusión*, Buenos Aires, Capital Intelectual.

LLAIRÓ Monserrat (2008), "La tierra prometida", en *Encrucijadas*, núm. 46.

MAKLER, Carlos (2005), "Las corporaciones agropecuarias ante la política agraria peronista (1973/74)", ponencia presentada en las 1° Jornadas de Antropología Rural, San Miguel de Tucumán, 23 al 25 de mayo.

MARTÍNEZ DE HOZ, José Alfredo (1981), *Bases para una Argentina moderna, 1976-1980,* Buenos Aires, edición de autor.

MINISTERIO DE ECONOMÍA DE LA NACIÓN (1993), "Argentina en crecimiento 1993-1995. Proyecciones oficiales", en *Realidad Económica*, núm. 117.

MINISTERIO DE AGRICULTURA, GANADERÍA Y PESCA (2011), *Ganados y Carnes. Anuario 2010*, Buenos Aires.

MOLINUEVO, Héctor Ariel (1980), "El sistema productivo y el sector Científico-Tecnológico en la región pampeana (Zona Templada)", en VERDE, Luis y FERNÁNDEZ, Ángel (editores), *IV Conferencia Mundial de Producción animal. Memorias,* vol. 1, Buenos Aires.

MORALES SOLÁ, Joaquín (2001), *El sueño eterno. Ascenso y caída de la Alianza,* Buenos Aires, Planeta.

MULLER, Alberto y RAPETTI, Martín (col.) (1981), "Un quiebre olvidado: la política económica de Martínez de Hoz", en *Revista Vísperas*, núm. 6.

MURO DE NADAL, Mercedes (2007), "Barajar y dar de nuevo. La Sociedad Rural Argentina y los cambios producidos en la cúpula entre 1990 y 2006 desde la óptica de uno de sus dirigentes (Hugo Biolcati)", ponencia presentada en las XIII Jornadas de Epistemología de las Ciencias Económicas, Buenos Aires, 4 y 5 octubre.

MOSCUZZA, Carlos et ál. (2004), "Evolución del uso del territorio en la provincia de Santiago del Estero", en *Documentos del Centro de Estudios Transdisciplinarios del Agua,* Facultad de Ciencias Veterinarias, Universidad de Buenos Aires.

NUN, José y LATTUADA, Mario (1991), *El gobierno de Alfonsín y las corporaciones agrarias,* Buenos Aires, Manantial.

O'CONNOR, Ernesto (2008), "Recursos naturales y desarrollo en la Argentina: ¿es posible?, en *Revista Criterio,* núm. 2336.

PAÍS, Francisco (1972), "Carnes. Monopolios, las nuevas técnicas", en *Realidad Económica,* núm. 11.

PALOMINO, Mirta (1994), *Tradición y poder: la Sociedad Rural Argentina (1955-1983),* Buenos Aires, CISEA.

PECKER, Alberto (2007), *La fiebre aftosa. Su paso por la Argentina,* Buenos Aires, Servicio Nacional de Sanidad y Calidad Agroalimentaria (SENASA).

PERRETI, Miguel A. y GÓMEZ, Pedro (1991), "La evolución de la agricultura pampeana", en BARSKY, Osvaldo (ed.), *El desarrollo agropecuario pampeano,* Buenos Aires, INDEC / INTA / IICA.

PIERRI, José Alberto (2007), *Sector Externo, Política Agraria y Entidades del Agro Pampeano. 1960/1986,* Buenos Aires, Ediciones Cooperativas.

PIZZI, Juan Carlos (1998), *La fiebre aftosa en Argentina,* Buenos Aires, Editorial Universitaria de Buenos Aires (Eudeba).

PROGRAMA DE ESTUDIOS DE ECONOMÍA APLICADA DE LA UNIVERSIDAD CATÓLICA ARGENTINA (2006), *Lineamientos para la formulación de escenarios del mercado de la carne vacuna en la Argentina*, Buenos Aires, UCA-IPCVA.

RAPOPORT, Mario (2000), *Historia económica, política y social de la Argentina*, Buenos Aires, Macchi Editores.

RAPOPORT, Mario (2008), "Un pasado de retenciones, en *Página 12*, 18 de mayo.

REARTE, Daniel (2003), *El futuro de la ganadería argentina*, Buenos Aires, INTA.

REARTE, Daniel (2007a), *La producción de la carne en Argentina*, Buenos Aires, INTA.

REARTE, Daniel (2007b), *Distribución territorial de la ganadería vacuna*, Buenos Aires, INTA.

REARTE, Daniel (2007c), *Situación de la ganadería argentina en el contexto mundial*, Buenos Aires, INTA.

REARTE, Daniel (2010), "Situación actual y prospectiva de la ganadería argentina, un enfoque regional", en *Asociación Latinoamericana de Producción Animal*, vol. 19, núm. 3-4.

RECA, Lucio y GABA, Ernesto (1973), "Poder adquisitivo, veda y sustitutos: un reexamen de la demanda interna de carne vacuna en la Argentina, 1950-1972", en *Desarrollo Económico*, núm. 50.

RECALDE, María Luisa y BARRAUD, Ariel (2002), "Competitividad de la carne vacuna en Argentina", en *Actualidad Económica*, núm. 52.

ROCK, David (1988), *Argentina 1536-1983. Desde la colonización española hasta Raúl Alfonsín*, Buenos Aires, Alianza.

ROMERO, Luis Alberto (2003), *La crisis argentina. Una mirada al siglo XX*, Buenos Aires, Siglo Veintiuno.

ROSSO, Olga y GARCÍA, Pilar (1998), "Calidad de la carne vacuna", en *Revista de los CREA*, núm. 215.

RUDI, Enrique (2003), "La rotación en actividad agropecuaria: exposición de resultados", en XXVI Congreso de Profesores Universitarios, La Plata.

SÁENZ CERBINO, Gonzalo (2004), "Los golpistas. Las acciones de CARBAP, antes y después del golpe de 1976", ponencia presentada en las 1° Jornadas de Investigación y debate político y IV Jornadas de Investigación Histórico Social, Buenos Aires.

SANTARCÁNGELO, Juan E. y FAL, Juan (2009), "Producción y rentabilidad en la ganadería argentina. 1980-1990", *Mundo Agrario*, núm. 19.

SAUBERÁN, Carlos y MOLINA Jorge S (1961), *Soluciones para los problemas del Campo. Causas que disminuyen la producción agrícola y ganadera argentina*, Buenos Aires, Bolsa de Comercio de Buenos Aires.

SCHVARZER, Jorge (1977), "Las empresas industriales más grandes de la Argentina. Una evaluación, en *Desarrollo Económico*, núm. 66.

SCHVARZER, Jorge (1986), *La política económica de Martínez de Hoz*, Buenos Aires, Hyspamérica.

SCHVARZER, Jorge (1990), *Un modelo sin retorno. Dificultades y perspectivas de la economía argentina*, Buenos Aires, CISEA.

SCHVARZER, Jorge (1996), *La industria que supimos conseguir: Una historia político-social de la industria argentina*, Buenos Aires, Planeta.

SAGYP (SECRETARÍA DE AGRICULTURA, GANADERÍA Y PESCA) (1994), *Informe Económico*, Buenos Aires, Ministerio de Economía y Obras y Servicios Públicos de la Nación, tercer trimestre.

SAGYP (SECRETARÍA DE AGRICULTURA, GANADERÍA Y PESCA) (2002), *El Mercado de la carne vacuna en Argentina*, Buenos Aires, Ministerio de Economía y Obras y Servicios Públicos de la Nación.

SAGYP (SECRETARÍA DE AGRICULTURA, GANADERÍA Y PESCA) (s/f), *Situación productiva de Australia*, Dirección de Análisis Económico Pecuario (Dirección Nacional de Transformación y Comercialización de

Productos Pecuarios), Buenos Aires, documento de trabajo núm. 6.

SERVICIO NACIONAL DE SANIDAD ANIMAL (s/f), *Sistema de identificación del ganado bovino. Instructivo para el productor*, Buenos Aires.

SESTO, Carmen (2003), "El modelo de innovación tecnológica: el caso del refinamiento del vacuno en la provincia de Buenos Aires (1856-1900)", en *Mundo Agrario*, núm. 7.

SOSA, Alberto J. y DIRIÉ, Cristina (2009), "Algo más que retenciones: modelos en pugna, visiones geopolíticas y Mercosur", Buenos Aires, Asociación Civil Amersur. Disponible en línea: www.amersur.org.ar.

SURIANO, Juan (2005), *Dictadura y Democracia (1976-2001)*, Tomo X de la *Nueva Historia Argentina*, Buenos Aires, Sudamericana.

TEUBAL, Miguel (1990), "Impacto de las políticas de ajuste", en *Realidad Económica*, núm. 96.

TEUBAL, Miguel (2003), "Soja transgénica y crisis del modelo agroalimentario argentino", en *Realidad Económica*, núm. 196.

TEUBAL, Miguel (2006), "Expansión del modelo sojero en la Argentina", en *Realidad Económica*, núm. 220.

TREBER, Salvador (1982), "La economía ganadera en la década del 70", en *Realidad Económica*, núm. 47.

VISMARA, César; FERRO Carlos y RANEA ARIAS, Julio (1980), "La experiencia del Proyecto Balcarce de Desarrollo Ganadero", en VERDE, Luis y FERNÁNDEZ, Ángel (editores), *IV Conferencia Mundial de Producción animal. Memorias*, vol. I.

ZARRILLI, Adrián Gustavo (2008), *Clásicos del mundo rural argentino. Relectura y análisis de textos*, Buenos Aires, Siglo Veintiuno.

AUTORES

Teresa Raccolin es Profesora y Licenciada en Historia de las Artes por la Facultad de Filosofía y Letras de la Universidad de Buenos Aires. Profesora Titular de Historia Universal I y II en las carrera de Ciencia Política y Relaciones Internacionales de la Universidad Abierta Interamericana (UAI), y de asignaturas en las Universidades de Buenos Aires, La Plata y La Pampa.

Ha dictado numerosas conferencias, cursos y seminarios sobre sus campos de conocimientos. Tiene presentaciones en Congresos y publicó capítulos sobre historia e historia del arte en libros de realización colectiva.

María Inés Fernández es Profesora y Licenciada en Historia por la Universidad de Buenos Aires. Especialista y Magister en Historia Social por la Universidad Nacional de Luján. Es profesora de Historia Universal I y II en las carreras de Ciencia Política y Relaciones Internacionales de la Universidad Abierta Interamericana (UAI). Autora y coautora de libros y artículos en compilaciones. Coordinadora y expositora en congresos nacionales e internacionales. Ex becaria de la Embajada de Canadá.

Hugo Quinterno es profesor y licenciado en historia por la Universidad Nacional de Luján.

Profesor de Historia Política Argentina en la carrera de Ciencia Política y Relaciones Internacionales de la Universidad Abierta Interamericana (UAI), y de Historia Contemporánea y seminarios de grado en la UBA. Ha dictado conferencias y cursos sobre Guerra Fría y su posguerra. De su asistencia a conferencias internacionales, su contribución más reciente se ha publicado en *Strikes and social conflicts. Towards a global history*, editado en junio de 2012 por la *International Association Strikes and Social Conflict* y el *Instituto de História Contemporânea da Faculdade de Ciências Sociais e Humanas da Universidade Nova de Lisboa.*

Horacio Gaggero es Profesor de Enseñanza Superior, Normal y Especial en Historia por la Universidad de Buenos. Se ha desempeñado como Profesor titular de Historia Política Argentina en la Carrera de Ciencia Política y Relaciones Internacionales de la UAI y como Profesor adjunto de Introduccion al Conocimiento de la Sociedad y Estado en CBC de UBA.

Se ha especializado en estudios sobre el período peronista y ha escrito libros y artículos sobre distintos aspectos del Estado en dicho período. Sobre el tema, ha hecho presentaciones en Congresos y otros eventos académicos.